新时代大学英语
教学理论与实践研究

王建颖　著

哈尔滨工程大学出版社
Harbin Engineering University Press

内 容 简 介

大学英语教学作为高等教育的一个有机组成部分,其质量的高低与大学生的素质培养密切相关。因此,如何适应我国高等教育发展的新形势,成为摆在大学英语教师面前的一个重要课题。本书是对新时代背景下大学英语教学的理论与实践研究,对深化大学英语教学改革,提高大学英语教学质量,满足新时代国家和社会对人才培养的要求有一定促进作用。

本书属于新时代背景下大学英语教学理论与实践研究方面的专著,从时代背景下的大学英语教学基础入手,针对信息时代背景下大学英语教学理论、多元文化背景下大学英语教学探索以及新时代背景下大学英语技能与基础教学进行了分析研究;对大学英语个性化教学、互联网推动下的大学英语新型教学模式、基于网络多媒体的大学英语教学评价做了一定的介绍;还对大学英语教师专业素质的发展进行了简单分析。本书内容全面,相信能为英语学习者、教学者和相关领域研究者提供一定的帮助。

本书可作为高等院校英语教师教学、英语教师培训、英语研究者等的参考资料,也可作为对大学英语教学感兴趣的读者的阅读材料。

图书在版编目(CIP)数据

新时代大学英语教学理论与实践研究/王建颖著. —
哈尔滨:哈尔滨工程大学出版社,2023.5
ISBN 978-7-5661-3930-6

Ⅰ.①新… Ⅱ.①王… Ⅲ.①英语-教学研究-高等
学校 Ⅳ.①H319.3

中国国家版本馆 CIP 数据核字(2023)第 081110 号

新时代大学英语教学理论与实践研究
XINSHIDAI DAXUE YINGYU JIAOXUE LILUN YU SHIJIAN YANJIU

选题策划	刘凯元
责任编辑	张 彦 田雨虹
封面设计	李海波

出版发行	哈尔滨工程大学出版社
社　　址	哈尔滨市南岗区南通大街 145 号
邮政编码	150001
发行电话	0451-82519328
传　　真	0451-82519699
经　　销	新华书店
印　　刷	哈尔滨午阳印刷有限公司
开　　本	787 mm×1 092 mm　1/16
印　　张	11.5
字　　数	294 千字
版　　次	2023 年 5 月第 1 版
印　　次	2023 年 5 月第 1 次印刷
定　　价	68.00 元

http://www.hrbeupress.com
E-mail:heupress@ hrbeu.edu.cn

前　　言

随着经济的飞速发展,中国正加速走向世界舞台中央,我们更需要讲好中国故事,传播中国文化,发出中国声音。在这样的背景下,全国普通高校的大学英语教育与教学正面临着前所未有的挑战。如何完善教学模式,如何发挥大学英语对各大高校、社会、国家的服务作用等都是英语教师需要面临的问题。构建新的教学模式可为教师提高个人教学质量和深化研究创造了宝贵的机遇。

当代大学生的特征是求知欲强、有竞争性,同时又有可塑性。陶行知先生曾经讲过,"你的教鞭下有瓦特,你的冷眼里有牛顿,你的讥笑中有爱迪生",所以"爱人者,人恒爱之;敬人者,人恒敬之"。亲其师,信其道,教师真切的付出和对学生温暖的爱会使学生感受到幸福。

近年来我国课堂教学发生了深刻的变化。随着信息技术与高等教育教学的深度融合,教师们以混合式教学为契机,将"微课""慕课""雨课堂"等带到课堂,在完成专业知识教学的同时,不断培养提升学生的创新能力、沟通能力、解决问题能力和实践能力,铺展了高校的人才培养、科学研究、服务社会和文化传承创新的壮丽征程。近年来,我国高校几乎均开设了线上教学活动,这样规模空前的尝试就给学生传递了生命教育和责任教育,也使高校教师在以后的教学过程中越发重视线上教学与实体课堂的结合。

本书的撰写得到了很多专家学者的支持和帮助,在此深表谢意。

由于著者能力有限,书中难免有不足与错误之处,恳请专家和读者批评指正。

著　者

2023 年 2 月

目　　录

第一章　新时代背景下的大学英语教学

第一节　大学英语教育与教学概述

随着经济的发展,中国社会各个方面都有了较大提高,正逐渐走向世界舞台的中央。当今中国最鲜明的时代主题,就是实现"两个一百年"奋斗目标,实现中华民族伟大复兴的中国梦。

在我国,高等教育发展迅速,而随着中国对外交流活动增多,相对于其他专业,英语教育发展迅速。

一、英语教育与教学的发展

高校开设大学英语课程,一方面是为满足国家战略需求,为国家经济社会发展服务;另一方面,是为满足学生专业学习、国际交流、继续深造、工作就业等方面的需要。《国家中长期教育改革和发展规划纲要(2010—2020 年)》指出:"提高质量是高等教育发展的核心任务。"提高高等教育教学质量要求我们能为高校大学生提供优质的外语教育。

下面我们将 2007、2014 年版的《大学英语课程教学要求》与 2017 年版的《大学英语教学指南》中教学性质和教学要求进行对比(表 1-1)。

2007、2014 年版的《大学英语课程教学要求》
与 2017 年版的《大学英语教学指南》中教学性质和教学要求对比

时间	教学性质	教学要求
2007 年	大学英语教学是高等教育的一个有机组成部分,大学英语课程是大学生的一门必修的基础课程。大学英语是以外语教学理论为指导,以英语语言知识与应用技能、跨文化交际和学习策略为主要内容,并集多种教学模式和教学手段为一体的教学体系	培养学生的英语综合应用能力,特别是听说能力,使他们在今后工作和社会交往中能用英语有效地进行口头和书面的信息交通,同时增强其自主学习能力,提高综合文化素养,以适应我国社会发展和国际交流的需要
2014 年	大学英语教学是高等教育的一个有机组成部分,大学英语课程是大学生的一门必修的基础课程。大学英语是以英语语言知识与应用技能学习策略和跨文化交际为主要内容,以外语教学理论为指导,并集多种教学模式和教学手段为一体的教学体系	培养学生的英语综合应用能力,特别是听、说能力,使他们在今后的工作和社会交往中能有效地用英语进行口头和书面的信息交流,同时增强其自主学习能力,提高综合文化素养,以适应我国经济发展和国际交流的需要

表 1-1（续）

时间	教学性质	教学要求
2017 年	大学外语教育是我国高等教育的重要组成部分,对于促进大学生知识、能力和综合素质的协调发展具有重要意义。大学英语作为大学外语教育的最主要内容,是大多数非英语专业学生在本科教育阶段必修的公共基础课程,在人才培养方面具有不可替代的重要作用。大学英语课程应根据本科专业类教学质量国家标准,参照本指南进行合理定位,服务于学校的办学目标、院系人才培养的目标和学生个性化发展的需求	大学英语课程是高等学校人文教育的一部分,兼有工具性和人文性双重性质。就工具性而言,大学英语课程是基础教育阶段英语教学的提升和拓展,主要目的是在高中英语教学的基础上进一步提高学生英语听、说、读、写、译的能力。大学英语的工具性也体现在专门用途英语上,学生可以通过学习与专业或未来工作有关的学术英语或职业英语,获得在学术或职业领域进行交流的相关能力。就人文性而言,大学英语课程的重要任务之一是进行跨文化教育。语言是文化的载体,同时也是文化的组成部分,学生学习和掌握英语这一交流工具,除了学习、交流先进的科学技术或专业信息之外,还要了解国外的社会与文化,增进对不同文化的理解、对中外文化异同的意识,培养跨文化交际能力。人文性的核心是以人为本,弘扬人的价值,注重人的综合素质培养和全面发展。社会主义核心价值观应有机融入大学英语教学内容。因此,要充分挖掘大学英语课程丰富的人文内涵,实现工具性和人文性的有机统一

由表 1-1 可以看出 2017 年版的《大学英语教学指南》改变了之前只把大学英语课程看成一种工具的属性,明确强调了英语课程的人文性,同时也强调了学生的个性化发展。

1949 年以后,大学英语很长时间以来都只是处于英语教学的阶段,到了 21 世纪,特别是近年来,英语教学向英语教育发生了转向。进入 21 世纪后,世界全球化与文化多元化交织发展对中国教育的发展提出了新的要求,引进和学习西方的外语教学理论已不能满足当前的需要,我国英语教育在构建人类命运共同体的伟大使命的过程中面临着机遇和挑战。在新时代背景下,英语教育更多的是本土化研究和创新,英语教学明确提出要服务国家的战略,也更加重视国情和对学生价值观的培养。

由于国家急需英语技能型人才,因此培养国家和社会需要的技能型人才为导向的培养理念持续了很长时间。经过几十年的发展,英语已成为全国发展最快、专业点最多的一门学科,综合类、理工类、外语类、师范类、财经类等各类型高校都开设有英语专业,他们都在培养具有系统学科性知识和国际视野的英语专业人才,以及能从事科学探索的、具创新精神的人才。

我国有着世界上规模最大的外语学习者群体,外语教育的成效直接关系到千百万人学习的质量,关系到国家外语人才储备和国家语言能力的提升。目前,我国的英语教育事业取得了巨大发展,但是客观评价和反思我国英语教育的现状仍然是很有意义的。

二、英语教育与教学面临的挑战

(一)注重工具性,忽视人文性

中国英语教育的问题有"英语教育工具理性和市场导向性明显,对英语教育的战略意义认识有限""战略规划不足,市场投入有限",等等。一直以来,社会上很多人,包括高校英语教师认为英语就是一种交流工具,学生学会英语单词、句型就可以了,甚至对于英语是否是一门学科都存在争议,英语的人文性很少得到重视。

(二)多媒体和机器翻译增多

随着社会和科技的进步,特别是近几年,人工智能如机器翻译发展迅速,"慕课"已经在中国有了长足发展,很多人会有疑问:机器翻译最终会取代人工翻译吗?人工智能或慕课能否取代教师?这些都是近年来随着社会和科技发展出现的话题,也是教师们很关心的一些话题。

(三)人才培养的单一性

英语人才培养单一性受到批判,很大原因是英语专业毕业的学生由于课程的单一性,用英语解决实际问题的能力相对欠缺,人才培养口径过窄,对其他专业领域涉足不深,培养人才的效果不尽如人意。要以开设厚基础、宽口径、多样化的教育课程为目标,使学生不仅学习书本上的知识,还去学习涉及有关哲学、文学等方面的知识,这样才能有助于吸收课本上的知识。

传统的英语教学理论与方法很多,如:语法-翻译教学法(Grammar-Translation Method)、任务型教学法(Task-Basked Language Teaching,TBL)、听说法(Audio-Lingual Method)、交际语言教学法(Communicative Language Teaching Approach)、内容型教学法(Content-Based Instruction,CBI)等,每一种教学方法都有自己的优缺点,尽管近年来不少人对这些教学方法进行批判,但同时这些教学方法随着教学的实践也得到了进一步的丰富和完善。

随着中国社会的发展,教师要进一步认识自己,挖掘本土资源。我国百余年来的英语教育实践需要被总结,英语教育中的母语和母语文化背景需要被剖析,基于此背景的学习者因素需要被分析。同时,我国新时代英语教育的新使命需要被认识,新方略有待被探索。现实呼唤我国英语学术增强主体意识,在继续学习借鉴世界先进理论学说的同时,鼓励进行本土创新精神和创新理论的勇气。

新时代英语教学的核心问题是培养什么样的英语人才。教师是一个终生学习者,是一个研究者、创新者。教师还必须是一条奔腾不息的河流,源源不断地把新知识传授给学生。同时英语教育要坚持全人教育和人文教育的价值取向。教师在培养学生获取多元化和丰富性的知识的同时,也要培养自己的跨文化能力、跨学科能力、语言能力、教学能力、研究能力和团队能力。

高等教育完成了从规模发展到内涵发展的过程,英语教育也到了必须完善人才培养模式、提高培养质量的阶段。教师需要转变教学理念,正确、科学地确定学生的中心地位,在各个教学环节要以学生为本、以学生为中心,重新审视教学大纲、教学内容和课程体系,从而规范教学活动,真正地做到把人才培养的质量放在首位。

第二节　新时代大学英语教学

《大学英语教学指南》指出大学英语是大多数非英语专业学生在本科教育阶段必修的公共基础课程,在人才培养方面具有不可替代的重要作用。目前高校英语学时、学分普遍被压缩,大学英语在人才培养体系中严重失位,有逐渐被弱化和边缘化的趋势,因此需要重新审视大学英语教学,并做出必要的调整。

在我国启动工程教育认证背景下,高等学校英语教学如何应对"互联网+"带来的机遇与挑战,充分发挥大数据、人工智能等信息技术在新时代教育中的独特优势都是值得思考的课题。

一、工程教育认证

(一)背景

革命演变,教育也发生了重大变化。农业时代,以土地和劳动力为主要生产资料,农业收入为主要的生活来源,教育方面主要是以师傅带徒弟的方式来传授知识和技能。18~19世纪的工业革命,蒸汽机的使用标志着人类进入了蒸汽时代。19世纪60年代的第二次工业革命,流水线作业和电气的应用,标志着人类进入了电气时代。20世纪四五十年代的第三次科技革命,半导体、计算机、互联网的应用,使人类进入了信息化时代。21世纪以来的第四次工业革命(工业4.0),大数据、云计算、智能机器人和3D打印进入了我们的日常生活,对高等教育产生了变革性的影响,也为国家建设一流高等教育提供了历史性的机遇。信息成为比物质和能量更重要的资源,教育要素主要集中在网络平台上,教育实施将以个人选择为主,实现了个性化学习,即从教师传授转变为学生个性化学习。

新时代背景下,高等教育的新工科、新文科、新农科、新医科建设势在必行,工程教育进入了快速和根本性变革时期,最好的工程教育不再限于世界一流研究型大学和小而精学校,工程教育竞争越来越激烈。

2016年6月2日,《华盛顿协议》全票通过中国科协代表我国由《华盛顿协议》预备会员"转正",成为该协议第18个正式成员。中国工程教育正式加入《华盛顿协议》,实现从跟随到比肩而行跨越的历史性一刻,中国在《华盛顿协议》闭门会议上首次行使表决权。该协议承认签约国认证的工程专业培养方案具有实质等效性,经任一缔约方认证的专业毕业生即达到从事工程师职业的学术要求和基本质量标准。加入《华盛顿协议》,不只是融入世界,更是影响世界,最终目的是提高工程教育人才培养能力,开创我国高等教育发展新局面。

我国高等工程教育规模位居世界第一,是高等工程教育大国。现阶段加快推动我国由工程教育大国转变为工程教育强国,培养创新能力强、适合经济社会发展、具有国际竞争力的优秀工程师和工程科技人才是迫切需求。

中国工程教育的三大理念是:以学生为中心(Students Centered),成果导向教育(Outcome-Based Education,OBE),质量持续改进(Continuous Quality Improvement),建立"评价—反馈—改进"闭环,形成持续改进机制。

外语是工程教育认证标准的重要指标之一,需要融入人才培养的大框架。2015年工程教育认证标准对外语的相关要求为"沟通",即能够就复杂工程问题与业界同行及社会公众进行有效沟通和交流,并具备一定的国际视野,能够在跨文化背景下进行沟通和交流,突显了外语在国际化工程教育人才培养中的重要地位。工程教育占中国高等教育专业设置毕业生总量的三分之一,工程师走向世界和在国际流动都要依靠外语支撑。大学英语的教学内容、方法及效果密切关系到人才培养目标的实现,所以应抓住这一良机,积极推动自身和工程教育的协同发展。

(二)深入理解认证理念,推进课程建设

21世纪以来,我国新建本科院校(含独立学院)有600多所,占全国普通本科院校50%以上,占据了我国本科院校半壁江山。在新时代,这些本科院校需要后发优势,主动创新变革,实现后发先至,坚持需求导向、标准导向、特色导向的原则。教学方面,课程需要进行反向设计,以未来发展对人才的要求为依据,倒推教学大纲等。在这样的背景下,以成果为导向的OBE模式的提出具有重要的现实意义。

在新时代,工程教育进入了快速和根本性变革时期,传统教学方法已不能满足现代学生需求,通过在英语教学中对以成果为导向的教学模式研究,能够深入理解认证理念,推进课程建设,提高教学效果,为大学英语教学发展找出新思路和新方法。

二、OBE 理念

近年来OBE理念被广泛应用到高校工程教育类人才培养、教育教学及专业建设方面。OBE理念是为培养社会需求的创新工程人才而提出的,为激发和培养学生学习英语的兴趣,培养学生英语应用能力、自主学习能力和团队合作能力,并为初步具有国际竞争力的国际化工程高技能人才提供先进的教学理念和教学方法。

(一)OBE 主要优势

在OBE理念中,教育者必须对学生毕业时应达到的能力及其水平有清楚的构想,然后寻求设计适宜的教育结构来保证学生达到这些预期目标。非教科书或教师经验的学生产出,成为驱动教育系统运作的动力,这显然同传统上内容驱动和重视投入的教育形成了鲜明对比。从这个意义上说,OBE理念可以被认为是一种教育范式的革新,为具有国际竞争力的国际化工程高技能人才提供了先进的教学理念和教学方法。OBE教学设计和教学实施的目标是学生通过教育过程最后所取得的学习成果(产出)。OBE具有如下实施原则:清楚聚焦学习者最终的产出、围绕预期产出的反向设计、扩大学生成功机会并提供帮助、对学生的成功具有高期待。

OBE有以下主要优势。

(1)明晰性。OBE清晰地确定了课程结束时学生应该达到的预期学习成果(产出)。教师必须清楚为达到预期产出需要将何种知识和技能传授给学生。

(2)灵活性。OBE是一种以学生为中心的教学模式,但并不局限于某一种教学方法,而是综合使用多种教学手段和评估工具来发掘学生的多样性。

(3)可比性。OBE可以有效衡量学生能做什么,而不是学生知道什么,通过与其他同类院校相比,学校可以发现自身的不足。

(4)参与性。OBE不但增强学生参与学习的主动性,而且调动了相关行业人员参与教

育标准的制定和评估的积极性。

(1)教师想让学生取得的学习成果是什么(目标);

(2)教师为什么要让学生取得这样的学习成果(需求);

(3)教师如何有效地帮助学生取得这些学习成果(过程);

(4)教师如何知道学生已经取得了这些学习成果(评价);

(5)教师如何保障学生能够取得这些学习成果(改进)。

持续改进是专业认证的重要特征,在"评价—改进—再评价—再改进"的循环中,学生的学习效果得到了提升。

教师应根据这些问题展开一系列的研究,同时也要做好以下几方面的准备:

(1)思想准备:学校和各个学院要从思想上接受认证理念;

(2)组织准备:要有一批致力于研究改进专业的教师;

(3)工作准备:完善培养目标和毕业要求,修正培养方案,启动评价反馈机制;

(4)管理准备:调整既有的教学管理模式,适应认证要求;

(5)教学建设准备:培养环节的教学建设、师资队伍、保障条件等,为国际化工程高技能人才提供先进的教学理念和教学方法。

(二)教学设计

OBE 理念的课程,其教学基本设计是:预设该门课程涉及的学习成果及其要求,包括学生达成学习成果的情境、学习方式、考核形式与评分标准,在课前与学生沟通并达成共识。教学内容及过程要围绕预期学习成果,激发学生向着完成预期学习成果而思考与努力。及时修改、反馈学生学习成果,对学生提交的学习成果,如电子作业、实操、测试等进行批改,注释需要改正的意见或建议,对部分有共性的问题在课堂上讲解,每次预期学习成果的评改成绩要及时向学生公布,以利于学生及时了解学习效果进展。

有关 OBE 理念的课程研究集中在 OBE 理念指导下的课程建设、能力培养及学习评价等方面。在课程建设方面,OBE 模式下的课程群设计,本质是课程计划的"反向设计",明确各门课程、每节课对于实现预期学习产出的贡献程度。国内走在前列的如汕头大学已将 OBE 引入工程教育专业中,对课程开展了"反向设计",明确每门课程对于实现预期学习产出的贡献,最终形成了无缝的匹配矩阵。在能力培养方面,OBE 理念更注重学生创新思维能力、工程实践能力和综合协调能力的培养等;在学习评价方面,利用 OBE 理念的课程学习评价主要是坚持以人为本、优化评价方法和健全评价机制。

(三)师生一起发展,形成强大合力

工程教育认证背景下,提升教师水平,潜心育人是大学英语 OBE 理念研究对教师提出的要求,具体要做到以下几点:①建好教师发展中心,骨干教师讲、带,青年教师听、学;②加强基础教学组织,教师研起来、动起来,团队强起来;③完善教师评价体制,潜心教学的要奖励,敷衍了事的要惩罚;④强化教师发展保障,提高待遇,建好平台。

要让管理严起来,学生忙起来,教学活起来。具体要求有:①转生态,严抓教学秩序,强化学习过程监督考核;②转变学风,严把考试、毕业出口,实现学分制,改进实习;③转教风,贯彻新理念,应用新技术,实施新教法。

在使用 OBE 理念开展教学过程中,采取个人设计教案和教学过程,然后通过教研组打磨,再修改再磨课等,经过上课之后,再进行磨课,成型后作为示范课模板。

(四)实现教育范式由"内容为本"向"学生为本"的根本转变

OBE 理念的核心是培养学生能力,实现教育范式由"内容为本"向"学生为本"的根本转变。新时代的学生获取知识渠道多元,具备从网上获取学习资源的条件和能力。

新时代的大学教师不再是知识的垄断者,传统的灌输式教学很难吸引学生们的关注。智能环境改变了教学方式,所以教师角色必须转变,要从知识传播者转变为知识促进者。同时教师的能力结构也需要改变,不懂技术的教师将被取代。OBE 理念使教师从学生的角度来设计教学,对教学进行反思和完善,把怎样有利于学生达成预期目标作为教学的始终,评价的焦点是对学生表现的评价。

三、混合式教学

(一)混合式教学综述

混合式教学(Blended Teaching)由网络学习(E-learning)的概念发展而来,是指线上与线下的混合教学,通过引进面对面教学来改进 E-Learning 的不足。混合式教学是一种在线数字媒体与传统课堂教学相结合的教育项目。它需要师生的现场授受,同时可以让学生自己把控学习的时间、地点、路径或步调。混合式教学是把学生作为教学活动的主体,将教学活动分解为不同的模块,为每一个模块制定教学目标,在多种教学手段的支持下,在连续的教学活动中采用最适宜的教学方法,完成对学生学习活动的引导、指导(辅导)和学习效果评价的教学模式。

我国首次正式提出混合式教学概念的是北京师范大学何克抗教授,他认为"所谓混合式教学就是要把传统学习方式的优势和网络化学习的优势结合起来,既要发挥教师引导、启发、监控教学过程的主导作用,又要充分体现学生作为学习过程主体的主动性、积极性与创造性"。随后上海师范大学黎加厚教授、华南师范大学李克东教授等对混合式教学模式做了深入研究,并提出了自己的观点。

(二)混合式教学基础

新时代背景下,高校坚持内涵发展,加快教育由量的增长向质的提升转变。把质量作为教育的生命线,坚持回归常识、回归本分、回归初心、回归梦想。始终坚持以学生为中心。为不同层次、不同类型的学生提供了个性化、多样化、高质量的教育服务,促进了学习者主动学习、释放潜能、全面发展。

混合式教学能够提升课程的有效性,学校有自己的专业特色,将大学英语放在学校的培养目标当中,与学生的专业相结合,与学校的发展目标相适应。学校应利用混合式教学模式的有效手段和方式,发挥在线教学和课堂面授教学的各自优势。

四、分析和讨论

目前大学英语的学时、学分被大幅度压缩和减少,要在有限的课堂时间完成原来规定的教学目标不太现实,通过混合式教学弥补这一缺憾,即可以通过大学英语教学数字化资源开发整合,为学生营造最佳的外语学习环境。通过校本课程建设,为英语教学体系提供更丰富的共享资源,改变了传统课堂的单调和枯燥状况,取得了较好的课堂效果,但是OBE理念下的混合式教学也有以下需要提高的方面。

(一)尚未建立学分互认的教育模式

深入理解成果导向理念是教学设计的出发点,反向设计能促使教学目标的达成。但是在目前,全国甚至各个省内部都还没有建立学分互认的教育模式,要实现这一目标还有很长的一段路要走。

(二)慕课的管理和应用

虽然慕课大批量出现,但是最终完成率低、获得证书人数少、学生参与度不高。引进优质资源对于教师的接受度也是挑战,另外还有兼容性问题、考试认证的技术与管理问题。例如,是否是考生本人参加网络考试等。所以教师可以对慕课学生特征进行分析:收集和分析学生在网络学习活动中交互的大量细节,其最终目标是为了设计更好的教学方法,使学生主动参与学习;识别高风险学生群体(即存在学习困难的学生群体);评估影响学生学业和成功的因素。

如何加强慕课建、用、学、管,推进慕课资源共享,构建终身教育体系是值得思考的问题。

(三)教师是混合式教学的关键

混合式教学倒逼教师角色转变,教师是教学系统中的重要组成部分和关键决定力量,促进教师发展、学术发展、专业发展和学术与教学组织发展的教师命运共同体尚未形成,其专业发展路径也是一线教师以后要研究的内容之一。

在工程教育认证背景下,展开混合式教学,教师是关键。首先,教师数量要能满足教学需要,结构合理,并有企业或行业专家作为兼职教师。其次,教师要具有足够的教学能力、专业水平、工程经验、沟通能力和职业发展能力,并且能够开展工程实践问题研究,参与学术交流,教师的工程背景应能满足专业教学的需要。最后,教师要有足够的时间和精力投入到本科教学和学生指导中,并积极参与教学研究,为学生提供指导、咨询、服务,并对学生职业生涯规划、职业从业教育有足够的指导,教师应明确自身在教学质量提升过程中的责任,不断改进工作。

OBE理念对教师的教学投入有很高要求。例如,教师需要投入较多的精力研究烦琐的教学目标分解、一体化课程设计,进行教学方法选择,动态地评估学生发展水平,并根据学习成果(产出)评估反馈信息及时对学生开展个性化辅导等。如果无法变更高校中普遍的"重科研、轻教学"的现状,无法调动教师参与教学的积极性,OBE注定无法可持续开展。为了持续地、深入地推动OBE教学模式的开展,调动教师参与教学的热情,各大高校需要提出切实可行的激励措施。

（四）教学互动

1. 教师录制微课视频

在教学过程中，一线教师常根据大学英语教学内容，录制一系列的微课视频，让学生在课前和课后进行学习。

因为慕课制作需要的经费较多，如果各大平台上没有合适的慕课课程，建议教师自己可以录制微课。微课的制作步骤如下：第一步，确定选题与教学设计，软件及硬件准备；第二步，搜集素材、制作课件、撰写解说词；第三步，完成录制、后期剪辑。

2. 学生制作视频

教师在实施混合式教学模式的同时，还要鼓励学生制作一系列视频，教师可以收集一些学生拍摄的较好视频，在其他班级展示，也可以给下届的学生作为模板展示，鼓励学生自己制作或小组合作制作英语视频，从而提高学生的成就感和学生的团队合作精神。

第三节　疫情背景下的大学英语教学

著名的"乔布斯之问"："为什么计算机改变了几乎所有领域，却唯独对学校教育的影响小得令人吃惊？"原因是什么？中国在 2020 年，新冠疫情期间施行的"停课不停教，停课不停学"，深远地影响了未来的教育和教学。

英语教育和教学的发展总是与时代命题紧密相连。2019 年低新冠疫情暴发后，在全世界共同抗击疫情、以合作之力牢筑人类共同防线的特殊时期，我国英语教育也面临新挑战与新课题。无论是在加强国际交流合作、构建人类命运共同体进程中发挥的重要作用，还是在开展线上教学、推动共享优质资源理念与创新模式，都对英语教育和教学发展产生了深远影响。

2020 年春季学期全国高校教学大规模地进入了网络课堂，一线教师面临着前所未有的挑战与全新体验。"停课不停教，停课不停学"既是对战疫情的应急之举，也是"互联网+教育"的重要成果应用展示。现代信息技术给人类社会带来了巨大变化，也对大学英语教学产生了系统性影响。信息技术不仅是人们平时工作、学习、生活的手段，还是 21 世纪的人类社会形成的数字化生存方式。在英语教学领域方面，这种方式正对教学目标、教学内容和教学模式产生重要影响。

在线上授课期间，上线慕课新增 5 000 门，平台培训师资人数新增 394 万，其他在线课程共 1.84 万门。各类在线资源有力地支撑了高校在线教学。

当下，伴随着网络教学的逐步深入开展和常态化，引发了著者对未来教育教学的变革与走向的深度思考。

一、新实践

近年来，教育部发布了关于《教育信息化"十三五"规划》《教育信息化 2.0 行动计划》等文件，要求加强教育信息化顶层设计，积极发展"互联网+教育"。

信息化时代，人们越来越习惯于通过信息技术进行学习、生活和工作。中国已经成为互联网大国。目前主要的慕课平台有："学堂在线""智慧树""中国大学慕课""好大学在线""优课联盟"等。

2020年1月29日,教育部提出要利用网络平台,"停课不停学"。在新冠疫情背景下,教师的教学从实体课堂变为网络教学。2020年2月4日,教育部印发《关于在疫情防控期间做好普通高等学校在线教学组织与管理工作的指导意见》,要求采取政府主导、高校主体、社会参与的方式,共同实施并保障高校在疫情防控期间的在线教学,实现"停课不停教,停课不停学"。2020年2月6日,《教育部应对新型冠状病毒感染肺炎疫情工作领导小组办公室关于疫情防控期间以信息化支持教育教学工作的通知》(教技厅函〔2020〕7号,以下简称《通知》)对扎实做好教育信息化工作、支持学校延期开学期间线上教学工作开展发出通知:"各地各校要制定网络教学工作指南,充分利用网络教学组织方法微课等资源,组织开展教师信息化教学和疫情防控知识线上培训,组织、指导开展网络教研,增强广大教师利用信息技术开展网络教学的意识和能力。"《通知》为接下来的师生进行网络教学与学习的教学活动吹响了号角。

在疫情期间,实行"停课不停教,停课不停学"对学生和教师都是一种挑战。疫情期间的网络教学,教师不仅要传授知识,还要疏导学生可能存在的消极情绪,让学生感受到即使有疫情的存在,教师和同学也会陪伴在自己身旁,一起渡过难关,特别是教师,结合课程学习还要加强学生对社会化的认知和理解。

二、教学实践

(一)组织网络教学培训及"人人过关"网络教学测试

通过培训和互相沟通交流,各院校的教师们对开设网络课程由最开始的担忧转变为跃跃欲试。在正式上课前,每位教师在自己所带的班级进行了网络平台测试。

在正式上网络课程之前,教师首先需要确定上课方式是纯直播、直播+录播,还是学生自主学习慕课(MOOC)+教师讲解等,然后再来选择合适的直播平台,有了针对性才能熟练运用网络资源。

本书总结教师们在教研室活动中分享的自己所用平台的优点和缺点如下。

1. 雨课堂

优点:之前学校师生就用过,所以无须再安装软件,用户有一定的操作基础,易上手;教师可以发布随堂测试题,并获得学生答题情况反馈;学生可以回看;教师可以掌握学生出勤、答题、讨论情况。

缺点:不支持屏幕共享功能;师生不能直接语音对话;不支持PPT动画效果。

2. QQ

优点:QQ是学生比较熟悉的软件,容易操作,而QQ群便于使用语音进行互动,互动时可以是单独一个学生,也可以通过右键取消"全员静音"进行群体间互动,还可以通过文字编辑互动;教师可根据界面看到上课的人数和未加入学生的姓名来进行考勤,学生掉线可以随时看到;此外PPT自带的音频和视频播放操作也比较方便;有群空间储存文件、群公告、作业提交这些适合教学场景的功能。

缺点:如果学生因为网络等原因没有进入课堂,课后就不能通过回放进行补课;不能发布随堂测试题,不能记录学生在课堂中的讨论、做题情况。

3. 钉钉

优点:直播形式多样,交互性较强;操作比较简单,学生对有疑问的知识点可以进行回播观看;上课时人数可以通过互动面板显示,也能通过弹幕与学生进行交互,还可以掌握学生课堂参与情况;音频与视频的播放和观看流畅;课后钉钉后台能够导出详细数据,记录每名学生的观看情况(如观看时长等)及未观看学生的姓名。

缺点:上课班级需要提前建群;直播时学生连麦偶尔会出现卡顿现象;不能记录学生在课堂上的讨论、做题情况;做题信息反馈情况较少,仅仅只有群投票一种形式。

4.腾讯会议

优点:注册方便,无须学校认证;界面简单,预订会议会给学生提前发会议提醒。

缺点:上课班级需要提前建群;不能发布随堂测试题;不能记录学生在课堂上的讨论、做题情况;学生若因为各种原因没有听课,无法通过回放来补课。

以上是一线教师网络教学所用的主要软件,当然还有其他的,比如"ZOOM"、超星、"学习通"等,在此就不一一赘述。随着网络教学的深入,教师对各个教学平台和智能工具有了更多的使用经验,由一开始的忐忑不安、焦虑和慌乱变得泰然自若。

(二)网络教学情况

新学期开学初始,校领导、教务处、校督导组、教学单位负责人、辅导员、班主任深入线上课堂对教学工作进行全面检查,做到开学网络课程全覆盖、教师全覆盖、班级全覆盖、学生全覆盖。检查的内容主要包括任课教师采用的授课平台,网络教学形式,遇到的问题,教师到位、学生到课的情况,课表执行情况,网络运行情况,应急预案准备及启动情况等。

教务处教师在网络教学中也是随机进入课堂查课、听课,了解并掌握网络情况、学生出勤情况、教学内容及课堂情况等,对存在的问题及时反馈,研究解决。教务处在开学前两周,每天发布网络教学情况简报,各个学院和教学部门根据简报了解每天网络教学情况,同时教师之间也互相学习网络教学的经验。

根据网络教学的特点,教师要推送课前预习任务、课中作业、课后复习作业;每次上课前应对课前预习任务、课后作业进行考查;重新设计平时成绩的内容和权重,加强学生学习过程管理;组织课程半期测试,加强对平时作业和半期测试的比重,以检验学生学习的效果。学院与家庭紧密联系,教师、辅导员、班主任与学生随时沟通,了解并督促学生学习,提升学生学习效率。

1.课前

教师需要明确告知学生教学任务是什么,增强学生学习自主性,不管是邀请学生观看慕课还是提前做一些习题,如导入教案等,教师都要指令清楚,这样学生才会明白自己在课前要做的事情,同时对接下来的课堂中教师要讲解的内容做到心里有数。

2.课中

教师利用网络平台进行直播或者录播,与学生沟通时直接进行语音交流会出现一些问题,比如学生要申请连麦等,如果学生网络不太好的话就会偶尔出现卡顿的现象,学生可以直接进行文字交流,以实现师生流利进行沟通的目的。在课堂中还可以把中国文化有效融入,特别是疫情期间,教师可以对学生进行生命和责任的教育。学生可以把自己做的作业和课堂笔记上传,进行分享。课堂上教师还要尽可能增加互动,与学生进行连麦,调动学生学习的积极性。教师通过点评,能有效地使学生知道自己的学习效果。教师应以各种方式与学生进行互动,如果整节课都是教师一个人在讲授,学生没有回应和交流,那么这样的课堂,学习效率并不会高。

3. 课后

教师和学生进行反思。例如学生在学完一个单元后,可以以个人或小组为单位对所学内容进行梳理和总结。教师同样也要对线上课堂教学效果进行反思,坚持使用比较合适的教学方式,觉得有需要提高的地方可以在接下来的课程中继续完善。

三、测试

测试可以促学和促教。在学完课程一个单元之后,教师可以进行测试,以检验教学成果。这一部分其实比较难,测试的方式可以利用"雨课堂"或者 iTest 云平台等软件进行,在正式考试之前要求学生进行系统的模拟演练。无论用电脑还是手机,学生感觉操作方便即可。教师要最大限度地预防学生作弊,可以尝试以下方法:比如试题要饱和,让学生没有时间去作弊;可以通过系统设置同题异序,将不同学生的试题答案顺序乱序等;对于考试中听力出现的问题,管理员要随时进行重置等。作文可以选择用 iWrite 平台或者"批改网"进行批改。

第二章 信息时代背景下的大学英语教学理论

第一节 信息技术与英语教学的融合

一、英语教学理念

（一）素质教育

1. 强调教育的基本功能是促进人的发展

素质教育确立了以人的发展来促进社会发展的观念，改变以往片面强调教育促进社会发展的价值取向，自觉地重视学生的全面发展、全体发展和个性发展。素质教育把教育视为社会的主体，教育的发展功能被视为终极目的，被本体化。

2. 以提高国民素质为根本宗旨

素质教育强调培育适应时代发展和个人发展的素质，尤其以培养创新精神和实践能力为重点。围绕人的发展，倡导全面的、多样化的人才观，提倡积极的、平等的学生观，强调自主、探究和协作的学习观，提倡个性化的、因材施教的教学观和以评价促发展的评价观。

3. 以学生为本

素质教育尊重每个学生独立的人格价值和独特的品质，使每个学生得到尽可能完善的发展，获得相应的价值确证，回归学生的学习主动权，把学习变成一种人的自主性、能动性、独立性不断生成和发展的过程，从而使学习不再是一种异己的外在控制力量，而是一种内在的精神解放运动，培育终身学习和独立学习的愿望和能力。

4. 追求卓越

所谓卓越是指人的潜能得到最充分的开发，自我价值得到最大程度的实现。素质教育是追求卓越的教育，在强调全面发展和全体发展的同时，更加重视个性发展和潜能开发。素质教育强调唤醒和培育追求卓越的意识与能力。

5. 创新教育是核心

素质教育注重学生的创新精神和实践能力的培养，培育创新人才是素质教育的主要目的。创新人才必须具备创新意识、创新人格和创新能力三个基本条件。

（二）终身教育

随着科技的发展和人类的进步，科技信息正在爆炸式的增长。在这种情况下，如果教师仍然沿用传统的教学方式和学习方法，势必将被时代抛弃。终身学习就是为了应对这种挑战而提出的，只有不断地学习，才能更新旧知识接纳新知识，才能与时代同行。

(三)教育的四大支柱

1.学会认知

学会认知就是要学会认知的手段和方法,学会发现问题,学会解决问题,学会自己建构知识,也就是要具有终身学习的能力。

2.学会做事

学会做事主要指在一定的环境中实践、探索的能力,包括如何面对困难,如何分析、设计和论证解决问题的方案,如何组织协调和实施等方面的综合能力,让学生通过亲身实践获得知识,培养能力。

3.学会合作

学会合作就是要学会与他人友好相处,学会与周围的人合作生活、合作学习、合作工作,培养学生为了实现共同目标,能顾全大局与他人团结合作的精神。

4.学会生存

学会生存就是要学会掌握自己的命运、适应环境的变化,能抓住机遇拓展自己的发展和生存空间,使自身生存和发展的综合能力全面提高。

二、信息时代背景下大学英语视听说多维立体化教学模式

随着国际化进程的加快,英语的使用率日益提高,这对高校大学英语视听说教学提出了新的要求。改革传统听说教学模式已成为当前英语教学改革的重要目标之一。结合高校的普遍性问题,并以内蒙古农业大学为例,归纳总结当前英语视听说教学现状,在此基础上提出信息化背景下,构建英语视听说多维立体化的教学模式。改革教学内容、教学手段、评价机制,指导学生充分利用网络平台和鼓励学生积极参与课后英语实践活动,来构建一个完整的、系统的、丰富的课程体系,旨在尝试探索大学英语视听说教学的改革新思路,切实提高大学生的英语听说水平。

我国大学生英语听说能力普遍偏低,较为典型的是各类考试中听力得分率低、英语口语交流中经常出现词不达意的现象。究其原因,主要有以下四个方面:

第一,在视听说教学过程中,教师没有充分利用信息化技术,不能将视听说教学中的抽象元素形象化、多元化、直观化和高效化;

第二,教师以传授知识为主,学生被动参与听力、口语学习;

第三,听力、口语训练在课堂所占比例较小,没有达到真正意义上的“视、听、说”为一体的综合训练;

第四,学生课后自主学习能力差等。

教学效果没有达到预期目标,故探索大学英语视听说教学中全新的教学模式成为目前英语教学改革的重要课题。

(一)大学英语视听说多维立体化教学模式的理论基础

1.建构主义理论

大学英语视听说多维立体化课程是以建构主义学习理论为基础,通过营造真实的语境,为学生提供集声音、图像、文本为一体的英语多媒体资料,让学生在多样的练习中提高英语听说水平。具体体现为以下原则:第一,强调学生的主体作用。在学习过程中,新知识

是由学生自己通过与环境或他人的互动建构起来的。教师不直接向学生灌输知识,而是扮演支持者、协调者、促进者的角色。第二,"合作学习"具有重要意义。在学习的过程中,学生和学生或教师之间的广泛交流、共同探究、解决问题,可使整个群体达到资源共享,完成意义建构。第三,重视对学习环境的设计。强调只有在设计好的特定语言情景中,学生才可以获取新知识,以自由探索的方式完成对特定学习内容的建构。第四,提倡借助多种信息化资源来支持学习。通过为学生提供丰富的学习资源和多感知途径,从而支持学习者完成意义构建。

2. 立体化教学理论

立体化教学模式是以英语立体化教学理论为指导,以学习观、教育观与方法论和当代语言观为基础,主要原则包括人本主义心理学、乔姆斯基的语言习得装置假说、罗杰斯的学会学习观以及认知教学法的学生中心论,强调学生个性的整体发展。立体化教学法认为在英语教学中有三个要素,分别为目的语、教学环境和学生。在教学过程中,将三者有效地结合起来,构建起"教、学、用"的立体环境,可以实现教师多层次、多方位施教,并为学生创造出多种途径感知的学习环境,把单一化、平面化的教学变为多维度的立体化教学。

总之,立体化的大学英语视听说教学模式是以网络为依托、以学生为中心,强调合作学习。在特定的语言环境中,学生通过丰富的学习资源,实现对知识的探索与主动建构。该课程体系的构建是以新教学理念为指导、利用新教学手段和教学方法,打破传统教学的限制,把课堂教学与课后网络平台自主学习、英语实践活动相连接,扩展传统课堂学习的深度和广度。教师的角色在授课方式上从"灌输式"授课转向"启发式"教学,注重培养学生的语言"应用能力",而不仅是获得"语言知识"。

(二)大学英语视听说多维立体化教学的实践与问题

在实践教学中,视听说课程得到了大部分学生的认可,但同时也暴露了一些问题。由于这些问题在许多高等院校中存在普遍性,所以有必要进行归纳总结以便找到解决方案。

第一,课堂上没有真正做到将"视、听、说"三个环节相结合。课堂听、说任务所占比例不太合理。学生在学习过程中缺乏积极性,特别是在听力、口语任务中处于被动状态。大部分学生更愿做听力练习,排斥口语活动。

第二,课堂教学主要以视听说教材为主,课上和课下没有充分利用网络资源。大多数学生承认没有经常通过网络载体获取更多的学习素材,更不要说真正应用或实践所学的内容。

第三,评估大学英语课程方式多以终结性笔试为主。比如一些院校的大学英语最终考试成绩包括平时成绩和笔试成绩,而口语部分只在平时成绩中占有一定比例,而且明显偏少。这样就使一些学生产生错误观念,认为口语练习不重要,对最终的综合成绩影响不大。但是,由于一些限制因素,比如人力、物力、时间等,在期末统一组织大规模的口语测试很难实现。

第四,自主学习能力不强。视听说课程平均每周只有 2~3 学时。在课堂教学时间非常有限的情况下,学生不仅要利用好课堂时间,更要充分抓住课外时间,达到对自己的学习过程进行管理、监控、反思和评价的目的。然而调查结果表明:大部分学生在课下很少学习英语,只有少数学生在课后一直坚持学习英语。

(三)信息时代背景下大学英语视听说多维立体化教学模式思考

1.教学内容立体化

第一,视听说课应采用立体化的教材。以《新标准大学英语视听说教程》为例,教材内容具有难易适中、题材广泛、趣味性强、知识性强的特点。教材配套的视频材料中人物、对话、情景都是在真实场景下拍摄的,有助于给学生营造真实的语言环境,让学生接触到不同的规范语言。教材内听力内容所配套的练习形式多样,交际性活动丰富,使学生在学习过程中变得积极主动,学生愿意学,并且学得会。

第二,课堂教学过程中不能拘泥于教材,应充分借助互联网上多元化的教学资源,让学生接触到更多真实的语言材料。比如 VOA、BBC 的英语新闻,采访,名人演讲,国外电视节目及名校公开课等。结合每课的不同主题,选择和主题相关的额外的听力材料,听后让学生进行交际性活动,比如分组讨论或复述等。应注意的是教师应本着因材施教的原则,根据学生的水平、特点选择难度适宜的资源进行学习。通过将传统教材和丰富的教学素材相结合,音频教材、视频教材和纸质教材相结合,构成一个真实的立体化语言环境。

2.教学方法立体化

教学方法立体化是改变传统单一、平面化的教学方法,其在教学任务的设置上要阶梯式的层层递进。将"输入—内化—输出"的教学原则贯穿于课堂始终,教学方法上采用"任务前—任务执行—任务后"的任务型教学步骤。听力任务要从易到难,让学生在听懂的基础上再进行表达。同时,在学生输出之前,要尽可能让他们掌握一些口语表达中的关键词和句型结构,以此逐渐培养起学生英语表达的自信。

在英语视听课上,合作学习有利于实现课堂以学生为中心、学生共同进步、全面提高听说能力的目的。学生与学生之间互动可以使每位学生真正地参与到信息双向交流,实现在真实的情景中提高表达能力的目的。内蒙古农业大学双语项目学生以小班形式授课,为小组活动、合作学习提供了良好的保障。在划分小组时,以 3~4 人一组为宜,同时教师应充分考虑学生水平、性别等因素,应将不同语言水平与性别的学生分配在同一小组内进行合作。在小组活动过程中,为了使每个成员都积极思考和参与讨论,教师应确定每位学生都有各自的角色和任务。小组活动后,教师应对每个小组的表现给予反馈、评价及激励。

3.充分利用立体化的网络平台

针对多数学生课上和课下英语学习脱节的问题,教师可安排并指导学生使用《新标准大学英语视听说教程》教材所配套的网络平台进行自主学习。网络平台的使用能够为学生创设"教、学、用"的三维立体语言环境,并为教师与学生提供所需的丰富立体化资源。教师应合理安排课堂授课与学生自主学习内容。指导学生在网络平台中设定自己的学习目标与进程,选择相应的练习加强语言训练、在线完成教师发布的作业、参加测试。学生也可根据个人的需要,下载各种英语学习资源,拓展其他学习内容。网络平台创造了完全个性化、自助式的立体化学习环境,为学生提供了丰富的学习资源,并营造浓厚的英语学习氛围,使其融入知识的建构当中。

4.多维度、立体化的评价机制

立体化的视听说教学模式应采取形成性评估方式和终结性评估相结合的全方位、立体化的评价机制。首先,在综合成绩构成的比例上,应适当缩减目前期末笔试成绩占最终成绩的比例。加大口语部分在平时成绩中的占比,考核口语能力的方式可以包括口语测试、学生小组活动、回答问题等,以此进一步提高学生练习口语的动力。其次,教师在网络平台上布置作业,并及时了解、跟踪学生课下的学习进程与情况。网络平台中的记录能够更好地完善对学生日常学习情况的记录和监控。将课堂学生的活动表现和网络平台中的记录纳入平时成绩,可以对学生的语言输入、输出情况进行多维度、多方位监控,使学生的英语水平不断进步并提高。

5. 开展多层次、丰富的第二课堂

教师应多号召学生参加不同形式的课外英语实践活动。作为课堂教学的延伸,课外英语实践活动是课外应用语言的理想场所,能够有效地帮助学生提高听说能力。具体包括英语讲座、英语晨读、原版英文电影赏析、英语报刊选读等,此类活动有助于学生的语言输入。另外,定期举办的英语话剧表演、英语演讲赛、英语辩论赛以及英语角等活动,可以给学生提供多种形式的语言输出机会。在这样轻松、愉快的环境下,学生可以感受到学习英语的乐趣,课堂的表现和参与意识也会慢慢地增强。另外,为了使活动更好地开展,教师应在活动中扮演好管理者和组织者的角色,及时与学生对活动内容、效果等进行总结、评价和改善。

第二节 信息时代英语教学实践探索

一、英语网络教学体系的构建

(一)构建评价体系的准备阶段

准备阶段是实施评价的预备阶段,它的工作质量将直接影响评价结果的质量。在此阶段,课题组收集和学习了网络教学评价的相关理论,系统地研究了网络学习的特征、网络学习评价的基本理论、基于网络的建构主义学习环境的相关理论、教学评价指标体系相关理论和网络教学评价体系的特点及原则等相关理论。在研究中,课题组主要采用问卷调查法、访谈和跟踪调查等方法以及其他量化统计方法。

(二)课题研究阶段

1. 对教师的评价

(1)对教师教学过程的评价

对教师教学过程的评价是一个主客观评价相结合的过程。其中一些要素是可量化的,可以通过一些数据显示出来,这部分评价很容易实现。但另一些要素则必须要经历一个非量化评价的过程,究竟哪些要素可以成为评价指标在很大程度上决定着评价的有效性。

(2)对教师教学内容的评价

按照《大学英语课程教学要求》中对网络多媒体教学的界定,网络多媒体教学将对大学英语教学起到辅助作用,是课堂教学的补充。

(3)对教师运用多媒体网络技术能力的评价

网络教学对教师教学能力和教学技术使用能力提出了很高的要求。在教学中,教师发现问题、分析问题和解决问题的过程能够帮助其不断提高研究能力,提升研究水平。

2. 对学生的评价

（1）对学生自身的评价

对学生自身的评价即对学生个性化因素的评价，具体包括学习水平、学习背景、学习动机以及以往的学习经历等方面。相关研究表明，学生进行网络的学习方式、方法、积极性、参与度和网上学习时间等诸多方面均明显受到个性因素的影响。

（2）对学习方法的评价

学习方法是达到学习目的的途径和手段，是影响学生学习效果的重要因素。学习方法评价的主要内容是了解和识别学生采用的学习方法和策略，并在此基础上评价学习方法的优劣。教师对好的策略、方法给予鼓励并进行推广，可以促使学生不断调整学习方法，提升学习效果，进而保证教学质量。

（3）对学习成绩的评价

学习成绩评价可以帮助学生更好地做出自我评价，激发学生参与在线学习的热情。网络学习的过程是一个动态的过程，它能更真实地反映出学生学习的真实过程。通过对网学习成绩的评价，评价者可以清晰地了解到学生的学习态度、学习自主性以及掌握知识的程度。

（4）对学生能力的评价

《大学英语课程教学要求》明确提出：大学英语的教学目标是"培养学生英语综合应用能力，特别是听说能力，使他们在今后的工作和社会交往中能用英语有效地进行口头和书面的信息交流，同时增强其自主学习能力，提高综合文化素养，以适应我国经济发展和国际交流的需要"。而常规的考试根本无法将知识和能力的测试内容区分开，只能将测试大体分为：学业水平测试和能力测试两种。这种情况下，很难准确测试出学生的真实能力，而大学英语教学目标中提出的培养能力就形同虚设了。

3. 对网络学习平台的评价

（1）内容评价

内容评价主要是对网络平台上学习资源的评价。评价学习资源可以从网络平台上提供的学习资源的数量、质量、资源的更新程度、权威性以及是否涉及版权问题等方面来进行评价。

（2）技术评价

技术评价是对网络学习平台模块设计的合理性和功能性的评价。模块设计的合理性应从模块设置、模块便捷性、可操作性、网络平台版面设计、色彩搭配等是否具有新颖性和个性化等方面来进行判断。

（3）效用评价

效用评价主要是对交互性和使用效果的评价。主要评价网站是否提供了交互的手段以及手段是否丰富，用户是否充分利用了这些手段以实现交互。

二、大学英语视听说多维立体化教学模式对听说能力的提高实践

针对传统大学英语视听说教学的弊端，结合立体化教学理论，设计视听说多维立体化教学模式，课程组利用内蒙古农业大学英语教学平台，以双语教学背景下的两个教学班的学生为研究对象，开展视听说教学实验，通过数据分析和问卷调查，结果表明英语视听说多维立体化教学模式对提高学生的英语听说能力、自主学习能力及学生的学习态度都产生了

积极影响,为英语教学改革打下了良好基础。

随着全球信息化步伐的加快,英语在国际交流中发挥着举足轻重的作用。提高学生的英语听说能力是当前大学英语教学改革的重要目标,将网络信息化技术与英语课程整合是大学英语教学改革的主流。大学英语视听说课程的设置旨在通过真实的语境,利用网络多媒体先进手段,改善听说教学效果,提高学生听说水平。然而,当前的传统灌输式听说教学法仍然普遍存在于视听说课堂上,并存在以下弊端:在课堂上"视、听、说"环节脱节;受传统教学观念的影响,听说比例失衡,无论是方法还是内容更侧重于听,忽略了说;学生在学习过程中缺乏兴趣与积极性,致使在听力、口语活动中,学生处于被动状态;课堂教学受到教材的限制,忽视网络教学资源的开发和利用;学生习惯"填鸭式"式的被动学习,自主学习力不强,对所学知识缺乏足够的反思和探索;听说能力的考核方法陈旧,评价机制不能适应新时期教学要求。针对以上弊端,本书以现代信息技术和网络技术为依托,对内蒙古农业大学双语项目学生进行立体化视听说教学实践,设计教学实验,并验证教学实验效果。

(一)大学英语视听说多维立体化教学模式设计

英语立体化教学模式是以构建主义学习理论和英语立体化教学理论为基础,利用丰富的网络资源,提高听说能力的教学模式。20世纪末,张正东在《外语立体化教学法的原理与模式》书中提出立体化教学理论。该理论重视目的语、教学环境和学生三个要素,强调要将诸要素结合,构建"教、学、用"平台,形成立体化教学环境,教师可以多层次、多方位施教,学生可以多途径、多角度学习,最终实现多维度的立体化教学。以下是结合该理论设计的大学英语视听说立体化课堂的教学模式。

首先,立体化教学模式的课堂,不仅要采用集知识性和趣味性为一体的立体化教材,更重要的是要充分利用互联网上的多元化的立体化英语资源。比如,《新标准大学英语:视听说教程3》第二单元 Out-side View 的主题是阿富汗的教育问题。就可以将 TED 演讲视频:"让阿富汗女孩接受教育的勇气"作为课堂辅助听力、口语的讨论材料。

其次,按照由浅入深的顺序科学合理地安排教学内容,让学生更容易接受所学内容。听说练习形式要多样,采用互动式、任务型教学步骤。教学活动的实施采用合作学习的形式进行分组学习。在口语活动时,为了实现全员参与的目的,小组中每位学生都应有各自的角色,通过共同完成任务来逐渐提高听说能力。活动后,教师根据小组成员的表现进行评价,达到激励学生的目的。通过教师评价以及小组成员的互评,学生可以得到有针对性的提高。课后,教师要求学生在与校园网连接的计算机上自主完成学习任务,使用《新标准大学英语:视听说教程》教材所配套的网络平台进行自主学习。在教师的远程管理下,学生完成单元测试、巩固练习、人机对话等任务。在评价机制方面,突出口语测试的成绩,并且将小组活动的表现等作为形成性评价引入评估方式。

(二)大学英语视听说多维立体化教学实验

1. 实验目的

为了深化内蒙古农业大学的大学英语视听说教学改革,该教学实验用以检验视听说多维立体化教学模式的合理性和可行性,并为今后进一步探究大学英语立体化教学提供依据。

2. 实验对象

本次实验以××大学双语项目学生为实验对象,从20××级计算机科学专业本科二年级两个教学班中各抽取25名学生,分别编入实验教学组(实验组)和控制教学组(控制组)。为了保证实验数据的准确性、实用性和实验方法的科学性、合理性,客观评价学生的听力、口语能力,两组学生在大二的第一学期进行了三次听力测试,三次成绩分别作为听力前、中、后测成绩,并在学期初和学期末举行了两次口语测试,两次成绩分别作为口语前测和后测成绩。

实验采用控制变量法,两组学生课堂授课教材相同,均为《新标准大学英语:视听说教程3》教材,授课教师也相同,但授课模式不同。其中,对实验组学生,应用立体化的教学模式安排教学活动,以网络为载体,课堂侧重视听说三者结合的综合训练;而对控制组学生主要采用传统教学模式进行授课,侧重于听力、口语练习和教材内容的讲解。

3. 测量工具

通过听力口语测试,将得到的成绩进行数据分析。将开学初进行的听力测试分数作为前测成绩;学期中的听力测试分数作为中测成绩;期末听力考试分数作为后测成绩。三次听力测试的难度持平,题型一致。包括三部分(满分30分):第一部分是对话选择题(10分);第二部分是短文选择题(10分);第三部分是短文填空题(10分)。另有测试口语表达能力的前测和后测,包括两部分(满分20分),即短文朗读以及话题讨论。短文朗读的标准包括:单词发音是否准确,意群分隔是否合理,语音语调,连读、爆破省略处理是否得当;话题讨论标准是否针对话题做出了有效回答,表述是否前后一致,清晰流畅、词汇及语法的使用是否恰当,语音、语貌是否良好。为保证评价机制的合理性,口语测试时,由两位教师同时给分,取其平均分。为了更加客观地评价课堂教学效果,在教学实验结束后,针对实验班学生,发放立体化视听说教学模式的课堂教学效果调查问卷,用以了解该教学模式对学生学习态度、学习效果和自主学习能力的影响。

4. 教学实验结果分析

实验班和控制班学生的听力水平在教学实验前并没有显著的差异。在经过半学期的不同模式教学后,两组学生在听力中测中均值均有所变化,实验班稍高于控制班,说明听力水平均有所提高,但是两组学生之间仍不存在显著差异。在这一学期的教学实验结束后,实验组的后测成绩均值远高于控制组的均值,同时两组在后测中也表现出了显著差异。由此可见,视听说多维立体化教学模式对提高学生的听力水平具有一定促进作用。在视听说多维立体化教学过程中,听力理解不再是被动的听力测试的过程,而是在与多种感官互动为一体的多维立体化语言环境中,学生由被动接受变为主动探索、构建,在轻松、愉快的氛围中完成听力任务。

与控制班学生相比,实验班学生在口语表达能力方面取得了更大的进步。与传统的听力口语课堂相比,视听说多维立体化课堂遵循"输入—内化—输出"的顺序,在口语输出前,学生先掌握所必需的语言知识,例如关键词、语句等,并通过仿说等方式,增加学生口语表达的自信,逐渐提高学生的口语表达能力。

视听说多维立体化教学模式的教学实验结果表明,与传统教学模式相比,视听说多维立体化教学模式在学生学习效果、自主学习能力、学习态度方面都产生了更积极的影响。与此同时,在实践英语视听说多维立体化教学模式时,也发现了一些值得注意的地方。首先,教师在选用各种网络教学资源作为听说教学的辅助材料时,应确定适当的比例,否则大量数字化资源充斥课堂,容易让学生转移注意力且令学生疲于接受、无法消化。对网络教学资料的内容应有所选择,材料应与教材主题相关,并且难度应易于被学生接受。其次,课堂的口语任务是基于听力教学任务的,在口语输出时,应给学生提供口语输出时所需的必要词汇、句型,让学生逐渐建立起口语表达的自信。再次,教师着力培养学生主动探索知识的能力,发挥学生主观学习的能动性,让学生在实践中运用所学知识。最后,必须完善自主学习的培养方式,改革管理机制,加大监督力度,毕竟大部分学生不具备完全独立管理、规划、调控、反思一切学习任务的能力,导致学生在学习过程中不可能享有完全的自主权。因此,需要由教师制订具体的课程学习计划,并利用管理平台监控学生的学习过程,督促学习情况的顺利进行。

第三节 网络环境与大学英语教学

一、网络环境下的大学英语教学模式

(一)大学英语网络教学模式的定义

在分析英语网络教学模式的定义之前,首先我们对教学模式以及网络教学模式的定义进行分析。根据对教学模式和网络教学模式的定义分析,我们可以将英语网络教学模式定义为"在一定教学思想和教学理论指导下,依托计算机网络技术,为达成一定的英语教学目标而构建起来的、较为稳定的教学活动结构框架和教学方式"。

(二)大学英语网络教学模式的构成要素

1. 教学理论

英语网络教学中最主要的理论依据是建构主义理论,建构主义注重以信念、原有经验、心理结构为基础来建构知识。建构主义理论指导下的英语网络教学强调教师是指导和帮助学生学习的引导者和帮助者,不再是知识的灌输者;学生是自身认知结构的构建者,不再是被动的接受者。

2. 教学目标

教学目标是指在英语网络教学中,教学活动所要开展的方向以及要达到的效果。教学目标决定了网络教学模式的构建以及发展方向。

3. 技术环境

技术环境主要包括局域网、互联网、校园网、广域网以及计算机设备等,为英语网络教学提供一定的物质条件。网络教学模式的技术环境主要受到设备自身的性能以及信息传输条件等的制约。

4. 教学策略

教学策略是指在英语网络教学中所开展的过程与方法的总和。教学策略的选择和使用涉及教学模式的稳定运作。教学策略的不同,也会对教学模式的操作产生一定的影响。

5. 人机角色关系

人机角色关系中的"人"是指教与学的对象,即教育者和学习者。"机"是指计算机网络设备。英语网络教学中的人机角色关系主要包括两个方面:一是指教师与学生之间的关系,二是指教师、学生与计算机网络设备之间的关系。在英语网络教学模式中,不同的师生关系与计算机网络设备终端形成的相互作用关系相互交融,共同构建了特定的英语网络教学模式。

(三)大学英语网络教学模式的特征

网络教学模式在涵盖教学模式普遍特征的基础上,增加了网络信息技术应用的特征。正是由于计算机网络信息技术在教学模式上的应用使得传统教学模式发生了许多本质上的变化。

个性化可以从教师和学生两个角度出发。从教师方面来看,网络技术的应用为教师进行个性化的创造性教学提供了技术上的支持;从学生方面来看,网络为学生提供了大量的学习资源,学生可以按照自身的兴趣或具体的学习状况有目的地、自主地安排学习。自主学习化是指学生以计算机网络技术为媒介,自主安排学习计划、制定学习目标、选择学习内容、评估学习成果的学习活动。超文本化属于计算机用语,在计算机领域是指一种软件系统,用户可以借助该系统实现文件或文本之间的快速移动。英语网络教学中的超文本化是指多媒体、超媒体和网络学习。

(四)大学英语网络自主学习模式

网络自主学习模式注重个性化教学和自主学习。学生是教学的中心,教师起到辅助教学的作用。网络自主学习模式主要分为网络自主接受模式、网络自主探究模式和网络任务合作模式。

1. 网络自主接受模式

网络自主接受模式的构成要素是:学生+学习资源+学习指导者。其中学习资源是指通过网络传输的,以计算机作为媒介呈现的视频、音频、图像、文本等语言资料,我们将其称为网络课件,这里的学习指导者并不仅是教师,而是教师+智能导师(计算机)。

2. 网络自主探究模式

在网络自主探究模式中,教师会给学生布置语言任务,如阅读某一文字作品后写感想、翻译某段指定文本,或观看某一英语原版影片后写影评等。在学生完成任务的过程中,教师还会及时通过邮件、论坛等网络工具与学生进行交流,对学生提出的问题予以解答。

3. 网络任务合作模式

在网络任务合作模式中,教师的作用比较重要。首先教师要根据学生的语言以及综合能力等对学生进行分组,并提供必要的资源索引。在学生完成任务过程中,教师要及时对其出现的问题予以指正,协调小组合作时可能出现的成员矛盾,从整体上把控学生完成任务的进度,并在任务完成后开展评估工作。

二、网络环境下大学英语教学模式的优势

(一)有利于提供大量的学习资源

网络可以为学生提供大量的学习资源,而这些资源的更新速度很快,具有很强的时效性,其实用价值也相对较高。对于大学英语教学而言,英语教学十分注重学生所学语言的地道、真实、实用。与传统教学相比,网络教学具有非常明显的优势。由于传统的教科书的

文化知识内容受版面的限制,常常很难满足学生对文化知识积累的需求,而快速、涉及范围广泛的网络可以不断地给学生提供全方位的文化知识,从而有效地提高学生自身的文化素养。

(二)有利于培养学生的听说能力

网络教学具有开放性和灵活性的特点,学生不需要太多的语言学习材料,只要有一台电脑便可以随时随地利用教学资源进行学习。传统的教学资料是文本与图片的结合,是静态的。而网络教学资料集文本、图片、音频、视频、动画等多种媒体于一体,丰富的语言学习材料、生动有趣的动感信息为学习增添了趣味性。英语学科主要培养学生的听说读写能力,而网络教学所提供的正是视听方面的知识。因此,相比其他学科,英语学科使用网络教学更能体现其优越性,也为学生的个性化发展提供了更广阔的空间。

(三)有利于提供新的师生交流平台

网络教学能够拓宽师生的课下交流途径。学生可以通过平台给教师或同学留言,可以通过发帖的形式提出问题或回答他人的问题。教师也可以通过平台的通知板块为学生提供学习建议,提出学习目标或是发布近期作业。

(四)有利于培养学生的自主学习能力

传统的英语教学主要是以教师为中心,采用的是灌输式的教学模式,主要以教师的讲解为主,学生被动地接受教师所传授的知识,参与很少。长此以往,教师的语言表达技能得到了充分的训练,却逐步削减了学生学习的自主性和积极性。

网络教学中,网络平台的使用合理地解决了这一问题。在网络教学中,学生可以通过操控网络学习平台,不受时间和空间的限制进行自主式的学习——自主选择课程,自主安排学习进度,并通过人机交流的方式进行语言练习。学生学习语言知识不再仅仅依靠教材和教师,而是通过网络自主学习,在构建自己的知识体系的过程中逐步地提高自身的综合语言水平。

三、元宇宙与未来教育的生发奇点

元宇宙将人类带入全新的数字世界新纪元,推动着人类进入数字化生存的高阶形态,在全球范围内掀起了一场全面的教育变革。元宇宙重塑了人、技术、教育的关系,"元宇宙+教育"的深度融合赋能未来教育的生发奇点,通过变革传统教学模式、拓展在线教学资源、构建智慧学习场域、创新教学评价体系等方式,形成虚实交融的教育新生态。元宇宙时代,教育发展面临顶层设计相对滞后、关键技术尚未成熟、教学活动缺乏深度、数字伦理风险凸显等挑战,应加快教育新基建的布局规划、协商制定体系化的技术标准、探索基于元宇宙的教学模式、确立多主体协作的开发体系,探索教育高质量发展的实现路径。

进入21世纪,数字化生存成为人们生活方式的新样态。以人工智能、VR/AR/MR、云计算、区块链、物联网、5G、数字孪生等为代表的数字技术日渐成熟且融合应用,加速了数字化转型的步伐,现实世界和虚拟世界的边界日渐消弭,人类正在进入一个虚实交融的全新数字场域。随着远程办公、在线教学、在线娱乐渐成常态,在线用户数量稳定增加,刺激资本市场加大投资力度,元宇宙产业链初具雏形,在硬件、软件、应用、内容等方面均有了长足发展;相关的技术难题不断被破解,且呈现出技术汇聚的趋势,借助不断完善的技术平台,用户通过虚拟现实穿戴设备实现对虚拟环境的沉浸式体验,获得身临其境的超感官体现;数字化转型已成为国家战略发展的新方向,2021年出台的《中华人民共和国国民经济和社会发展第十四个五年规划和2035年远景目标纲要》将"加快数字化发展建设数字中国"作为"十四五"时期的重要目标之一。在这一背景下,"元宇宙"概念得到了广泛应用,2021年更是被称作"元宇宙元年"。在资本的裹挟下,"元宇宙"迅速出圈,成为科技、经济、文化、政治等领域广泛讨论的热点话题。元宇宙的兴起预示着人类社会正在经历数字化转型的关键阶段,社会诸多领域面临着发展的奇点。

从行业发展的角度看,教育也是元宇宙的主要应用场景。元宇宙重新塑造了人、技术、教育的逻辑关系,为教师、学生、管理者等教育主体创设了一个虚拟的教学场域,让师生在虚拟世界中开展正式或非正式的沉浸式教学互动。虚拟世界并非是现实世界的复制,也并非是独立的平行空间,而是现实世界的延伸,它能够弥补乃至超越现实世界的局限。

(一)元宇宙的来临与未来教育构想

元宇宙是一个超越现实世界的更高维度的虚拟空间,同时兼备具身沉浸体验、共创共享共治、虚实交融共生、实时在线交互等特点,这与未来教育的发展理念和方向不谋而合。从实践看,元宇宙的相关技术已经被应用到教育活动中,在情境化教学、个性化学习、游戏化学习和教师研修等教学场景中有着巨大的应用潜力,既推动着教育的智能化变革,也不断探索、验证着元宇宙与教育深度融合的可能。

1. 具身沉浸的教育体验,再现真实世界的图景

传统的网络需要将信息通过电子设备传达给人,这里的信息与人是相对存在的,是失真的,元宇宙则让信息与人实现了更高程度的交融。置身于元宇宙营造的虚拟空间,人们可以开展娱乐、社交、交易、教学等各项活动,以多种知觉联动的方式沉浸在场景之中。这种沉浸体验是具身性的,"身"不仅包括身体,而且集听觉、视觉、触觉等多种感觉于一体,使人产生强烈的在场感,甚至会产生现实自我与虚拟自我合为一体的错觉。元宇宙不仅让人在虚拟世界中产生身临其境的感觉,而且在真实世界与虚拟世界的融合中获得超现实的感官体验。元宇宙的教育应用为师生创设了沉浸式的教学互动场域,教师和学生可以凭借虚拟身份开展在线互动。

2. 共创共享共治,鼓励多元教育主体的参与

共创共享共治是元宇宙的基本价值观。元宇宙是一个去中心化的开放平台,在区块链技术的加持下,所有参与者均可在元宇宙中自主创造内容,构建想象的虚拟世界,拓展元宇宙的边界。在元宇宙中,在线资源的存储、连接、管理都极为便捷,所有资源都向使用者开放,使其能够共享元宇宙的最新成果。元宇宙是由数字契约和社会契约共同支配的,无法脱离人而存在,这也决定了元宇宙的治理主体是人,它由所有参与者共同完成。教育是一项以人的终身发展为目标的事业,元宇宙与教育的融合则将人的主体性地位提到新的高度,体现在教育元宇宙是教育主体共同创造、所得成果由教育主体共享、治理活动由教育主体共同参与等方面。

3. 虚实交融共生,拓宽教育活动的环境

从元宇宙与现实世界的关系来看,元宇宙是现实世界的数字再现,它与现实世界共在,但它不能取代现实世界。现实世界的人进入元宇宙主要有两种途径:一是借助虚拟现实穿

戴设备与元宇宙交互;二是以数字化身的形式融入元宇宙之中,实现数字化生存。现实世界和元宇宙中的人类行为可以相互映射和转换,实现高度联动。在教育元宇宙空间,虚拟学习环境与现实学习环境互为补充,结合教学活动创造所需的环境,将虚拟实验的教学场地定位于教室,利用数字资源完成教学活动。

4. 即时在线交互,实现虚实教育环境的有效联动

元宇宙的交互技术为使用者创造了即时性的交互体验,打破心理世界与物理世界、现实世界与虚拟世界之间的壁垒,允许使用者借助辅助工具创设教学活动所需的场景与资源,进而开展教学、社交等活动。同时,元宇宙缩短了在线交互的时间周期,让使用者的即时交互成为可能。在元宇宙技术的加持下,虚拟教学环境与现实世界的边界趋于模糊,师生可以在两种教学环境间自由转换,及时优化教学活动的要素配置。

(二)元宇宙赋能未来教育的生发奇点

1. 变革传统的教学模式,实现元宇宙与教学的深度融合

元宇宙将从教学主体、教学理念、教学方法等方面重构当下的教学形态,确立一种全新的“元宇宙+教育”模式和创新人才培养的方式。

(1)教学主体的变革

元宇宙中的教学主体呈现出人机共存的新态势,除虚拟化身之外,教育元宇宙中还存在着各种虚拟机器人,教学主体转变为教师、学生、虚拟机器人三种类型。元宇宙不仅丰富了师生间的交互内容,还产生了人机交互、机机交互两种形式,学生不但可以在现实与虚拟世界间自由穿梭,实现信息的传递与反馈,而且虚拟化身也能够在元宇宙中展开交往、讨论和学习,实现自身的成长。教育元宇宙为教学主体提供了丰富的情感联结,增进了主体间的情感交互。研究表明,元宇宙有效减少了生者的学习困难。

(2)教学理念的变革

元宇宙进一步确证了学生学习的主体性,教师和学生既是教学主体,又是教学的开发者和使用者。相应地,教学理念则由知识本位转向育人本位,教学的侧重点由“教”转向“学”,更加强调学生的自主学习、泛在学习、个性化学习、探究性学习等。在教学活动中,注重突出学生的主体意识,营造民主、包容、自主的学习氛围,促成学生对知识的主动建构;激发学生的想象力与创造力,培养其批判性精神;制定个性化的学习方略,使学生能够结合自身的兴趣、爱好开展学习活动;以问题为导向,模拟再现现实生活场景,着重培养学生发现、分析和解决问题的能力。

(3)教学方法的变革

元宇宙时代的教学活动摆脱了单一、线性的经验驱动模式,转而向数据化、智能化、个性化驱动转型,大数据分析将对教学过程中的各个环节做出评判,为教学优化提供依据。大数据也为教学方法的改进与创新提供了内在支持,教学活动逐步摆脱讲授法一家独大的局面,呈现出多种形态、情境、要素交织融合的局面。一些新的教学方法得到了应用与推广,如交互式教学方法、跨学科教学、游戏化教学等,极大地提高了教学过程的仿真性、互动性、趣味性。

2. 拓展在线教学资源,建立开放共享式教学资源库

元宇宙将从根本上改变教学资源孤岛的局面,实现教学资源的智能互联。在传统教学中,教学资源主要为纸质资源、多媒体资源和网络资源,学生与教学资源的联动需要发挥教

师的中介作用。教育元宇宙的教学资源主要为还原真实场景的虚拟资源,学生与教学资源能够直接展开联动,实现深度感知交互。

(1)教学资源的拓展挖掘

借助人工智能技术,元宇宙持续开发智能教学内容,实现教学资源的永续生产,结合学生的个性需求进行智能化、动态化推送。学生可以充分调动感官系统参与到学习的过程中,获得深度沉浸的学习体验,进而实现"心流"体验的完全沉浸式学习。

(2)教学资源的共建共享

元宇宙的开放性、泛在性决定了教学资源的使用者与创造者是一体的,学校、教师、学习者、开发者等相关主体都能参与到教学资源的编辑、创造过程中,持续更新教学资源,满足使用者的多样化需求。借助区块链、数字孪生等技术,元宇宙创设了一个开放式的数字化资源库,物理实体将信息搜集、归类、整理后传递给数字孪生体,数字孪生体则向物理实体下达搜集信息的指令,数字化资源库在这种循环中得以不断更新。此外,数字化资源库为各类平台资源提供了展示、流转和共享的可能,学习者能够在元宇宙中实现跨平台、跨区域的教学资源交互。

(3)教学资源的优化配置

元宇宙打破了教学资源利用的现实壁垒,促进资源有效流通,优化资源配置,使不同地区、不同阶层、不同年龄的学生都能够平等享受优质的教学资源。元宇宙促成教学资源的再分配,赋能公平利用教学资源的机会,从根源上解决了教学资源时空限制、发展不均衡、利用困难等弊端,为公平高质的教学活动提供了有力支持。

3.构建智慧学习场域,创设多维立体的实时交互空间

作为虚拟空间,元宇宙升级甚至颠覆了人们对于传统环境结构的认知。从技术赋能的角度看,"元宇宙+教育"构建了虚实交融的智慧学习场域,营造了多维立体的实时交互空间,使教学活动克服了时间、空间等客观限制,使教师能够创设出更真实的教学情境,学习者可以开展深层次的认知活动,获得超现实的感官体验,如在地理教学中教师可以还原现实世界的场景,让学生身临其境地观察和感受当地的人文、自然风貌。

(1)拓展交互场域

元宇宙不仅将智能技术融入教学的全过程,还丰富了教学主体和教学内容的交互形式,在信息交互的同时也渗透进主体的情感因素,推动教学活动的有序运转,确保了人机协同的真正发生。此外,"元宇宙+教育"重塑了个体、群体与机器的关系,催生了教师、学生、机器等多元主体混合交互的形式,支持多元主体的跨界协同与合作创新,拓展了人机双向反馈的智能应用场域。

(2)创设学习场域

校内学习与社会化学习、课堂学习与课后学习、线下学习与线上学习的形式相融合,现实生活中无法触及的体验都能在虚拟空间中得到实现,并验证学生的猜想。此外,元宇宙的时空环境有助于拓展第二课堂的边界。教学活动不仅包括课堂教学,还包括各种正式与非正式的学习活动,以此满足学生个性化的学习需求。

(3)营造心理场域

元宇宙为学生营造了具有安全感的氛围,满足其学习活动中的心理需求。学生通过沉浸式参与产生认知与身体高度协调的具身体验,在生生、师生交互中产生对所处环境和教学活动的认同感,进而获得良好的学习体验。

（4）构建文化场域

元宇宙促成人与技术的深度融合，旨在提升人的数字化生存境况，把人的生存与发展视作价值原点，这正是人文精神在元宇宙时代延续的体现。"元宇宙+教育"整合了教学主体、教学内容、教学方法、教学情境等要素，为教学活动创造了平等、开放、公正、创新的文化场域。

4. 创新教学评价体系，助推高质量教育教学目标的实现

"元宇宙+教育"的智能化教学方式能够对教学行为进行全过程的评价，对学生的学习成绩、课堂表现、情感态度、心理健康开展动态监测，借助大数据搜集、分析学习过程中的各项参数，以此衡量学生的学习效果，并为教师的学习监督、问题发现、行为干预等提供依据。智能化评价有助于改变以往数据采集困难、问题揭示不足、监测不连贯等顽疾，实现教学评价的数据化、透明化、科学化，形成与高质量教育教学目标相适应的现代教学评价体系。

（1）"元宇宙+教育"能够实现评价主体的多元化

"元宇宙+教育"主体的多元性决定了评价主体的多元化，学生、教师、学校、政府、开发者、第三方机构等相关主体都能成为教学评价的主体，他们的共同参与是确保评价准确的坚实保障。长期以来，学生在教育评价活动中是缺位的，评价方式是"他评"主导的，忽略了学生在学习过程中的情感体验、自我需要，学生是教学活动的全程参与者，他们的自我评价有助于全面客观地反映学生学习的真实情况。

（2）"元宇宙+教育"能够促进评价过程的多维化

依托互联网和物联网，学生的外部学习行为和内部心理动态都将以数字化的形式呈现，为教育评价提供全方位、多维度的数据资料。

（3）"元宇宙+教育"能够实现评价维度的层次化

评价标准从单一走向多元，从唯成绩、唯分数的"知识本位"向注重思维能力、探究能力、自主学习能力、解决问题能力转变，进而与学生核心素养相结合，探索知识、能力与素养相融合的多维度评价。评价的价值导向从学生单一、片面的发展向德智体美劳的全面发展转变，关注学生的个性化发展与动态性成长。

（4）教育元宇宙可以做到评价方法的多样化

评价方法由结果性评价向过程性评价、表现形式评价、增值评价等多种方式的综合应用转变，结合元宇宙的时代转变，大力强化教育数据的搜集、整理与分析，提高评价的智能化水平，推动"元宇宙+教育"的高质量发展。

（三）元宇宙时代教育发展面临的挑战与应对策略

1. 未来教育发展面临的挑战

（1）顶层设计相对滞后，引发教育实践的诸多乱象

在国家层面，政府对元宇宙在教育领域的应用尚未形成系统的规划，主要关注 AI、VR、AR 等核心技术在各级各类教育领域的应用，对其目标、运作机制、平台建设、数字资源等尚未做出明确规定，很难为教育实践提供操作性的指导。元宇宙的教育应用需要建立一套完整的运行机制，但现有的法律法规对元宇宙仍缺乏相应的规定，增加了政府部门对相关教育教学活动监管的难度。作为一种新兴的教育形态，"元宇宙+教育"的理论与实践还处在探索阶段，基本理论问题尚未在学界和业界达成共识。"元宇宙+教育"是教育发展的必然趋势或技术想象，还是真概念或炒作，这些猜想都需要长期的实践才能得到验证。在实践

中,元宇宙的技术标准尚未形成,同样缺乏行业标准,"元宇宙+教育"仍处在野蛮生长的快速扩张阶段。当下,元宇宙成为新一轮资本炒作的重点,在教育领域引发了诸多乱象,也在一定程度上阻碍了"元宇宙+教育"融合的真正实现。

(2)关键技术尚未成熟,"元宇宙+教育"应用效果与口碑不佳

元宇宙是技术集群进化的产物,对技术的依赖性极强,当前,技术局限性依然是制约元宇宙快速发展的重要因素。从"元宇宙+教育"的支撑技术看,相关技术的开发与推广已取得了一定成就,VR、AR等技术在教学中的应用已颇有成效,但部分关键技术难题仍未破解,脑机接口等硬件设备的技术尚未实现根本性突破,元宇宙的底层技术如区块链、人工智能、5G、传感技术等尚不成熟,难以为"元宇宙+教育"的大规模推广提供支持。在教学活动中师生的体验感不佳,表现为数据获取难度大、网络信号差、智能化程度较低、虚拟现实不够自然、人机交互难以进行,等等。元宇宙有着较高的技术门槛,阻碍了在教育教学中的应用。专业硬件载体数量不足、携带不方便、操作烦琐、价格较高、头戴设备的舒适度不高等问题都决定了"元宇宙+教育"尚不具备大规模普及的条件;在软件设备方面,VR、AR等内容的开发成本较高且难以批量复制,平台之间的兼容性不强,网络的稳定性较差,设备的功能不齐全,对使用者的要求较高。此外,当前使用者的信息素养尚不足以适应大规模开展与元宇宙相关的教学活动,其技术应用的思维、观念、能力与教育的现实需要之间存在较大差距,与"元宇宙+教育"的大规模推广仍有一定的距离。

(3)教学活动缺乏深度,"元宇宙+教育"的理念尚未落到实处

"元宇宙+教育"的融合呼唤全新教学模式的出现,需要从思维、方法和行动等层面改革现有的教学要素,重新规划和设计教学活动。但在具体实践中,教学活动与元宇宙技术的融合还流于表面,缺乏系统的理论引导。教学交互方式延续了现实世界中的师生交互,学生的参与度不强,充其量是师生交互场域的转变,人机交互、机机交互尚未真正落到实处。教学活动仍未摆脱传统思维的束缚,教学方式仍然是传统教学的改进与优化,并未实现根本转变。以在线教学为例,疫情防控期间在线教学方式已成常态,但多数教学仍然是将现实课堂投射到互联网平台上,使用数字影像还原现实教学的场景,使用在线平台投放学习资源,这种教学方式只是"在线"的教学,是传统教学的延续,即便是"线上+线下"混合式教学也不具备"元宇宙+教育"的特征。教学内容侧重于讲解和展示,对课程内容的开发程度不大,与课程知识体系的要求相去甚远。此外,教学资源的开发、存储、整合等尚未形成体系,还处在教学资源的数字投射阶段,数字化资源的实际利用率不高。

(4)数字伦理风险凸显,"元宇宙+教育"的应用前景有待求证

元宇宙的数字化、智能化、创造性等特点对教育产生潜在的伦理风险。首先,"元宇宙+教育"的普及诱发数据安全风险。"元宇宙+教育"中的信息以数据的形式存在,信息的爆炸式增长对数据的隐私性、安全性、可靠性构成了更大挑战。其次,"元宇宙+教育"滋生新的不公正。学生自身禀赋的不同决定他们在学习条件上的差异,但在元宇宙的赋权下这种差异既可能被缩减,也可能被无限放大。在探索阶段,"元宇宙+教育"的发展动力遵循着市场经济的逻辑,而资本的逐利性激化了学生的内部分化。此外,部分人群被排除在"元宇宙+教育"之外,无法共享"元宇宙+教育"的成果。再次,算法规训带来教育价值的偏离。"元宇宙+教育"的运作建立在智能算法的技术基础之上,而算法对学生的价值倾向产生潜在的导向作用。若在初始阶段教育价值取向就存在一定的偏差,那么在后期的学习和优化阶段这种偏差将会持续被放大,最终影响学生思维方式、思想观念的养成。最后,元宇宙的沉浸

性诱使学生沉迷其中。"元宇宙+教育"吸引学生在虚拟世界中探索、创造属于自己的世界，但部分自我掌控力不足的学生可能会深陷其中，导致学习和身体分离，教育不再是苦海行舟，而是一场感官游戏，"我思我并不一定能在"，但"我感受我就存在"，学生极有可能陷入"缸中之脑"的悖论，无法辨别什么是真实，无法论证自己是否活在"可能的世界"中。

2.应对策略

（1）加快教育新基建的布局规划，夯实"元宇宙+教育"的技术基座

元宇宙时代，科学技术的更新迭代造就了教育教学的新模态，教师应提前布局，科学规划，加快教育基础设施建设，推动教育的数字化、智能化转型。元宇宙的基础设施自下而上可分为物理层、软件层、数据层、规则层、应用层，每一层都融入元宇宙的相关技术与方法，为未来教育的变革提供坚实的技术基座。物理层是指在现实世界构建元宇宙的硬件设备，是元宇宙其他基础设施的根基，它包括5G网络、物联网、沉浸设备等，主要功能是教育数据的搜集、存储、分类、交流、应用等。软件层位于物理层之上，是加工、处理、分析数据的主体，由元宇宙的支撑软件及开发包构成，包括VR软件系统、云计算、元宇宙软件系统等。软件层又分为基础软件和应用软件两种类型，主要功能是智能识别与智能认知，为教育的智能化运作提供技术支持。数据层包括数据中心和数字资产，确保数字的互联互通，主要功能是教育数据库更新、教育系统循环等。规则层包括数字治理、数字标准，负责维护数字的运行秩序，为教育的精细化管理、个性化管理、系统化管理提供依据。数据层和规则层为教育的运作、管理、优化提供了数字依据。应用层是前四个层面在教育元宇宙中的实际应用，从教学、管理、评价等方面不同程度地影响着教育活动的开展。"元宇宙+教育"的基础设施是逐层建设的，从低到高，层次越来越抽象，下层为上层奠定基础，上层为下层确立建设目标，如此层层叠加，构成了教育元宇宙的基础架构，维系其运作和功能的发挥。

（2）协商制定体系化的技术标准，确立"元宇宙+教育"的运行规范

"元宇宙+教育"是涉及多学科、多领域、多主体的新兴事物，需要确立科学的推进策略，多方协商、共同制定技术标准。首先，成立"元宇宙+教育"的公共研究组织，确保"元宇宙+教育"研究的公共性。由政府牵头，组建包括企业、研究机构、学校、教师等相关主体在内的"元宇宙+教育"组织，强化政企、校企合作，整合政策、技术、市场等优势，探索形成标准化组织和研究机构，如"元宇宙+教育"实验室、元宇宙研究院等。其次，共同协商制定技术标准，促进"元宇宙+教育"的科学化发展。在多方主体协商的基础上，探索"元宇宙+教育"的技术标准化、兼容化，以制定政策、法规、指导意见、行业标准等文件的形式对数字资源、教学活动、数字化行为等做出规定，探索确立"元宇宙+教育"的指标体系。再次，探索元宇宙在学校教学中的试点应用，以点带面降低相应的技术风险。以部分学校为试点单位，积极开展元宇宙教学实验，着力打造典型案例。在试行元宇宙教学方式的同时采集数据，并以此作为技术标准优化的依据，这样不仅能够解决实际问题，验证相关理论的正确性，而且有助于"元宇宙+教育"技术标准体系的优化完善。最后，制定管理制度，保证"元宇宙+教育"有序发展。在"元宇宙+教育"空间，教学活动呈现出虚实交融、个性化、多样化的新特点，迫切需要建立与之相适应的管理制度，包括针对学生行为规范的学生管理制度和针对虚拟校园、课程设置、教学实施、教师行为等的学校管理制度。

（3）探索基于元宇宙的教学模式，形成"元宇宙+教育"的发展动能

元宇宙技术赋能教育变革的新机遇，教学工作者应结合智能化、数字化的新要求，探索适应元宇宙要求的教育新模态。在教学思维上，明确教育元宇宙的根基在于人文，坚持以

人为本的理念,立足教育的育人本质,警惕"元宇宙+教育"带来的新异化。结合核心素养的多维要求,在传授知识的同时,注重学习者学习能力、思维品质、思想道德等综合素养的培育,结合时代语境不断丰富人的本质。在教学理论上,应在吸收借鉴已有学习理论的基础上,探索以具身认知为核心的学习理论,厘清元宇宙空间内学习的发生机制。探索已有教学理论(如对话教学、情境化教学等)在元宇宙空间的适切性,构建适应元宇宙的教学理论。在教学关系上,摒弃二元对立思维,坚持线上、线下相结合的教学方式。明确教学是人与人之间而非人与机器之间的关系,机器无法替代人类,教学的价值理性不能被技术理性所取代。在教学内容上,既要注重开发虚拟世界中的教学资源,又要将现实世界中的教学资源复刻到"元宇宙+教育"场域,形成虚实交融、丰富多样的数字化教学资源。在教学实践中,教师也要发挥其主观能动性,积极应对"元宇宙+教育"所带来的不确定性,提升自身的教学胜任力,探索多样化的教学策略,提高教学效能。

(4)确立多主体协作的开发体系,推动"元宇宙+教育"的持续发展

"元宇宙+教育"建设涉及不同主体,是一项有着跨学科、复杂性、长期性特征的系统工程,需要构建包括政府、研究机构、企业、个人等多元主体参与的开发体系,以此实现"元宇宙+教育"的可持续发展。政府主要从顶层规划层面主导"元宇宙+教育"的发展方向,在政策、资金、环境等方面引导、鼓励和支持"元宇宙+教育"平台的开发,并对研发过程进行监督和管理,引导和规范相关主体的研发行为。研究机构主要负责"元宇宙+教育"相关技术的开发、运营和后台维护工作,由政府牵头、科研院校和企业参与,整合资金、技术、人才等优势,组建"元宇宙+教育"的开发团队,积极开展技术交流合作,不断攻克"元宇宙+教育"推广应用中的底层技术和关键技术难题,让技术成果惠及更多使用者。企业与研究机构、学校的合作既能弥补研究机构在元宇宙开发中资金、应用推广等方面的不足,又能推动元宇宙与教学实践的深度融合,深化理论与实践的融合生长。教师、学生、家长、管理者等个体既是"元宇宙+教育"的使用者,也可以成为元宇宙的开发者,元宇宙的可延展性和兼容性决定了个体也能参与到元宇宙的创建过程中。通过多种方式激励个体的参与,促进"元宇宙+教育"的自我优化与完善,拓展元宇宙的边界。面对"元宇宙+教育"的机遇与挑战,教育科研人员应始终保持开放包容的心态,践行建设者、研究者和实践者的身份,不断促进"元宇宙+教育"的优化完善。

元宇宙的出现顺应了时代发展的潮流,也对教育变革产生了根本性的影响,"元宇宙+教育"将成为新一轮教育改革发展的方向。"元宇宙+教育"不是取代已有的教育形态,而是丰富教育的本质,拓展教学活动的时空边界,挖掘数字化学习资源,变革教学模式,重塑虚实交融的智慧学习场域,形成全新的教育生态。"元宇宙+教育"的发展将通往何处仍然是摆在教育理论和实践工作者面前的难题,教师应准确把握元"元宇宙+教育"的变与不变,确立"元宇宙+教育"的理论体系与实践模式,坚守教育的初心与使命,探寻教育高质量发展的实现路径。

第四节 现代教育技术与多媒体英语教学

一、现代教育技术与现代英语教学

（一）现代教育技术在现代英语教学中的优势

1. 有助于学生个性化的发展

在传统的英语教学中，无论是教学手段还是教学方法都是单一的，主要是通过教师的口头讲解和纸质教材来向学生传递各种语言知识，长此以往的教学很难激发学生的学习兴趣，学生的学习行为往是被动的、僵化的，不利于学生个性化的发展，而现在教师可以运用现代教育技术手段来辅助英语教学。在实践教学中，教师可以充分使用教育技术设备，根据学生的不同个性、不同层次，设置难易不同的学习内容，存储于网络服务器中，学生可以随时调用资源。

2. 使教学形式更灵活、教学活动更生动，有利于提高英语教学质量

在英语教学中，特别是外语实践课的教学中，传统教学方法是由教师在课堂上反复地示范，口耳相传，学生感性地模仿。现在教师可以通过应用多媒体技术，在语言实验室里采用语音训练教学软件，让学生在屏幕上看到由三维技术做出来的发音位置结构演示，动态地演示口型和舌位的变化过程，还可以看到静态画面。这样学生自己通过反复观看和模仿，就可以准确地了解发音部位和技巧，找到正确的发声感觉，从而为练就一口流利纯正的英语打下坚实的基础。

3. 有利于提高学生的英语交际能力

英语教学的目的，不仅仅是要向学生传授语言知识，更重要的是培养和提高学生运用英语进行交流的能力。在教学过程中，利用音频技术和多媒体技术营造出逼真的交际环境让学生产生身临其境的感觉，有助于激发学生的学习欲望，使学生主动参与到教学实践中，由被动变为主动，提高口语表达能力。通过活泼多样的教学方式，将学与练有机结合起来，对学生能力的提高起到事半功倍的效果。

4. 有利于师生间的沟通、学生间的协作学习

现代教育技术在英语教学过程中的辅助作用，可以使学生进行发现式和钻研式的学习。这样的学习环境具有强大的联结功能，分处异地的教师和学生都可以参与到交互性的学习讨论中，通过教育技术手段搭建的交流平台，发表学习心得，进行知识的传输和交流，真正体现出群体协作、合作学习的优势。学生通过扩大交流范围，可以在学习中摆脱被动的学习方式，发挥主动性和创造性。

5. 有利于英语教学资源库的建设

英语音像资料建设的成功与否，关系到英语教学质量的好坏。高等学校是培养英语人才的摇篮，利用现代教育技术充分发掘丰富的、具有强烈视觉冲击性的英语信息资源，建设多方面、多层次、具有时代特点的英语音像资料库，对培养具有时代性、前瞻性的英语人才有着重要的意义。

(二)现代教育技术在现代英语教学中的发展趋势

1. 网络化趋势

现代教育技术网络化的最明显标志是互联网应用的快速发展。现代教育技术的网络化趋势主要表现在两方面,即国际互联网应用的迅速发展和卫星电视网络的飞速发展。基于互联网环境下的教育体制与教学模式不受时间、空间和地域的限制,通过计算机网络可扩展至全社会的每一个角落,甚至覆盖全世界,这是真正意义上的开放式大学;在这种教育体制下,每个人既是学生又是教师,每个人可以在任意时间、任意地点通过网络自由地学习、工作或娱乐。由于是基于信息高速公路的多媒体教育网络,所有这些都可以在瞬息之间完成,你所需要的教师、专家、资料和信息,都是远在天边,但又近在眼前。这种教学模式是完全按照个人的需要制定的,对于教学内容、教学时间、教学方式甚至指导教师,学生都可以按照自己的意愿或需要进行选择。

2. 多媒体化趋势

(1)多媒体教学系统

与应用其他媒体的教学系统相比,多媒体教学系统具有以下优点:多重感观刺激;传输信息量大、速度快;信息传输质量高、应用范围广;使用方便、易于操作;交互性强。

(2)多媒体电子出版物

多媒体技术除了可直接应用于教学过程之外,在教育领域还有另一方面的重要应用,这就是以 CD-ROM 光盘作为存储介质的电子出版物。

3. 愈来愈重视教育技术在英语教学中应用的理论与实践研究

近年来,国际教育技术界在大力推广应用教育技术的同时,也日益重视并加强对教育技术理论基础的研究。一方面重视教育技术自身理论基础的研究,另一方面加强将认知学习理论应用于教育技术实际的研究。专家学者们就如何更大、更优地发挥现代教育技术在英语教学中的应用与成效,如何结合现代教育技术的基础理论和实践在英语教学中开展更为深入的应用等方面进行了深入的理论和实践研究,并已初步取得较为丰硕的研究成果。

4. 愈来愈重视人工智能在英语教学中的应用研究

智能辅助教学系统由于具有"教学决策"模块、"学生模型"模块和"自然语言接口",因而具有能与人类优秀教师相媲美的一些功能。

5. 应用模式多样化

不同国家对教育技术的应用也不是同一模式、同一要求的,而是根据社会需求和具体条件的不同划分不同的应用层次,并采用不同的应用模式。常规模式不论是我国还是在国外,在目前或今后一段时间内,仍然是主要的教育技术的应用模式,尤其是在广大中小学更是如此。在重视"常规模式"的同时,应加速发展"多媒体模式"和"网络模式",这是现代教育技术发展的方向。

(三)现代教育技术环境下英语教学的变化

1. 现代教育技术对教师的影响

现代教育技术能极大地减轻教师的工作量。在传统教学中,面对几十名学生的大课堂,在有限的几十分钟内,教师很难引导学生展开深入讨论,而且不能让学生逐一进行课堂操练,课外还要批改大量的作业,这直接导致了教学效率的低下。

首先,教师要掌握多媒体软件制作技术。在软件的应用上,要体现以学生为主体、教师为主导的原则。教师不再是知识唯一的拥有者,而是由知识的讲解者、传递者变成学习资源的组织者、学习方法的指导者。其次,教师必须具备敏感的捕捉信息与有效分析信息的能力,并且具备信息组织的个人特点,这样才能在网络化的教学中起引导作用。再次,教师不仅要传授知识和指导学生如何学习,还要为学生提供各种学习的资源,提供一种促进学习的气氛,让学生自己决定如何学习。

2.现代教育技术对学生的影响

(1)学习方式

基于现代教育技术的英语教学突破了传统的以教师为中心的教学方式,建立起以学生为主体的教学模式,促使学生变被动消极学习为主动积极参与,学生成为学习的主人。在这种学习过程中,学生利用现代教育技术教学系统创设的学习环境进行人机、师生、同学间的交流,教师成了指导者、帮助者,使学生减少紧张感、枯燥感,有了更多练习机会,在增强的自信心的同时,充分发挥了主动性、积极性,有利于提高学生学习效率。

(2)学习渠道

现代教育技术创造的模拟英语交际环境,可以使学生模仿计算机中的人物发音,或参与到其中的人物对话中,并可及时得到关于自己语句内容、语音语调正确与否的反馈。多媒体辅助英语教学注重学生的个体差异,为学生提供一个轻松愉快的学习环境。程度高的同学可以跳过自己已掌握的知识,直接进入自己想学的内容,加快学习速度,多获取一些信息。基础差的学生可以根据自己的情况调整学习节奏,而不必担心自己会被教师提问,或害怕答错题而被同学嘲笑。

(3)学习观念

在信息社会里,新的思想、新的观念及新的行为方式充斥着社会的各个领域,其中对教育的影响尤为明显:新旧知识的更新之频繁,信息传播速度之快、范围之广,使得学生在传统的学校教育所学的知识、技能已经不足以适应信息社会发展的需求;计算机、多媒体技术、通信技术、网络技术等不断渗入到教育领域,应运而生的现代教育技术使得传统意义上的学习观念大为转变,取而代之的是自主学习、网络学习、终身学习。

二、多媒体英语教学及教学设计

(一)多媒体英语教学

1.多媒体英语教学的基本定义

多媒体英语教学是指"以计算机技术为主导、涵盖多种媒体的教学方式:一方面教学主体借助多媒体光盘和网络教学资源获得学习内容;另一方面教学活动中也会吸取并发挥包括图书、磁带、幻灯片、电子白板、多媒体光盘等在内的多种媒体的特点和优势,形成合力,构建出真正意义上的立体化英语教学体系"。

2.多媒体环境下英语教学的特点

(1)教学信息及教学方式的立体性

多媒体技术集成性、交互性等特点导致信息的立体性和应用的立体性,有利于学生多维度的认知和语言综合应用能力的培养。英语教学借助多媒体技术手段,多种类型的语言信息通过多通道的输入、存储、处理、输出,可以让学生置身于虚拟现实的语境中,为学生提供大量的视觉和听觉资源以提高其接触信息的机会,通过对多维度信息的多途径利用,以立体的方式进行听、说、读、写、译的基本语言能力学习、训练和语言实验、研究。

(2)教学方式和学习方式的自主性

软件和网络技术使多媒体具有控制性、非线性、便利性等特点,此环境下的英语教学提供了能更高效地达到教学目标的多元化教学方式和学习方式。这有助于个性化教学,教师根据教学指导思想选择教学方式,尤其有助于实施以学生为中心的教学。

(3)教学资源的共享性

网络多媒体技术使数字化的信息轻易实现资源共享,可以改变各自为战的教学格局,为教学的集约化发展提供条件。教师之间、师生之间、学生之间、班级之间、学校之间等均可以按需要进行教学资源的共享,从而避免了劳动的浪费,减轻了教与学的工作强度,甚至可以通过远程教学来实现师资共享、课程共享、学习合作伙伴共享等。

(4)教学管理的辅助性

多媒体环境下的英语教学还具有强大的管理功能和教学辅助功能。通过网络教学平台等途径给学习者提供各种状态数据,包括在线自主学习、在线练习、在线测试所产生的原始数据和分析数据,教师可以及时、全面、具体地了解教学变化,有针对性地进行教学决策调整和对个体学习者的指导或辅导。同时,教师可实现对庞大数据支撑的形成性评估与终结性评估相结合的教学评价体系的实施。

3.多媒体技术在英语教学中的应用

(1)多媒体语言实验室

多媒体技术改变了传统语言实验室所依赖的核心技术,即采用数字技术替代了模拟技术,从而使语言实验室具备了更强大的功能。多媒体语言实验室集语音实验室、自主学习室、电子阅览室、视听实验室、模拟训练室、声像资料室等多种语言实验功能于一体。

(2)多媒体教室

多媒体教室是在教室中安装了多媒体设备,主要分为单机型和网络型两类,基本配置包含多媒体计算机系统、放大显示系统、音响系统;可扩充设备包括实物展示系统、电子白板等根据教学需要增添的外围设备。

(3)多媒体网络教学平台

多媒体网络教学平台是指基于多媒体和网络技术的教学及管理系统,其教学基本功能包括课程教学、自主学习、教学资源、在线辅导、在线测试等;其管理基本功能包括课程教学管理、形成性评价、课程或专业教学资讯等。

(4)多媒体应用软件

多媒体应用软件是指运用计算机语言和多媒体技术针对单机或网络环境设计的英语教学软件。

(二)多媒体英语教学设计

1.多媒体英语教学设计的概念

(1)教学设计是把教学原理转化为教学材料和教学活动的计划。教学设计要遵循教学过程的基本规律,选择教学目标,以解决教什么的问题。

(2)教学设计是实现教学目标的计划性和决策性活动。教学设计以计划和布局安排的形式,对怎样才能达到教学目标进行创造性的决策,以解决怎样教的问题。

（3）教学设计是以系统方法为指导。教学设计把教学各要素看成一个系统，分析教学问题和需求，确立解决的程序纲要，使教学效果最优化。

（4）教学设计是提高学习者获得知识、技能的效率和兴趣的技术过程。教学设计是教育技术的组成部分，它的功能在于运用系统方法设计教学过程，使之成为一种具有可操作性的程序。

2. 多媒体英语教学设计的基本步骤

（1）教学目标分析

在进行教学设计时，通常课程教学目标是已定的，为了实现总的教学目标，应该对它进行分析并分解，构成一个教学目标体系。

（2）情景创设

根据教学目标体系中的分解目标，对应地设计教学情景，以多媒体辅助进行情景创设，以便教学内容信息在真实或虚拟的情景中传递。

（3）信息资源设计

根据教学目标体系中的分解目标，对应地分析信息资源，结合所创设的情景，对信息资源进行分配、管理，并运用相关的学习理论。根据教学需要提出利用方案，即直接利用或处理后利用，以及需要处理的信息应该如何处理。

（4）自主学习设计

教师应该为学生的自主学习做好任务设计和自主学习方法指导设计，主要包括目标、内容、计划、环境和自评等要素，其中环境要素中要对多媒体环境的有效利用进行指导设计。指导学生在适当的情况下，充分开展合作学习。

（5）合作学习环境设计

合作学习环境的设计主要是指如何针对教学目标、内容和学生的实际情况进行多媒体教学条件和环境有效利用的方案设计。

（6）学习效果评价设计

在以学生为中心的建构主义教学模式下，教学评价（即学习效果评价）应该包括形成性评价和终结性评价两部分，其中形成性评价要具体、细致，这在多媒体环境中不难做到。形成性评价应该包括学习者自我评价、学习伙伴相互评价和教师对学习者的评价。

（7）强化练习设计

根据教学目标，对与主要教学内容相关的知识和技能，应该充分利用多媒体条件和遵循多媒体教学原则，设计出效率高、效果好的强化练习。

第三章　多元文化背景下的大学英语教学探索

第一节　从文化的角度看大学英语教学

一、从语言到文化

语言和文化紧密相连。语言本身就是一种文化现象,是文化不可分割的部分。语言是文化的产物,同时又是文化的载体;而文化是语言存在的环境。语言反映了一个民族的文化,同时受到文化的巨大影响。

语言是文化的一部分,文化也是语言的一部分。二者错综复杂地交织在一起,人们无法将二者分开而不失去语言或者文化的意义。一个人不可能只学习使用一门语言,而不学习有关说这种语言人的文化。语言教学就是文化教学。

在大学英语教学中,中国学生给人的印象,不是不愿意用英语交流,也不完全是缺乏词汇或不懂语法,而是在学习和使用英语的过程中没能跨越文化的障碍。教师在大学英语教学中是否太关注语言的障碍,而忽视了文化的影响力?教师的教学和研究是否该从过于关注语言差异本身,转换一个角度去审视文化的差异和文化的重要影响呢?对学生来说,学习英语的障碍不仅有语言知识、语言技能本身构成的"巴别塔",还有文化的障碍,它就仿佛一堵"柏林墙"那样横亘在交际中。

二、语言、思维、交际与文化

(一)语言与文化

每一种具体语言都带有某种印记,反映着一个民族的特点。每一种具体的语言,不论属于哪个民族,都具有确定的性状,其语词、形式和连接方式是承袭下来的,并因此对一个民族产生影响。语言的这种影响,并不仅仅是它对来自民族的影响的反作用;而是对于这个民族来说,来自语言的这种影响乃是语言原初本性的一部分。词汇是构成语言的基本元素,是语言体系的基础。词汇使语言得以大量地表达概念。因为不同的历史、地理、习俗、生活方式、价值观,不同的语言对同一个单词有不同的解读,不同的语言对客体、事物、经验、感情都有特定的标识和命名。

1.句法

英语是一种具有严格语法规则的语言,汉语的语法规则相对灵活。英语用的是有分支的句子模式:主语和谓语形成全句主轴。如有宾语和补语,可在主轴上延伸,定语及状语则以分支的形式,通过关联词语与主轴相连;汉语则依赖时间顺序,采用线性的句子模式。两种语言的差异与文化传统和思维方式有关。

2. 语篇

语篇指文章中句子之间的语言形式上的连接和句子表达的概念在语义逻辑上的连贯。

3. 语域

语域指不同的文化背景会对人的言行打上文化的印记,直接影响说话者要表达的内容,以及听众对其所讲的话的理解。

(二)思维与文化

文化体系具体表现在人们所使用的语言中。这个文化框架塑造了语言使用者的思维。语言相对论暗示着,说不同语言的个体将用不同的方式思考同一个世界。语言相对性假设表明语言、思维与文化的紧密联系,语言作为文化的一部分,通过思维和感觉影响着人类的行为,于是将文化与人类行为联系起来。

世界上各种语言与文字在发音和书写形状方面千差万别,在逻辑推理方式上也截然不同。语言的推理方式是思维方式的具体表现。思维方式的差异,是造成语言差异的一个重要原因。语言的使用,体现思维的选择和创造。翻译的过程,不仅是语言形式的转换,而且是思维方式的变换。中西方思维方式的差异有:伦理性与认知性、整体性与分析性、意向性与对象性、直觉性与逻辑性、意象性与实证性、模糊性与精确性、求同性与求异性、反馈性与超前性、内向性与外向性、归纳性与演绎性。

(三)交际与文化

文化是交际的基础。在文化中,我们学会如何交际。也正是因为我们的文化,教会我们交际的内容是什么。交际影响文化的结构,交际反映并传播文化。文化告诉我们应该如何说和做,并在我们的交际模式中得到展现。文化和交际关系紧密。实际上,二者不可分开:常常很难断定谁是声音、谁是回音。跨文化交际,指来自不同国家文化的人之间的交际,很多学者将其限定为面对面的交际。

价值观影响着我们在社会中的行为。价值观并不描述我们如何在一种文化中活动,但却指导我们应该做什么,不应该做什么。价值观成为我们做出所有决策的基础,并为我们提供标准去评价自身及他人的行为。价值观是人类行为的引导力量。我们所持的价值观与我们交际的方式紧密相连,而交际也反映着价值观。价值观一般都是通过言语和非言语的行为来表述的,口头表述被用来凸显个体或群体特定价值观的重要性。在非言语方面,我们在交际时倾向于通过社交礼节来展示价值观。

三、国外语言教学中的文化教学

早期的语言教学中,文化教学主要是了解目的语文化的信息,文化传授的主要内容是文学和文化背景的介绍,强调文学、历史、地理、经济等"大写的 C"(Culture)文化内容。20世纪后半叶,随着交际教学法被广泛接受,文化教学的内容不断延伸,涉及目的语文化的社会准则,日常生活的规范,工作、学习、生活方式等各个方面,由"大写的 C 文化"转变为观念、态度、行为模式等"小写的 c"(culture)文化。文化教学目标从传授目的语文化的信息转为培养学生的交际能力。而且,语言教学中更加关注文化教学。

随着跨文化交际的发展,许多学者提出,从跨文化交际的角度,重新审视在英语教育中如何教授文化,研究语言文化教学如何通过跨文化交际让学生了解外国文化,同时又通过了解外国文化提高跨文化交际能力。

随着跨文化交际研究的深入,加之全球文化多元化的现实,英语教育受益于文化学习和交际语言教学。学生不仅要学习目的语文化知识,还要培养在目的语文化环境中得体的交际行为。而且,要学习交际技巧和跨文化交际技巧,培养跨文化能力更成为21世纪语言文化教学的目标。同时,研究的重点放在帮助学生了解目的语文化,能有效地与目的语国家的人交际,避免产生误解和冲突。文化教学在英语教学中占有重要地位。"文化敏感性",即学生可以通过跨文化交际,打破对目的语形成的思维定式,建立对目的语文化比较客观的认识和正面的形象。

在英语教学的实践中,一直到20世纪60年代,英语教学中的文化教学指的是文学教学。学习第二外语主要是为了解通向文明的伟大文字作品,文字作品在相当长的时间内都是英语教学的材料。通过阅读,学生可以学习与目的语相联系的文明。这一阶段的文化教学主要是传授"大写的C"文化,"大写的C"文化被理解为表现在观念、价值、历史、制度、文学、哲学和艺术产品中的文化。

20世纪七八十年代,交际法教学对英语教学产生了影响。教学的重点放在英语使用的语境和背景上,目的是提高交际能力。文化被视为语言教学的重要方面。语言教学的目的是培养学生的社交和文化能力即交际能力,文化被视为背景知识,其主要目的是阻止进入目的语文化的人犯语言和非言语方面的错误。这一阶段的文化教学以"小写的c"文化为主,关注日常生活中容易造成交际失败的文化差异。

今天,英语教学更加重视文化的教学,文化学习成为培养学生交际能力的主要因素,教授文化或明或暗地渗透到社会交际、口语和书面语的教学中。

由此,总结出教授文化的四种方法:

(1)语言-文化探索活动;

(2)社会语言探索活动;

(3)文化探索活动;

(4)跨文化探索活动。

英语教学的目标是帮助学生理解在交际环境中语言符号展示的含义。语言教学不再是将文化像知识一样传授给学生,而是帮助学生理解使用目的语的人如何使用语言和文化的过程。在文化教学课程建设上,认为培养跨文化人是英语教学和文化教学的最终目的,仅仅介绍文化事实并不能达到提高跨文化交际能力的目的。

语言教学与文化教学结合,通过培养学生的跨文化意识和增加学生的跨文化体验,使学生认识到看待世界的不同角度和观探,同时,这种跨文化视角亦能促进语言学习,以及语言意识和文化意识的提升。

四、文化教学在大学英语教学中的重要意义

(一)有利于帮助学生克服英语学习障碍

国内传统的大学英语教学中,相当一部分教师过于关注教授语言基础知识与技能,而未能够重视英美文化知识的讲解。受到文化差异因素的影响,相当一部分学习英语的学生存在认识所有单词,但却不理解某一短语或者句子意思的问题。教师在教学中需要不断强化文化教学,有目标、有步骤地在教学中融入相关文化知识,以帮助学生尽可能地减少因文

化背景知识缺乏而导致的理解偏差。指导学生树立在英语学习中学习文化,在文化学习中掌握语言的基本学习思想,把文化教学和英语教学进行紧密结合,把单纯的"英语学习"逐步转化成"英语文化学习",帮助学生解决英语学习中存在的文化障碍。

(二)有利于学生英语交际能力的不断提升

当前的研究多认为,语言交际能力实际上涵盖五方面的内容,除了基本的"听说读写"外,还包括社会能力,其是指与来自不同文化背景的人组织对话和交谈的能力。大学英语教育者高度重视文化教学在提升英语交际能力方面所具有的基础性作用,重视学生社会能力的培养。

(三)有利于学生准确使用英语

语言与文化之间存在着密切关系,语言中不仅蕴藏着民族多年历史文化的深厚积淀,也存在着对现实世界的镜像反映。在日常英语表达中,涵盖了非常多的典故、名言、名人以及历史事件等相关信息,与此同时也必然会关联到英语国家各个时期的政治、文化、经济以及社会背景等,学生了解到这些才可能准确地使用英语语言。

第二节 多元文化对英语教学的挑战

一、我国多元文化课程的目标

(一)追求社会的公平正义

人与社会之间的紧密联系不言而喻,马克思关于人的本质是一切社会关系的总和的论述,也再一次向我们说明这个道理。但人与社会之间并不总是团结统一关系,二者之间的矛盾斗争无时无刻不存在和发展,而对社会公平正义的追求则是这种矛盾斗争的永恒主题。不论是我国先祖对大同世界的期待,还是西方哲人柏拉图对理想国的憧憬,都反映了人们对社会公平正义的向往和追求。

社会的公平正义具有时代性,它在不同的历史时代表现为不同的主题;同时,社会的公平正义也深受文化因素的制约,它受到文化价值观的指引。多元文化作为社会文化存在的一种形态,具有悠久的历史,并在世界范围内广泛存在。特别是我们中华民族的文化,在长期的历史发展中以多元一体的发展模式取得了灿烂的成就。

多元文化课程对社会公平正义的追求是通过承认文化之间的公正平等,传播公平正义地对待他人、其他性别、文化和国家的价值与理念,是培养具有多元文化理念与精神的学生个体而不断实现的。在如何处理多元文化课程的"多元"与"一元"的关系上,人们常常面临着艰难的选择,实际上,只要把"一元"统一为社会的公平正义,很多问题便可以迎刃而解。

(二)增强文化的多元共生

文化的多元共生不是今天的产物,它是文化产生发展的基本形态,只是它在日益全球化的当今世界面临着更多的挑战和问题。特别是在现代主义二元对立的思维方式高度发展的现代社会,文化之间的冲突日益成为影响世界和平与发展的重要因素,甚至成为当今世界恐怖主义发生的重要导火索。多元文化课程在这个问题的解决中将会发生重要的作用，这是受其目的制约的，即社会的公平正义有赖于文化的公平正义，而文化的公平正义的体现就在于文化之间的平等共存。

(三)促进学生的交流合作

多元文化课程的目标有其特殊之处，即促进学生交流合作能力的发展是其主要追求，特别是在全球化条件下的多元文化时代，学生的交流合作是其未来社会生活的重要通行证。而学生的交流合作是有前提的，他们应具有以下能力。

1. 对民族文化的认同和接纳

民族文化是一个民族在长期的发展过程中创造和传承下来的宝贵财富，有独特的价值与丰富的内涵。中华民族的文化光辉灿烂、博大精深、源远流长，具有强大的凝聚力和旺盛的生命力，重要原因在于我国民族文化多元一体的发展模式使中华民族大家庭内的各个民族都保持着特色鲜明的文化传统。文化对学生而言不是虚幻的，它反映着实实在在的生活方式和思维方式，是日常所用的语言文字、道德观念、审美体验等。多元文化时代，对民族文化的认同和接纳不是盲从、不是封闭自守，而是一种批判性地继承和创造性地发展。

2. 对世界文化的理解和尊重

全球化教育的主要目标应该帮助学生理解当今世界国家间的相互依赖，帮助学生澄清对其他国家的态度，帮助学生建立对世界共同体的反思性认同。21世纪，人类已经生活在"地球村"，国家与国家、地区之间，国际组织之间以及人与人之间的联系日益密切，各种文化间的交流与碰撞频繁发生，特别是面对日益增多的全球问题，加强国际理解与合作成为必需。

2. 进行批判性思考

现实的社会并不是理想的，它存在许多的困难与问题，即使是多元文化之间也存在种种冲突。多元文化的大餐中也不全是美味，鲜花开遍的文化原野中也有杂草，在宽容理解和接受赞许之间还存在着一道界线，面对多元文化我们并没有解构价值判断。因此，它需要培养学生批判性思考的能力，使学生成为反思性的主体，提高学生的文化批判与选择能力，成为多元文化课程的重要目标之一。文化是具体的不是抽象的，是变动不是一成不变的，是主体不断建构的不是全然纯粹客观的，因此，文化的不断超越与创新是文化发展的一种方式，也是主体的一种价值追求。而这一切，有赖于学生批判性思考的能力。

二、多元文化社会中的英语教师

(一)英语教师的角色

1. 教师是多元文化的驾驭者

多元文化教师应具备多元文化教育观，教师驾驭多元文化知识的能力直接影响到课程实施的好坏和学生的学习情况。随着世界的"变小"，对文化矛盾的认识，增进各种文化之间的相互理解就变得至关重要，必须破除与性别、民族、民族群体相关的成见，强调人类的基本相近性。在教学中教师要充分认识到这一价值，并建立起道德思考的技能。同时，不同群体的学生的文化背景中可能具有不同的语言，因而教师应该根据学生的语言特色，能够具备双语转换的技能，这样不仅有利于教师与学生间的交流，也有利于保存少数民族珍贵的语言财富。

2. 教师是本土知识的传授者

教师不仅对其他民族群体文化要有相当的了解,还应该是本土知识的专家,对本土文化中所蕴含的文化特色、价值观、思维、行为方式等有深刻的认识。作为知识的引导者和文化的传承者,教师有责任以一张真诚的面孔面对学生,将自己的本土文化知识融入课堂教学中,与学生进行平等的交流,可以为课堂教学提供更大的空间,同时有利于构建良好的师生关系。在教学过程中,教师应该尊重学生在本土社会中获得的知识,而不是否定和贬抑本土知识的价值。教师可以引导学生比较本土知识和书本科学知识这两种知识体系。

3. 教师是多元文化教育环境的创建者

学校与教室的文化环境也可能形成学生的学习障碍。学校作为一种社会化机构,其目标、功能、课程、管理等属于主流文化,如果教师忽略了少数民族的文化,或不知如何塑造多元文化的教育教学环境,则少数学生往往会在“家庭—社区”与“学校”之间的文化断层中找不到平衡点,产生适应困难。首先,教师要与学生建立信任关系。其次,教师要营造一种积极的家庭式的氛围。教师只有成为一个多元文化者,才能了解学生所处的文化环境,理解学生的文化价值观。教师只有从多种视角来理解文化,才能提供适合每一个学生的教学策略、动机模式和内容。

(二)提高教师的语言素养

英语教学过分强调在句子水平上组织教学,忽视在语篇水平上组织教学。教师应该掌握语篇分析的方法。语篇分析是从语篇的整体出发,对文章进行理解、分析和评价。语篇与句子是互补的关系,而非相互排斥。强调语篇教学并不排斥必要的句法学习,离开了语言用法的教学也就谈不上语言使用能力的培养。内容是语言表达的目的,语言是思维表达的手段;重形式轻意义不能达到交际的目的,反之亦然。

目前教师处在现代与传统英语教学观念的交替过程中。有些教师英语教学观念陈旧,他们仍然自觉或不自觉地认为自己在课堂上的主要角色是“语言讲解者”“语言示范者”和“知识传授者”,这不符合现代英语教学所提倡的教师角色的定位。

(三)提高教师的文化素养

人们把文化分为两类:一类是正式文化,包括文学、艺术、音乐、建筑、历史和哲学等;另一类是普通文化,包括人们的风俗习惯、社会习俗等。语言与文化有互为影响、互为补充、互为依附的密切关系,因此语言教学离不开文化的传授。文化导入应贯穿英语教学的始终。这样做不仅可以活跃课堂气氛,使学生提高学习英语的兴趣,还可以使学生不断积累文化知识,从而能正确理解并准确使用这一语言。

文化导入有三个层次。这里只谈与大学英语教学有直接关系的第一层次——文化导入。文化导入的目的在于消除英语学习中影响理解和使用的文化障碍。在这一层次里,英语教学以讲授目的语的语言结构知识为主。在教学过程中对有碍理解和交际的词汇、短语和句子,从文化的角度要尽可能地导入必要的文化知识。

三、多元文化背景下课程的价值选择

(一)获得多元文化知识,建立文化多元的概念

多元文化主义认为,世界是由不同的文化群体构成的,各种文化都有其产生与发展的背景,都有不可剥夺的存在理由和不可替代的独特价值。在多元文化背景下,教师应该为学生呈现丰富的多元文化知识,使他们认识到由于现代生活的需要,不同文化群体之间的交流和接触愈加频繁深入,对异质文化的理解与尊重是避免文化冲突、实现平等交往、成功合作的必要条件。倘若对异质文化持排斥、否定的态度,必将导致交往中的文化冲突,对个体的成长、社会的发展都将带来无法弥补的破坏。教师应该引导学生平等地对待和欣赏本民族文化以及相异的文化,认同国家的主流文化。

(二)培养多元文化意识,发展对异质文化的理解与尊重

首先,教师应该给学生提供系统学习某一异质文化的机会,培养学生对该异质文化的尊重及深刻理解,获得理解异质文化所必需的基本技能。因为对某一异质文化的深刻理解及获得的积极态度可以使学生移情地尊重其他异质文化,在此间获得的一些跨文化的学习基本技能可以发生迁移,帮助学生更好地理解其他异质文化。这样,实现举一反三,以简驭繁,使学生在有限的学习时间和有限的精力下,达到接纳与尊重异质文化的根本目的。

其次,应尊重与接纳异质文化,认识到文化多元的价值。通过广泛地了解多种文化,扩充对人类的认识,发现多种文化所蕴含的共同人性和对美好生活的追求,理解平等与正义的法则,以开放的心态去认识世界、认识自我,把多角度考察问题、概念作为一种思维方式,发现文化多元的价值,促进对文化平等的维护。

(三)发展批判性思维,对本国文化进行反思

多元文化教育所需处理的问题,因其复杂性,需使用批判思维的技能作为分析、判断的利器,因其敏感性与争议性,更需持有批判性思维的开放、客观、诚实、理性态度,作为两极化的均衡点,进而获得积极的、健康的、建设性的学习成果。

培养批判性思维的一个重要方面是为学生提供包括社会中的政治、经济、教育等方面的丰富的信息和资料,让学生通过辩论、对话等方式,从不同的角度提出自己的看法,丰富彼此的观点。保罗教授认为,培养批判思维的关键不在于微观的思维技能,而在于两种或多套的宏观整体经验产生对话、论证交换和理性冲突,让学生通过这样一种辩论历程,去修正各自的立场。

(四)发展实践能力,提高多元文化交往能力

培养学生的多元文化交往能力,首先应该解决的是相互隔绝的语言教育问题。语言不仅是交流工具,也是特定文化的载体,还是民族心理的表征、民族认同的标志。通过语言的学习,学生可以从学习文化的成员的角度,去理解他们的观点,使学生在自己文化与他人文化的学习中,增强对多元文化的认同感。因此,语言课程在任何一种形态的多元文化教育中都得到了充分的重视。

四、多元文化背景下英语教学的发展趋势

(一)多元文化课程开发模式

1. 自下而上的"草根"模式

课程作为广义的文化的一部分,受到一定时代、社会形态条件下的政治因素、经济因素、文化因素的影响和制约。在 20 世纪五六十年代的新"课程运动"中,许多国家采用了"中心—外围"的方式进行课程开发,即由某个"中心"编制课程,然后再直接提供给散布于"外围"的学校使用。

2. 双语教育模式

教育从来都是与语言紧密联系在一起的,语言是人类交际的工具,是人类文化的重要载体,语言对文化有巨大的反作用力。语言是一种特殊的文化现象,语言理解包含着文化理解,语言理解也需要文化理解。我国是统一的多民族国家,在民族文化之间,应确立多元文化主义的理念,在课程开发中,应将多元文化教育理念贯彻始终。通过双语教育的课程开发模式,在与"他文化"的交流接触中,实现多元文化特点的共生与自生,从而达到对文化的自觉,真正感受到多元文化之美。

语言是传统文化的载体,寄托着人们的民族感情,汉语是中华民族大家庭的"通用语言""公共语言"和"族际共同语",所以,"根据各民族使用汉语的实际情况,选用汉语作为民族教育用语,或者实行汉语和少数民族语言并用的双语教育,都不失为科学的、明智的选择"。双语教育是适应我国少数民族地区双语生活的需要,是传递民族优秀传统文化的重要途径。

3. 本土化建构模式

每一个民族在自己的生存、延续和发展过程中都形成了具有独特文化内容与形式的知识体系,也就是本土知识,这是由本土人民共同分享的知识,如我国传统的藏医药、彝医学、民俗学等。本土知识对本土人民的生产和生活的发展产生重大影响,是他们共同的精神财富。本土知识为本土人民提供一种他们自己所熟悉的界定问题、观察问题、分析问题和解决问题的视角,也是他们认识世界、走向世界的基础。因此,本土知识传统的重建是本土社会实现可持续发展和独立自主发展的重要条件。一方面,在课程开发中需要十分关注各民族在本土知识基础上建立起来的信仰、价值观和文化心理结构,更新我们的课程哲学;另一方面,人们也需要借助于本土知识,消解以往对本土社会的"核心—边缘"体系的刻板印象,建立真正多元和多样的人类发展文化生态。

(二)多元文化课程实施

1. 多元文化课程实施的含义及特点

(1)多元文化课程实施的含义

课程实施与教学具有内在的统一性和联系,课程实施内在地整合了教学,教学是课程实施的核心环节和基本途径。而对课程实施与教学的研究具有内在的互补性,教学研究有助于理解课程实施过程中的内在机制,课程实施研究则有助于理解教学的本质,从而为教学设计提供新的视野。成功的课程实施需要丰富而科学的课程观作为先导;需要课程计划的执行;需要一个以教学为主体,以自学及由社会所提供的其他多种途径为辅助的支持

系统。

（2）多元文化课程实施的特点

课程目标构成因素的多元性。课程目标需要转变偏重知识传授或经验获得的单一目的,应建立起包含知识获得、智力培养、个性和谐等多元因素的整体性目标来有效地指导课程编制和实施,从而培养全面发展的多层次人才。

①课程设置的多元性。在国家课程为主导的前提下,切实有效地下放权力给各地区、各学校,允许各地区根据本地区的政治、经济、文化特点及人群心理素质倾向,编排符合本地区学生发展的地方课程。

②课程内容的多样化。课程内容要根据地区、民族、学校、学生的实际情况进行选择、编排。课程的选择、改革与建构只有正确地反映教育个性化思想,才能更有力地促进教育的现代化和未来化,最终达到人与社会的协同发展。

③课程形式的多元性。多元课程的建构是要使课程更好地为促进学生全面素质的提高、个性的发展,改变原有单一课程体系,就必须有丰富多彩的课程形式作为支撑。

2. 多元文化课程实施的步骤

（1）多元文化课程目标的确立

课程设计中,目标的确立十分重要,不仅有助于明确课程与教育目的的衔接关系,进而明确课程设计工作的方向,而且有助于课程内容的选择和组织,并可作为课程实施的依据和课程评价的准则。在制定课程目标时一般需要考虑以下几个方面。

①范围。课程目标的范围不能过于狭窄,不足以包括有价值的学习经验,而是应该涵盖所有的学习结果。如既要重视认知能力的培养,也不应忽视态度、价值的培养;既要强调专业技能的掌握,也需关注非专业的一般能力。

②有效性。设计的课程目标应反映目标所代表的价值。

③可行性。课程目标应能在学生已有的知识基础、能力、学校资源及一定的时间内顺利实现。

④相容性。课程目标应与其他的目的、目标一致,如教育目的、培养目标、课程目标,虽表达方式不同,但在总的培养方向和要求上应该相互一致、相互兼容。

⑤明确性。课程目标只有制订得明确、具体,才能对达到目标的进程有清晰的认识,才能有利于正确地选择课程内容,妥善地组织课程实施,也才能真正地为课程评价提供可检验的依据。

⑥通俗性。即目标应是通俗的,能为大家所理解的,以便校长、教师、学生、家长等都能参与学校课程目标的实施。

（2）多元文化课程内容的制定

首先,多元文化课程内容是人对事物的属性与联系认识的知识。通常人们把知识笼统地划分为四大领域:自然科学、社会科学、数学和人文科学。

其次,多元文化课程内容不等同于学科知识和教师所从事活动的学习经验,它通常是指学生与外部环境的互动与交互作用。由于学习是一个主动的过程,学生是主动的学习个体,他们通过主动地探索生活世界,尝试学习新的内容、发现新的事物。因此,课程设计者——教师在选择课程内容时,不但要确定知识内容,提供学生所面对的事物,还要选择学习经验,提供学生主动学习的机会。

（三）多元文化背景下英语教学的发展趋势

1. 多元文化与双语教学

（1）自主化。就目前国内外双语教学的现状来看，各个国家、民族的双语教学模式都是以"我"为主，越来越重视走独立自主的发展道路，注重弘扬本民族优秀文化传统。我国少数民族双语教学有民-汉兼通型、民-民兼通型、汉-民兼通型和同民族双语型。这些实施模式表现出了多元文化背景下双语教学的自助化发展态势。

（2）多样化。多元文化背景下双语教学的多样化发展是历史发展的必然趋势。根据世界各国存在的各种差异和一国之内存在的地区差异，未来双语教学的模式和方式仍将是多样化发展的格局。

（3）整合化。双语教学不仅是学生对两种民族语言的学习，还是两种民族文化的习得。目前，国外著名的"贡献途径"和"附加途径"两种方法，已对此做出了有益的探索。"贡献途径"方法要求教师在教学中融入族群文化的一些专门知识，但并不改变课程的计划和单元。"附加途径"方法中课程组织和结构仍未真正改变，但教师在教学中可增加一定主题的特殊单元，如女权运动等。课程内容的整合化，将是双语教学发展的一种趋势。

（4）现代化。现代社会要求人具有现代化的思想观念、思维方式和行为方式，如具有开放性、创造性、进取心和开拓精神等。双语教学的目的是培养具有现代意识、现代观念和现代行为方式的人，其发展必然要回应现代社会的要求，秉持现代化取向。双语教学现代化的核心是人的现代化。

2. 多元文化中的英语教学要实现民族文化传承

首先，要让学生了解本国和本民族的文化，实现民族优秀文化的继承和发扬。其次，要培养学生客观、独立和辩证的思维方法，用辩证的眼光看待本国文化和西方文化。教师要有意识地进行跨文化知识的学习，在掌握语言专业知识的同时，充分利用新信息技术带来的多元文化环境以加强中西方文化知识的学习，并能以身作则，通过加强文化学习、强调文化的重要性来感染学生，完成文化的传授。

3. 英语教学中要突出人文教育的重要地位

人文教育是人性教育，旨在促使学生充分发挥其潜力，实现全面和谐发展的教育。它是通过人文知识的学习、人文精神的熏陶，来培养学生的人文素质。为了适应社会发展的需要，尤其为了满足社会对高等教育人才培养提出的新要求，人文教育开始了其现代意义上的复兴。它首先发起于发达国家的大学，旨在使学生在科学和人文互动并举、均衡发展的良性态势中得到和谐而健康的全面发展。

大学英语教育和人才培养方面实施人文教育的研究主要涉及以下几个方面：

（1）在大学英语教学中实施人文教育的理念及思想研究；

（2）在大学英语教学中实施人文教育的必要性研究；

（3）在大学英语教学中实施人文教育的途径和策略；

（4）在大学英语教学中实施人文教育的模式探索及可行性分析。

此外还有针对大学英语教学中实施人文教育的现状的调查研究及提出相应的对策的实证研究的论文等。

第三节　大学英语教育的中国文化的融入与传播

文化是一个国家、一个民族的灵魂。文化兴，国运兴，文化强，民族强。没有高度的文化自信，没有文化的繁荣昌盛，就没有中华民族伟大复兴。"讲好中国故事，展现真实、立体、全面的中国，提高国家文化软实力"是当今中国面临的非常重要的一项事务。为了让世界了解中国文化，就要使具有丰富内涵的中国文化"走出去"，在世界民族文化之林展现自己独特的魅力与价值。同时，中华优秀传统文化是提升学生核心素养的重要方面，将中国文化融入英语教学势在必行。

一、中国文化

2017年，中共教育部党组印发的《高校思想政治工作质量提升工程实施纲要》中有关"文化育人质量提升体系"指出，"注重以文化人以文育人，深入开展中华优秀传统文化、革命文化、社会主义先进文化教育……践行和弘扬社会主义核心价值观"。开展"传承红色基因，担当复兴重任"等活动，实施"高校原创文化，经典推广行动计划"，开展文明校园创建，优化校风学风，培育大学精神，建设优美环境，滋养师生心灵、涵育师生品行、引领社会风尚。

（一）文化内涵的外延

文化内涵的外延很广泛，从广义上看，它是人类改造自然和改造社会的过程中所创造的物质财富和精神财富的总和。从狭义上看，文化是指物质生活以外，作为观念形态的、与经济和政治并列的，有关人类社会生活的思想理论、道德风尚、文学艺术、教育和科学等精神方面的内容。中国文化不仅包含中华优秀传统文化，还包含社会主义先进文化，如"红船精神""井冈山精神""西柏坡精神""'两弹一星'精神""航天精神""抗洪救灾精神""雷锋精神""白求恩精神"等等。

古埃及文明、古巴比伦文明、古印度文明、中国文明，这是最早的四大文明，但是只有灿烂的中国文明源远流长，是唯一尚存的文明。对于民族，文化是灵魂和旗帜；对于国家，文化是形象和软实力；对于企业，文化是品牌和资源。

跨文化沟通能力是在跨文化环境中通过有效得体交流与沟通完成与解决实际问题的一种能力。跨文化研究与教学相结合，要实现以下五个转变：

（1）教学理念转变，指随着社会发展和国家需求，跨文化交际以问题为导向，要做到学以致用；

（2）培养目标的转变，指在具有跨文化思维的同时，也要有跨文化沟通能力；

（3）教学内容的转变，指跨文化问题的教学案例，如日常的生活、学习、职场甚至企业、国家、国际等在跨文化交际中要注意的问题；

（4）教学方法的转变，指可以用项目导向、案例分析教学法；

（5）课程评估的转变，指以团队合作的形式呈现的课程论文，在课程评估中要发现问题、分析问题、解决问题。

建设社会主义文化强国，对外文化交流，不仅是政府或者是文化部门的事情，也与每个公民个体息息相关。官方的文化交流只是一方面，两国人民之间的直接接触也是文化交流的重要方面。曾有一项调查发现,中国文化对中国形象的贡献率与美国、俄罗斯等国家相比是最高的。这表示中国文化有独特性、多样性,文化也有共通性、普遍性,我们对外交流文化的关键就是要寻找共同价值。实现中国梦,必须提高中国文化的软实力。

（二）中国文化对外传播

随着我国经济社会发展,对外开放日益扩大,互联网技术和新媒体的快速发展,我们迫切需要深化对中国文化重要性的认识,进一步增强文化自觉和文化自信。大学英语教育是我国高等教育的重要组成部分,对于促进大学生知识、能力和综合素质的协调发展具有重要意义,是大多数非英语专业学生在本科教育阶段必修的重要通识课程,在人才培养方面具有不可替代的重要作用。大学英语被人诟病的一个重要原因是难以培养学生解决实际问题的能力,如即使通过大学英语四、六级考试的学生说的也是哑巴英语,不会将中国文化介绍给国外友人,一方面是缺乏文化自信,另一方面是不会用英文表达。

文化自信视域下,用英语"讲好中国故事"无疑是弘扬中国文化的重要途径。

交流包括语言与行为,体现一个人的品格。英语教育的核心价值,是培养一个好的沟通者、交流者,而不仅是培养交际能力。沟通是以知识与经验、逻辑思维、直觉与情绪为基础的,是在深化自身的思考中展开的,因此所谓"沟通"亦即将自己的内心世界表达并传递给对方,理解对方的内心世界,最终理解自身从而培养自己的内心世界。

高校英语教师以"一带一路"倡议和文化"走出去"战略为契机,以培养高层次英语人才为根本,以构建中国特色话语体系为目标,推动中国文化在国际传播实践中展现新价值。在新时代,英语课程的教学目标从"中国走向世界"变成"让世界走向中国"。让学生在了解中西方文化的同时,坚定社会主义理想信念和文化自信,从而实现课程的"三全"育人。

正因为中西方文化有太多差异,那么在跨文化交际中,如何处理价值观的差异?这也是教师进行大学英语课程时将中国文化融入英语教学建设的初衷。在把中国文化融入英语教学背景下,帮助学生立足于自己的价值观去理解不同国家价值观的差异,在理解的基础上,能够使用基于我们自己的价值观去解释两者的差异及其原因。

要"讲好中国故事",就要考虑到对方的文化,其标准如下:了解对象(learn about your audience)、共性切入(find a common ground)、个性表达(personalize your story)、情感共鸣(create emotional bonding)。

二、将中国文化融入英语教学

大学英语教学中,跨文化教学内容有:语言和文化、文化对比、态度与适应、交际技能、学科介绍、理论讲解、课文讲解等。案例分析有:人际关系校园生活、刻板印象、文化习俗、交际差异、价值观差异、商务语境(广告商标、谈判、职场人际交流)等。新时代下,要考虑是开设跨文化交际课程还是要把跨文化融入英语教学?跨文化交际是什么?跨文化教什么?跨文化(交际)能力是什么?跨文化交际能力能做什么,应该做什么?我们认为跨文化至少要做到把中国文化融入英语教学,彰显中外文化互鉴,进一步加强文化自信,发挥中华文化的影响力。

三、中国文化融入英语教学的意义

(一)讲好中国故事的需要

讲好中国故事是时代命题和时代使命,中国"故事"不仅指我们通常所理解的"有人物、有情节的生动事件",更重要的是指体现中国理念的话语体系。

英语教学与其他学科相比,天生具有语言优势,有助于学生在未来的国际交往中讲好中国故事、传播中国声音、展示中国形象。但是目前的实际情况是学生跨文化交际能力比较弱,缺乏国际视野。将中国文化融入英语教学是构建大格局,参与构建人类命运共同体,推动世界文明进步的需要。

(二)服务大战略

中国文化融入英语教学,有利于服务中国文化"走出去"和"一带一路"倡议。当前,"一带一路"倡议得到世界上很多国家和地区的认可,我国参与全球治理能力不断提升。"一带一路"倡议辐射的国家很多,这些国家的政治文化等差异较大,如何克服可能会出现的文化交际障碍及误解,从而最大限度地避免文化冲突就显得尤为重要。

"讲好中国故事"的根本目的是构建体现中国理念的话语体系,提升我们在国际事务中的话语权。我们要占据国际舆论的制高点,准确而自信地传播中国声音,营造有利于我国进一步发展的国际舆论环境。要坚定文化自信,在文明交流互鉴中坚守中国文化立场,"讲好中国故事,传播好中国声音"。

(三)增强对本土化的文化认同

事实上,中国在国际上发声是比较困难的,正因如此中国人更要积极地把中国文化传播出去。

教师在对课程进行设计时,要立足中国文化,结合做人做事道理,进行教学设计。把中西方文化所包含的内容进行对比,通过分析比较二者的文化背景和历史渊源,让学生对二者文化进行了解,通过对比增强学生对本民族文化的自尊、自信。

中国在当今国际事务中发挥着越来越重要的作用,在走向世界舞台中央的过程中,需要向世界传播中国文化,同时也需要接收和借鉴外来文化,文化的渗透和冲突是永远值得研究的话题。所以对于中国文化的探索,要辨析,也要用思辨性思维方式来思考,鼓励和推动文化自信。英语教育应该有时代特色,体现新时代理念。通过加入中国元素,用英文学习中国文化,讲述中国故事,唱响中国声音,可以让学生看得更远一些、更广一些、更深一些,同时使学生感悟中国美、培养中国心。

(四)构建中国特色英语学科话语体系

针对中国文化走向世界的外部需求,为了实现中华民族伟大复兴的中国梦,需要树立大情怀,参与构建世界知识体系,构建中国特色英语学科话语体系。

为了进一步推进我国高等教育发展,必须遵循英语教育的内在规律,回归到人文教育的本质,彰显新时代的理念。在保持英语教育的同时,积极顺应社会经济发展和构建人类命运共同体对英语人才的新需求,通过语言与文化的教育,不仅促进人的自由、全面、和谐发展,也要促进中国文化和中华文明兼收并蓄,吐故纳新。英语教育工作者在新时代应为促进中外平等沟通与合作、推动构建人类命运共同体而努力。

英语教学,除了包括语言的目标,还应该有社会文化目标和思维认知目标。社会文化目标有品格与品德,如理解他人、独立思考、尊重他人、平等待人、谦虚节制、包容他人,允许有不同的看法等。好的交流者具有良好的品格与个性,有自己为人处世的准则和对不同文化的理解等。思维认知目标包含思维方式、思维能力、学习能力、解决问题的能力,这些都应该充实到英语教学的体系当中。把中国文化融入英语教学,实现有效沟通,也是国际社会经济发展的需要。

第四节 中国文化认同视域下大学英语教学的新探索

一、教学内容

英语课程要做到全方位育人,培养学生具有自信地用英语表达中国文化的能力。

很多学生讲起西方文化来头头是道,但是讲到中国文化就哑口无言。现阶段我们要通过中西文化对比,加深学生对中国文化的了解,激发学生的爱国主义精神,培养其积极正面的世界观、人生观、价值观。

教师在教学过程中,要通过各种途径和策略把中国文化融入英语教学中。一方面,课程内容要通过调整教学大纲或教学基本要求的教学目标,提高中国文化在英语教学中的地位,将德育教育和文化教育融入语言教学。教师在课堂上进行语言教学的同时融入一定的东西方文化内容,并通过有效的东西方文化对比帮助学生加深记忆,进而达到思想教学与语言教学的融合。另一方面,学生在进行听、说、读、写、译训练的时候,教师要将中国文化有机融入教学中,使学生在自主学习的同时进行思考,在学习语言的同时获得正确的思想观念、价值观点和道德规范。

教师在教学内容选取上,要注意将中国文化与英语教学相融合,让学生努力学习英语知识中跨文化交流、比较文化等内容,让学生在学习知识的过程中内心产生强烈的感染力和渗透力,通过文化传播和认知过程进入学生的意识中。

教师一定要以教材内容为载体,有的放矢。教师在解读篇章理解时,要有机融入中国核心价值引导,注意培养学生的思辨能力。课文文本中蕴含着西方价值理念、思维习俗等,教师要找准切入点,用文化对比的方式进行解读,这些文化往往涉及中华优秀传统文化、社会文化等,或者新闻时事中反映的价值引领自信,通过对比解读,教师引导学生对中西文化的异同进行思辨,发扬精华、弃其糟粕,从而帮助学生形成正确的世界观、人生观、价值观。在翻译练习中,可以对加入的中国文化和当代社会发展的相关内容加以引导,对学生的是非观、人生观、文化观给予正面的影响。

教师要把课堂还给学生,在遵循教学规律的同时,做到全员育人、全程育人、全方位育人,具体到教学实践中,就是以学生为中心。在信息化时代,选择合适的资源是非常重要的,需要从学生兴趣和生活实际出发,选取容易被学生接受并产生共鸣的文化资源,如校园文化、地区文化,以教师自身的经历和体会去感染学生或鼓励学生群体积极进行分享,达到情感和精神上的共鸣。

将中国文化融入英语教学知识目标是用批判性讨论的方法,把中西方立场差异、中国处理问题的基本出发点如社会主义核心价值观、中华优秀传统文化等用英语表达出来,以增强学生"四个自信"、家国情怀、理性思考等素养目标。

中国文化博大精深,教师在教授学生时,要深挖文化背后的核心理念,提升学生使命感和责任感,达到知行合一。其实很多学生对中国政策以及如何具体落实、将来如何发展等都比较关心。如在对学生进行有关中国文化方面的调研时,学生会问教师我国的文化自信如何彰显?教师对学生学习需求进行分析时,不要用理论术语,而要用标准的英文表达把"中国好故事"传授给学生。提高教育有效性的关键在于如何把中国文化自然而然地融入英语教学的全过程,使学生能自然接受,能够引起学生的情感共鸣,能有效促进学生对课程知识的理解、拓展和深化。

二、教学方法

(一)利用第一课堂

教师要利用教师主讲和学生自主学习相结合、学生分组讨论、师生互动交流、任务驱动学习等教学方法和手段,从口语表达的话语设计,讲解单词、短语中所列举的例子,课文主题的挖掘、汉译英和作文题目的设计等多方面来传递正能量,实现价值引领。如在阅读文本时,教师可以引导学生使用交互式阅读来把中国文化融入教学,在语言和文化学习中帮助学生树立正确的价值观。

如组织开展"颂千年经典,传中华文化"——中华优秀传统文化英语说微课展示活动,从课堂教学出发,围绕中华优秀传统文化中的精华,就如何把"中国味儿"更好地融入英语课堂和课外实践,让教和学既"有意思"又"有意义",开展丰富多彩的微课展示活动,不断探索将中国文化融入英语教学的方式方法,坚决落实"立德树人"根本任务。

语言是文化的载体,文化是语言的本质。无论我们学习何种语言,都会不可避免地接触该语言或该语言的使用者所带来的"文化冲击"(cultural shock)。无论什么时候学习一种新语言,都是在学习一种复杂的文化体系,这种体系包括风俗习惯、价值取向、思维方式、情感世界以及行为方式等内容。因此,英语教学中的交互式阅读一定要贯彻语言与文化相联系的原则。

(二)丰富第二课堂

信息化时代为全程育人提供了可能,建设学生中国文化自信不仅仅局限在课堂上,课堂外还有第二课堂,甚至虚拟课堂,都要抓住合适机会对学生进行中国文化元素的熏陶。例如在春节、端午节等节日,教师可以在教学平台发放此类有关资源引导学生学习,让学生在实际生活中学习相关文化表达;可利用中国传统文化相关视频,让学生在了解中国文化元素的同时产生对中国文化的仰望与敬畏,从而化为文化自信的动力和源泉。对于这些资源师生都可以提供,比在课堂上单纯地进行文化讲解更有意义和效果。如写作训练可以锻炼学生的批判性思维,正反对比的作文就是训练学生的批判性思维,让学生理解自己的立场和思索为何对方有这样的立场。

学生可以拍摄关于中国文化的视频,帮助学生获取中国文化自信的动力源泉,评估学生是否具有核心素养最好的做法就是让学生"做事",而做事必须要有真实的情景。如针对2020年的新冠疫情,教师可以带领学生在第二课堂开展有关致敬抗疫英雄的演讲赛,有关中国文化微视频的大赛、学生百家讲坛等,都可以在第二课堂的实践教育中实现,另外把抗击疫情的故事、各种征文大赛、深挖中国节日传统文化内涵等这些转化为学生的内心信仰和实际行动,也可以从社会热点出发调动学生的积极性,学生在搜集这些素材时就会相对容易一些。还可以举办类似全校性口语竞赛活动:"我用英语说中国"这样的课外活动来提高学生对中国文化的兴趣。除课堂上教师提问、小组讨论之外,第二课堂还可以给学生布置项目式作业,让学生自己拍摄、准备台词等,做中西文化对比案例,引导学生如何正确对待中国文化。

信息化时代实现了全程育人,打破了时空局限,师生互动随时可以实现。培养学生文化自信不仅仅在课堂上,课堂内外和校园内外等都可以对学生进行中国文化的熏陶。除了让学生了解中国文化表达之外,还可以通过各项活动和体验做到全方位育人,设计层层递进的活动让学生获得文化自信的动力源泉。

第二课堂还可以通过辩论赛、人文知识竞赛、中华传统文化大赛强调社会主义核心价值观的精神引领,打造"润物细无声"地学习中国文化的氛围。关于同一个文化话题,如果教师单纯地讲哪个好哪个不好,学生会比较反感,教师可以寻找不同的文章,让学生自己去看和思考,让学生自己去辩论,所选文章要符合学生年龄段,不能灌输,教师要言之有理、言之有物,不能教条式地告诉学生哪个对、哪个错,在对比的过程中,学生的逻辑思辨能力可以得到训练。

丰富第二课堂活动,通过活动深化思想教育功能,将语言学习、活动和校园文化建设融为一体。学生活动中,教师要关注学生的讨论区,及时对学生的问题进行回答和解决。另外还有第三课堂,如当志愿者等社会实践活动,梁晓声先生说文化就是"根植于内心的修养;无须提醒的自觉;以约束为前提的自由;为别人着想的善良"。总之,通过立体化多维度实践教学体系,如社区服务、志愿者活动、社会实践等可以培养学生将思想政治觉悟内化于行。

(三)利用 VR 技术

智能化时代,英语的教育和教学也必须要跟得上科学技术的步伐,深度融合现代信息技术,促进人才培养的理念、内容、模式和内容的完善,在此过程中,培养学生的创新思维和能力。

建构主义认为,知识不是通过教师传授得到的,而是学习者在一定的情境下,借助教师或学习伙伴的帮助,利用必要的学习资料,通过意义建构方式而获得的。VR(Virtual Reality)技术是当前各国技术领域研究的重点,未来发展前景广阔,它实现了计算机图形技术、计算机仿真技术、传感器技术、显示技术的融合。通过构建虚拟信息环境,VR 技术实现了人机互动,能够让用户借助 VR 环境空间获得感知层面的虚拟体验。

在传统的视听说课程中,听、说能力是中国学生学习英语的一大难关,学生口语焦虑和沉默现象很常见。VR 技术的基本特征是交互性、沉浸性和构想性,VR 在大学英语视听说课程教学中的应用,可以大大提高学生的实践能力,让学生身临其境地感受到社会对英语人才的需求,体会到英语在社会中的实际运用。从现有的研究来看,VR 平台既能显著提高学生的英语学习成效,有效降低学生的焦虑,同时还能增强学生语言学习动机,使学习效率得以提高,学生的语言表述能力、应用能力得到加强,全面提高了视听说课程实训教学的效果和教学质量。VR 对传统的课程理念、内容和实施以及课程资源产生了深刻的影响和变革作用,给外语教学与科研带来了新思维与新视角。

以学生为中心,课堂要从以教师教授为主转为给学生提供表达的机会,让学生成为知识的获得者、传递者、分享者,有效提高学习质量。课堂可采用协作式、个别化、小组讨论等教学形式,或采用多种教学形式组合起来进行教学,将学生从单一注视屏幕的活动中解放出来,减轻学生的疲劳感。基于内容进行"坚定文化自信"和文化自觉,提高学生的综合素质。

(四)中国文学经典阅读

20世纪,美国芝加哥大学校长罗伯特·赫钦斯在大学教育中引入了经典阅读。在同时期的中国,吴宓先生在1926年代理清华外文系主任时提出,英语教育要把培养博雅的文化人作为目标,使学生"成为博雅之士;了解西洋文明之精神;熟读西方文学之名著,谙悉西方思想之潮流,因而在国内教授英、德、法各国语言文字及文学,足以胜任愉快;创造今日之中国文学;汇通东西之精神思想而互为介绍传布"。他在《文学与艺术》的公选课上,开出来共152本的书单,将内容风格相近的书目列在一起,鼓励学生养成个人精神与学术风格上的博雅风气。

英语教育的目标绝不仅是语言教学,还是帮助学生了解文化、认识世界、提高心智、拓展思维的学科。文学经典是人类智慧和各民族文化的思想结晶和生活缩影,具有时代传承和典范权威的特性,无论是从语言思维、文字底蕴,还是从深层次的文化和精神层面,都具有重大意义。在信息时代快餐消费主义和功利主义盛行的现代社会,更需要引起大学生的重视和建设创新灵活的学习模式。注重经典阅读,健全人格,彰显了大学的精神气质和全人教育的宗旨。经典阅读能充分调动人文学科的各种资源来培养人的综合素质,使学生具有宽阔而又深邃的视野,充满理性智慧而又不失人伦情感,清醒了解自我责任而又能有同理心,做到推己及人的生命立场和情怀。

经典阅读的书目应该选择语言优美、规范的经典之作。中国文学英文版经典阅读可以帮助学生理解汉语、英语世界两者不同的文化内涵,增强学生学习兴趣,教师应建议学生多背诵中英文好句。教师可以利用"翻转课堂"模式将中国经典文学作品融入教学,通过阅读、讨论、写作、反馈与分享的循环模式帮助学生提高英语能力。经典阅读能够提高学生的英语综合能力,使其可以透彻理解和记忆多次出现的地道词汇,并感受到语言艺术的美;经典阅读不仅是经典传承的过程,还可以大大提高学生的词汇量以及词汇理解水平,加深词汇之间的辨别和修辞应用的深度,从而提高学生的学习兴趣。

对于比较难的中华经典,可以让学生先看英文翻译,再看汉语原文,让学生明白一些中文具体的表述在英文里面怎么说,这是很好的一种方法。通过阅读中国文学经典的中英文版,学生的文学审美得以培养,自主学习能力和思辨能力得以开发,并加深了文化理解,增强了中国文化自信。多层次、多元化阅读活动,可以提高学生创造性思维能力。教师应进行有效引导,可以设置问题让学生养成边思考边阅读的主动性。同时这些书籍又是全民阅读书目中的一部分,能够引领社会阅读,履行大学职责。经典阅读书目可以设定为语言文学类、历史哲学类、政治经济类、科学技术类、教育心理类五大板块。

(五)提升教师文化素养

在中国文化融入英语教学中,既要以学生为中心重视和体现学生的主体作用,同时又不能忽视教师的主导作用。英语教师讲课时除强调异域文化外，也应该注意将中国文化融入其中。

将中国文化融入教学本身就对教师的要求比较高，教师只有在提升自身中国文化素养理解和英文表达的基础上，才能将知识传授给学生。因此，教师首先要通过专业发展，提高思想政治素质，努力做好思想政治工作，才能对青年学生的世界观、人生观、价值观加强引导。作为大学英语的教师如何从自己的学科来切入这一人才培养的教育体系，是值得所有教师共同思考的一个命题。

要"讲好中国故事"，教师首先要提升自身的思想政治意识和中国文化修养，教师的思想政治教育意识和中国文化修养对教学效果的好坏具有至关重要作用。

教师因提高自身的知识储备并不断更新，提高阅历以及对国情、社情的了解，因为教师对学生的影响比辅导员、班主任大很多，所以把中国文化融入大学英语教学，需要教师长期积累和精心备课，对知识背后的历史文化要有深厚的积累。教师的思考和教学必须立足于对民族精神的守护。中国文化博大精深，教师可以通过"学习强国"、中国日报等网络资料来增加自己的知识量，还可以采用集体备课等方式，发挥团队合力，团队教师可以分头准备主题，集中串讲，相互推荐和提供资源。以实现团队的共同发展和个人自我价值的实现。在此过程中，教师应与学生共成长，建立师生命运共同体。

教师在做好武装头脑的同时，还可以通过各种途径在英语教学中有机融入中国文化，培养学生的人文底蕴和人文情怀，引导学生关心社会和深刻认识社会，让学生对中国的历史和目前中国的国际地位影响和贡献有评判性的、均衡的理解，让学生对于不断变化的国际形势有深入的认识。教师要主动了解当下学生的知识需求、情感需求和表达方式，并采用相应的态度和方式，与学生融洽相处，积极进行师生间的交流和互动。

越来越多的国际友人对中国文化产生了浓厚兴趣，让学生了解到我国优秀文化已然走出国门，这是每一位当代中国人都应该感到骄傲和自豪的。高校教师的职责就是要使大学生在增强文化自信的基础上，能够传承和弘扬中国文化并使之源远流长。

（六）教材的选择

在教材内容选取与编写时，应注意兼收中华优秀传统文化和反映我国基本国情、价值观念、发展道路、内外政策等当代文化的素材，教材建设要注重中国元素的融入，并将其在课堂教学中适时引入，以探索中国文化融入英语教学的途径和策略。对教材的使用要有灵活性和创新性，有能力对教材进行重构和解构。可以通过资源建设弥补某些教材的滞后性，通过选修课来培养学生的家国情怀、国际视野，以树立学生的文化自信，选取具有实效性的内容，结合国内外形势，与时俱进，寄托着美好期盼，存小异、求大同。

第四章 新时代背景下的大学英语技能与基础教学

第一节 大学英语词汇的教学

一、英语词汇教学艺术

(一)通过构词,了解词汇构成规则

1. 转化法

有些单词,词形不变,词性却可由一种转化为另一种。如:empty adj. (空的),empty vt. (清空);face n. (脸),face vt. (面对)。

以上这些词虽然词性发生了转化,但读音并未变;另有一些词,虽然词形不变,读音却有变化(往往是清、浊音或重音位置有变化)。

2. 派生法

有的单词加上前缀或后缀,会形成一个新的单词,只要牢牢记住词根,再记住要加的前缀、后缀的意思,便记住了一个或多个新词。如:形容词 happy(幸福的)为词根,加前缀"un-"就构成其反义词 unhappy(不幸的);加后缀"-ly",就是其副词形式 happily(幸福地);加后缀"-ness",就是其名词形式 happiness(幸福)。

3. 合成法

两个或更多的简单词合在一起将组成一个较为复杂的合成词。这种复合单词的意思可根据构成它的几个简单词的意思推想出来,据此积累、整理出一些合成法则,对阅读、理解、翻译和记忆单词均大有助益。例如:

名词+名词:class(班)+room(房间)→classroom(教室)。

形容词+名词+-ed:warm(温暖的)+heart(心脏)+-ed→warm-hearted(热心肠的)。

数词+名词+形容词:sixteen years old(16 岁的)。

形容词+现在分词:good+looking→goodlooking(好看的)。

名词+过去分词:snow+covered→snow-covered(被雪覆盖的)。

(二)通过比较,掌握词汇规律

1. 词义比较

同义词学习中的重难点。部分学生在学习同义词时尤其感到吃力,这时候使用比较的方法来辨别同义词是最高效和便捷的方法,找出同义词的异同点再进行进一步的学习能帮助学生加强记忆。比如,学习 home 时,把 family、house 联系起来进行比较学习。

2. 音、形、义比较

顾名思义,这种比较的方法是根据读音和拼写对单词进行分类学习。单词的音、形、义各不相同,教师在传授知识的过程中帮助学生把单词的相同或相似点进行分析比较,找出规律。这样科学合理的记忆方法更有助于学生记忆单词,从而强化学习效果。

(三)通过联想,加深理解与记忆

1. 词缀联想

词缀联想法不仅能够快速、有效地帮助学生理解和记忆单词,还能使枯燥的学习过程变得有趣,如在学习词缀 – merit 时,可以指导学生联想 – ment 构成的词汇 enjoyment、management、argument、development 等。通过词缀联想,学生可以举一反三。这种联想记忆法不仅能培养学生理解新词的能力,还能边学习新词边温习知识。

2. 对比联想

对比联想是指由某一事物的感知或回忆引起和它有相关特点的事物的回忆,并从中进行比较,找出它们的不同之处。英语中有丰富的反义词,可通过对比联想,掌握词汇的准确意义,形成多层次的词汇积累,提高词汇学习效果。如在学习 long 时,可以将 long—short、short—tall、high—low 做联想比较;可以将 above—below, over—under, on—off 这一组词进行类此。

3. 关系联想

关系联想是由事物的多种联系形成的,通常又可分为种属联想、因果联想等。种属联想利用部分与整体的关系进行联想。因果联想是对一件事发生的原因或结果进行联想,如由 rain 联想到 umbrella,由 cold 联想到 coat 和 clothes 等。关系联想的运用有利于使学生对词的类别有清楚地认识,从而加深对词汇的记忆。

4. 接近联想

人的心理机能活动具有一定的规律性,其中一方面就体现在人们对时间和空间上接近的事物会自然地展开联想,亦即接近联想。如 spring—grass—flower—tree,或 spring—lake—river—sea—water 等。在进行联想时,学生可以一边回忆单词,一边在脑海里勾勒相应的图画。这种方法能启发学生丰富的想象力,激发学习兴趣,让学生学得轻松愉快,知识记得牢固。

(四)通过语境,明确词义

1. 在语境中猜测词义

心理学研究表明:信息处理水平对记忆有很大的影响,对信息的加工程度越深,信息就越能持久地保存在记忆中,而根据语境猜测词义就是一种深度的信息处理过程。让学生在词汇学习过程中根据上下文猜测生词的含义,对训练学生分析能力、加强记忆有着极其重要的作用。一般可根据文章或段落、句子中的同义词、反义词的对比或定语词组、从句等不同的语义以及联想手段等猜测词义。

2. 通过语境消除歧义

大量的英语单词都是一词多义,这些词处在不同的语境中就有不同的词性和词义。如果没有把单词放在特定的语境之中,孤零零地学习词汇,就不能正确地理解词汇意义,很可能会产生歧义。教学中一定要注意将词汇置于特定的语境中,确定恰当的词义。

3. 在语境中辨别汉英词汇差异

在不同的国家，其文化、风俗习惯、思维方式不同，其语言中的词汇所代表的概念也不尽一致。以汉语与英语比较，有时汉语一个词代表的概念包含了英语多个词所代表的不同概念。例如，汉语的"看"，英语有 look、see、watch、notice 等，它们在不同的语境中，有着不同的表达形式，如看电影 see a film 或 go to the cinema，看电视 watch TV，看书 read a book，汉语中的"看"对应英语中不同的单词。如果没有具体的语境，就不知道如何选择词汇。

（五）音、形、类、义、境相结合

词汇教学应把音、形、类、义、境五个方面结合起来，忽视其中任何一个方面都可能导致偏差。词形不仅指单词的基本字母拼写形式，还包括语法变形的形式，像名词复数，形容词、副词的比较级和最高级，动词的-ing 形式和-ed 形式，等等，尤其要注意特殊的词形变化。除了充分利用单词的读音和拼写规律记单词，对单词的分类也要了然于心。还要知道单词的归类，有些英语单词只归属一类，但更多的是归属两类或两类以上，学习词汇时应记住每个单词的类属，以防止词类误用。单词的含义包括单词本身的意义及其衍生意义。越是常用词，衍生意义越多。在记忆单词时，首先要记住其基本意义，然后再逐步扩展。一个词在不同的使用场合往往有不同的特定含义，要理解一个词的确切含义，必须联系这个词运用的场合，切不可望文生义。

利用音、形、类、义、境相结合的方法进行词汇教学有利于对学生多种能力的培养。如音、形结合培养拼读、拼写能力，形、类结合培养判别词类和词义的能力，类、义结合培养记忆词汇搭配的能力，形、境结合培养正确运用词汇形式的能力，义、境结合培养准确理解、推断和辨析词义的能力，等等。所有这些方法都为培养学生初步运用英语进行交际的能力奠定了基础。教师除了注意教给学生运用音、形、类、义、境相结合学习词汇的方法，还要引导学生把这种结合变为自觉的行为，使之成为习惯。

如果对音、形、类、义、境相结合的词汇教学方法进行分析，可以知道"音、形、义"属词汇教学的基本方面，"类"属教学方法，"境"则属词汇教学的活动空间，或者说"境"涉及的是词汇教学的活动单位问题。词汇存在于语篇当中，语篇中的词汇教学有词单位词汇教学、句单位词汇教学等，从有利于包括正确使用词汇在内的语言交际来看，以句为单位的词汇教学更具实际意义。如前文所述，只有在句子中单词的语义和用法才是确定的和显现的。段是比句大的单位，语篇的单位最大。语篇既是语义单位，也是完整的交流表意单位。因而词汇在语篇中的用法和意义更具交际价值。据此，词、句、段、文都是词汇教学的活动单位，因而音、形、类、义、境相结合的词汇教学又可以说成是音、形、类、义与词、句、段、文相结合的词汇教学，这是一种立体的结合。在这种结合中，教师要创造性地运用各种各样的教学方法，才能使词汇教学真正扎实有效。

二、英语词汇教学导入的作用和要求

（一）英语词汇教学导入的作用

1. 集中学生的注意力

在教学过程中，如果教师能够运用巧妙的方法导入新课，无疑会营造一种新的氛围。这种氛围可以使学生的注意力很快集中起来，并迅速进入新课的情境之中。

2. 营造良好的学习氛围

在英语课堂上，良好的课堂氛围很有必要。各种形式的课堂导入都相当于一个warming-up exercise，它有助于营造一种既轻松又热烈的课堂气氛。在这样的课堂气氛中，学生没有太多的拘束感，师生之间是和谐的，因而可以达到良好的教学效果。

3. 激发学习兴趣，明确学习目标

兴趣是学习最好的教师，是学习动机中最现实、最活跃的成分。如果教师采取有效的课堂导入方式，在课堂的一开始就会激发学生的学习兴趣，唤起他们的学习积极性。在这种精神状态下学生能够全神贯注、思维活跃，因而也就会有较高的学习效率。同时，在上课一开始的导入阶段就指出本堂课的要点和重点，也有助于学生明确教学活动的目标和任务，使教学有的放矢。

4. 激发认知需求，有利于以旧引新

在课堂导入时，教师用各种方法将学生置于新的环境中，无论是新的语言知识的呈现，还是某项言语技能的介绍，或是某种运用能力的期待，都会激起学生在原有认知结构的基础上对新认知的需求。

（二）英语词汇教学导入的要求

英语词汇教学导入的要求主要包括以下 9 点：

（1）用英语的声、像、图片和文字形式营造英语教学氛围；

（2）教学方式方法力求新奇、多变、引人入胜，避免刻板、单调；

（3）要迅速抑制与英语教学无关甚至有害的其他活动；

（4）尽量不使用母语；

（5）复习内容和形式针对性要强，照顾大多数学生；

（6）重在激发学生的求知欲，不要过多纠错；

（7）交际性强；

（8）时间适量；

（9）根据新的语言材料确定导入的内容和形式，使之能自然过渡到呈现阶段。

第二节　大学英语语法的教学

一、语法教学的肇始及演变

（一）语法翻译法

历史最悠久的外语教学法是语法翻译教学法（The Grammar-translation Method）。它指的是将语言看作一套可以通过课文和句子解析的与母语相联系的系统规则。这样看来，外语学习不再是指单纯的单词学习，而是学习规则、学习记忆和应用的过程。以语法为主线，教材的编写和教学活动都要按照语法的结构来安排。语法翻译法是以母语为基础，利用语言之间的相通性，多用演绎的方法教授语言知识，以语言材料的讲解为主要形式，学生学习英语实质上是"学习英语知识"（learning about English），而不是"学习使用英语"（learning to use English）。语法翻译法教学中所使用的教材一般是规范的、标准的和优美的文字材料，而且常常以文学材料为主,这样的材料缺乏与生活,尤其是与学生生活的关联,是"去生活化"的抽象语言。课堂教学中教师主导和控制教学过程,学生只是被动地接受知识,其练习方式往往是运用所学的语法对语言进行分析而不是运用。这种学习方法可以在短时期内提高学生对专业性较强、规范程度较高的材料的阅读能力,但对于日常生活中对目的语的理解和表达能力的提高则不太合适。

(二)直接教学法

直接教学法(The direct method)产生于19世纪中后期。直接教学法的目的很明确,就是培养学生直接用外语进行交际的能力。这样的教学方法最重视口语训练,要求学生在教学过程中尽量避免使用母语,要大胆地使用外语来进行对话和学习。教师在直观教学法中的语法教学采用归纳方法,一般是教师给出例句,然后组织学生分析、归纳并使用规则。直观教学法不太重视语法规则,它主要通过模仿类似于母语学习的方法学习外语。这种学习方法其实是忽视了外语本身的特征,和母语无异的学习方法对学习外语没有益处。

(三)听说教学法

20世纪40年代在美国兴起的听说教学法(The audiolingual method)以结构主义语言学的语言习得理论和行为主义心理学为理论指导,把语言(包括外语)的学习看作习惯的养成过程,因而在教学中强调听、说领先,主张采用句型操练和记忆背诵对话的教学设计,排斥母语在教学中的作用。语法内容的教学主要采用直接讲解语法,然后进行操练的演绎模式。这种教学法的理论基础实际上是乔姆斯基的转换生成语言理论,它把语法看成普遍适用的规则系统,外语教学就是理解规则并通过操练来强化直至形成习惯的过程,这种教学设计在中小学英语教学中的影响极为广泛。

(四)自然教学法和交际教学法

1. 自然教学法

兴起于20世纪七八十年代的自然教学法,以著名语言学家克拉申的第二语言习得理论为依据,把学生的交际能力作为语言教学的首要目标,教学过程以有意义教学为主,强调语言输入的有趣、可理解性,注重营造和谐、轻松的课堂教学氛围,以降低学生在学习过程中的焦虑,提升学生在语言学习中的自信心和兴趣。在教学内容和过程的设计上,自然教学法把语言功能、话题、情境和学生的需求联系起来,旨在让学生以学习母语的方式来学习外语。自然教学法本身没有独特的教学设计,它借用其他教学流派中常用的教学设计来实现自己的教学理念,比如直接教学法中的TPR(total physical response)、交际教学法中的信息差、小组活动设计学习任务等。自然教学法主要以外语环境下的初学者为主要对象,但可以发现,在当下的英语课堂教学中,其大部分设计思想依然得到广泛应用。

2. 交际教学法

交际教学法与自然教学法有相通和相同之处,在语法教学中,它们都强调融入交际活动的因素,即在交际的过程中学习语法,其语言的展示手段比过去更加丰富,但语法结构的地位也在教学过程中淡化。自然教学法和交际教学法中的语法教学手段比其他教学流派中的更加丰富,在课堂教学中对语法规则的教学以归纳方法为主,注重学生对语法规则的发现、总结和体验,先归纳后演绎,或者把演绎方法渗透到教学过程之中。与自然教学法相比,交际教学法除了强调语言表达的流畅性,更注重文化因素在语言学习过程中的重要地位,重视得体、地道地使用目的语。

从以上简单的回顾中,我们可以清晰地看到语法教学在外语教学中发生变化的三个主要特征:

第一,从语法教学在外语课堂教学中的地位来讲,它显示的是一个由中心到边缘的发展趋势;

第二,从教学手段和方法来看,它是一个不断丰富、灵活和多样化的过程;

第三,语法教学地位的变化和教学观念的改变取决于人们对语言的性质、特征、功能认识的不断深化,也取决于心理学对儿童认知规律的揭示和社会生活的实际需要。

语法教学法给教师的启示是:要决定语法教学在教师日常教学中的作用、地位、方法、策略和具体措施,必须在当代英语教学理论的基本框架之下,具体分析不同年龄及年级英语教学的目标和要求、学生的认知水平和习惯、环境等因素,为学生的英语学习所提供的条件、学生的实际需求和教学的目标任务,以学生的实际水平和需要为出发点,以学生在学习过程中的主动参与为主要指标,在教学过程中恰当选择、组合、创造性地运用一般的英语教学理论,寻找一般理论与特殊现实之间动态的结合点。

二、现代语法教学新理念

(一)语法是语言交际的重要组成部分

对于学习外语的人而言,从尽可能少的原则推出可以验证的普遍语言现象是一种很自然的需求,而语法教学大体上可以帮助学生实现这样的梦想。因此,一直以来我国语法教学在外语教学中都占有一席之地。对于学生来说,语法是运用所学语言进行交际活动。在交际教学法中,交际能力的培养也包含了运用合乎句子表达意义和语义功能的语法。那么,如何看待语法和语法教学呢?语法在外语教学中应当发挥什么样的作用呢?这与人们对语法本质认识的不同有关。

语法教学在当代受到很多批判,批判者认为语法学习并不能帮助学生获得一定的语言能力。其实,交际教学法的主张者韩礼德和海姆斯也并不完全排斥语法,他们认为语法能力也是交际能力的一部分。威多逊也强调语法教学是提高交际能力所需要的,或者语法教学并不影响学生的交际能力,原因在于语法教学必要性的大小是与语言环境密切相关的。

(二)语法是规范、准确和逻辑表达英语的基础

在很多人的潜意识里,一谈到语法教学似乎就回归到了传统的英语教学思路上去,似乎语法教学就等于语法翻译教学法,这是广大教师对谈论语法教学心存畏惧的原因之一。这一认识与教师在教育教学领域中以"中国式"的批判作为引进新观点基础的习惯行为和思维方式相关联。所谓"中国式"的批判即全面推翻旧的理论和观念,似乎旧的理论和观念全部推倒之后新的理论和观念才能稳定地树立起来,但在批判的过程中往往只注重抛弃而不注重对旧理论中合理因素的保留。其实,作为语言教学,语法教学是不可或缺的,以语法教学代替语言教学固然是错误的,但视语法教学为危途同样也不可取。在日常的英语教学中,教师所面对的问题不是应不应该进行语法教学,而是如何把握语法教学的度。学习英语的目的是交流,但绝不止于交流。从长远来看,学习英语的一个重要目的还在于了解世

界上政治、经济、科技、文化等方面的发展和进步,向世界介绍中国在这些方面的发展,"让世界了解中国,让中国融入世界",要达到这样的目标,教师所掌握的语言必须规范、准确,具备逻辑和条理,使我们所学到的英语既能在日常生活中应用自如,又能在政治、经济、学术等领域登堂入室。要在非英语语言环境中达到这样的教学目标,借助适当的语法教学手段往往是一条便捷、高效的途径。

尽管我们可以从语言中解析出一套在一个时期内相对比较稳定、确定的语法结构系统,但事实上,语法不是抽象的结构形式,也不是能够脱离语音、词汇而独立存在的知识系统,它必须结合具体的词汇和语音来体现自己的存在,因此可以说,语法是形式结构、意义和功能三者的紧密结合体。现代外语教学法专家拉森·弗里曼提出不应该把语法视为静止的规则,而应把它当成一种与听、说、读、写并行的技能。为此,她造了一个词 grammaring,用来指称"准确、有意义而且得体地使用语法结构的能力"。她的看法与自然教学法以及交际教学法中对语法教学的理论认识和实践要求相吻合。既然语法不是一套静态的关于语言规则的知识,它就不是可以由教师直接教给学生的。语法教学必须与语言所表达的意义以及语言的运用情境结合起来进行,即语法教学体现的是在语言的运用当中体悟、总结、理解、掌握的过程。

总之,在外语教学中,语法教学是必需的,也是语言学习的有机组成部分。语法教学不是纯粹的知识传授,而是要融合于语音、词汇、语段和篇章的教学过程之中,体现在情境、交流、对话、活动之内,这是当代外语教学法理论所提倡的外语语法教学的一般原则。

三、英语语法教学的基本原则

(一)在发现与归纳过程中思考语法特点

在目前国内使用的功能型教学大纲指导下的教材中,语法现象的呈现不系统,一般都渗透和分布在每个单元之中,单从语法的角度看,它们往往是零碎的、断裂的,不利于学生把握语法结构的内在关联。为此,教师在教学过程中就必须要有意识地帮助学生梳理和整合语法。语法梳理主要体现为同一册教材中语法现象出现的先后顺序,梳理过程中教师首先要考虑已出现的语法与先前已经学过的语法现象是否有关系,先前学习的内容会对后面的新内容起促进还是阻碍作用,学生对已有知识的掌握程度如何,他们在学习新的语法现象时在哪些地方可能混淆,以及新语法现象如何为后面将要呈现的语言现象进行铺垫等。这是语法内部的逻辑结构,也是语法教学中学科层面的基本要求。

(二)在意义化的运用中初步理解和掌握语言

教师在厘清语法知识内部的结构关系之后,需要考虑学生的生活经验、知识积累与教材主题之间的关系。在制订教学计划时,要尽量考虑教学材料与学生生活、经验、能力、兴趣、发展需求之间的结合点,用适当的大主题统领整个课堂教学,尽可能做到教学材料生活化、情境化、结构化,体现语法教学对学生积极思维的调动和利用,使语法教学实现形式与意义的统一。

教师教授一种语言涉及以下两个关键特征:

(1)学生必须以某种有意义的方式来经历语言;

(2)学生必须使用语言及相应技能,并在出错后予以纠正。

这是语言学习的关键,而直接传递式地教授有关语言的知识对二者都没有贡献。当然,这并不是说教师不应该教授有关语言的知识,而是说不能用教语言知识代替教语言技能。同样的道理,语法教学不是纯知识的教学,它必须和情境、意义、生活体验结合起来进行。语法教学应该在关注语言所能完成的交际任务的同时,使学生理解不同的语言单位在语言结构中的功能和意义。从教学内容来说,教师应该尽量满足学生的学习需要。根据学生的需要和实际能力,在现有的教学条件和资料允许的范围内,在教学中向他们提出学习要求。从语言功能的角度来看,这些要求要适合学生的学习需要,并和他们有一定的意义关联,或者有一定的用途,不然学生就很难产生学习的动力。

(三)在综合运用中灵活掌握语言

教师在教学中需要运用适应各种需要的教学设计,而不是局限于一种方法,或者试图寻找一种最好的方法。一般来说,方法无所谓优劣,关键要看它运用的具体场景。在英语语法教学中,只要教师所选择的方法有利于激活学生的思维,有利于使学生主动参与课堂教学,有利于发展学生的语言学习能力,它对于具体的学生和课堂来说就是最适宜的。除此之外,学生学习的最佳环境是以学生为中心,教师和学生共同来创造教学结构的环境。另外,无论在教学内容上,或是教学设计上,语法教学都不能只注重自身这一个层次,而是要把语法教学融入听、说、读、写的教学过程中,它们才是语法教学的真正载体。同时,语法教学也应该尽量使用具有整体背景的语篇或语段,让学生有可能在一个相对来说互相之间存在联系的语境中理解语法现象的真实内涵,避免孤立地拿典型的句子做语法分析。以典型的句子作为语法分析的材料,其优点是简单、清晰、高效,学生容易理解和掌握;其缺点在于简单,难以适应复杂、综合的现实需求。

四、英语语法教学的类型与教学实践

(一)语法新授课:间接语法课与直接语法课

在英语课堂教学中,语法课可以分为语法新授课和语法复习课。语法新授课又可以分为两类:第一类是渗透于听、说、读、写课的教学过程,以隐性特征进行的间接语法教学,它以语言能力培养为主,以语法教学为辅。从严格意义上讲,这种类型的课不能叫作语法课,但它又是英语课堂教学中常常采用的语法教学形式,故而也应该是语法教学研究的内容。第二类是以语法教学为主,其他能力培养为辅的直接语法教学,也是语法教学研究中受到较多关注的课型。

在间接语法教学中,语法教学的任务实际上存在于教师的教学设计中,学生对语法现象的学习是在教师有意识的引导下无意识地进行的,其教学方式大多是教师通过创设系列、具体、场景特征明显的情境,或者为学生提供特征一致但形式多样的活动和视觉载体,在学生参与各种活动的过程中,关注学生的语言模仿和语法建构,以隐性的语法主线来统领课堂教学。

如果一个语法现象已经多次出现,学生对它已经有所了解,但并不清楚它确切的内涵和应用条件,这时就有必要实施直接语法教学。换句话说,相同的教材对于不同的年级和学生来说,是否可以进行专门的语法教学,要依据学生对这种语法现象的感知程度,依据学生对该语法现象的理解和掌握是否到了需要点拨、启发和清晰化的阶段。由于在现行英语教材中,内容的安排是以功能为主要线索的,语法内容渗透于教材之中,一般遵循先感知、后认知的编排方式,所以英语教师用"不尴不尬"来形容语法教学。"不尴不尬"形象地描述了语法教学内容与学生之间的关系:一方面,需要教学的语法现象已经多次出现,部分学生能够比较正确地将其运用于具体的语言环境之中,掌握得比较好的学生能够准确地把握其特征和规则;另一方面,尽管大部分学生能够很流利地进行口头运用,但他们在准确性方面存在问题,也就是说他们并没有真正地理解其内涵及用法。这一现象给以语法教学为主的课堂造成一定的不利因素,它使部分学生觉得单调乏味,缺乏挑战性。不过,它也给语法教学提供了可资利用的资源,教师可以充分发挥学生的主动性,调动他们的已有信息,启发他们的思维,让学生从已掌握的信息中归纳、发现语法规则,并适当地加以拓展,使他们的语法知识更加全面、完整,满足其求新的愿望。学生的差异性也是语法新授课上的可用资源,当课堂教学中出现比较难解决的问题时,可以组织小组活动或讨论,让学生互帮互学,在合作学习的过程中锻炼学习能力。与渗透性的语法教学课相比,以语法教学为主的课堂更强调语言规律的清晰性、准确性,强调语言的规范性。在语法课上,语言场景的设置既要体现抽象语法与具象素材的统一,又要体现学生生活与教材内容的统一。

(二)语法复习课:单元复习、阶段复习和学期各类专项复习

语法复习课一般以专题形式进行,从时间的维度讲,可以分为单元复习、阶段复习和学期各类专项复习。

单元复习的重点一般是比较单一的,复习的目的在于巩固和运用新语法。目前英语教学的方法是采用课内与课外相结合的方式,即学生首先在课外自主复习,梳理单元所涉及的主要语法重点与难点,然后在课内进行集中交流,在讨论过程中进一步深化和提升对新语法的认识与掌握。

阶段复习和学期各类专项复习中的语法课,则多以综合性的语法比较为主,在某种程度上可以说,语法复习课以归纳、总结、比较、对比为主,其目的是在相对系统的整体中理解语法现象,发现不同语法现象的共同点和差异,追求融会贯通的教学目标,为适当、准确和灵活地运用语言提供条件。其中,归纳和总结是以培养学生的自主复习能力为主,在进行课堂教学之前,教师需要指导学生预先整理相应的语法规则及应用条件等内容,比如应该关注的时间、状态、结构、语用等问题,以便在课堂上能够及时发现和掌握学生对语法理解的程度和偏差,并及时矫正。对比和比较是以提高学生在具体语言环境中的综合运用语法为目的,它既包括英语内部不同语法现象之间的比较,也包括英语和汉语语法之间的比较,一般以英语内部不同语法现象之间的比较为主。

此外,有必要进一步指出的是,一方面,重复不等于复习,练习更不等于复习。语法复习要体现对语法现象的梳理、归类、提升和适当拓展,如果仅仅重复以前讲过的语法规则,或者通过做大量练习题来强化,那么语法复习课就很难获得较好的效果,不但会浪费有限的课堂教学时间,而且会降低学生对语言的学习兴趣,不利于形成良好的学习习惯和总结、比较、反思的思维品质,容易让条理化的语法学习成为无条理的一团乱麻。

另一方面,语法课要不要作为专题讲解,以什么形式和方法为主导上语法课,不能拘泥于教材,选择什么样的语法教学材料和练习内容,关键是学生的学习状态。以语法教学为主的课堂教学时间安排应体现出灵活性,可以独立于单元教学之外,在必要的时候以自选与教材结合的方式进行。在日常外语教学中,语法教学应更多地以渗透的方式进行,化整

为零,分解难点,把抽象、枯燥的语法规则融于有趣、生动的语言应用之中,让学生学得丰富、扎实、有条理。

第三节 大学英语听力技能与口语技能的教学

一、听力技能的教学

(一)听力理解过程

听力理解是学生积极进行意义建构的过程,这个过程建立在诸多因素的基础之上,包括听的目的、对听觉和相关视觉输入的注意,以及实时进行的自动加工、必要的推理和判断,最后达成理解,实现有意义的交流。听力理解是一个极其复杂的过程,它涉及语言、认知、文化、社会知识等各种因素。听力过程的隐性特质使得对听力理解过程的研究比较难以进行,特别是很难构建出理论模型。听力理解过程非常复杂,它会受到源于学生本身的内部因素的干扰,也会受到说者、文本、语境等外部因素的影响。而且,"听力"是一个隐性的知觉过程,教师不易观察到听者头脑中所进行的加工,常常只能借助学生对听力练习的完成情况推测其听力水平,然而学生看似正确的反应也并不足以证明其真正理解。

在听力理解过程中,人们对语言信息的加工处理有以下三种模式:自下而上模式、自上而下模式和交互模式。自下而上模式又称文本驱动或材料驱动模式,该模式认为,听力就是一个语音解码的过程。学生利用语音、词汇等语言知识以及对语言因素的分析来进行听力理解,即从语音、单词、句子到整个语篇的意义,强调语言知识是正确理解的基础。自上而下模式也叫图式驱动模式,该模式认为,听力不只是语音解码,还是一个预测、检验和证实的过程。在这一过程中,学生利用非语言手段,如文化知识、语用知识、社会知识、策略知识以及与听力材料相关的话题知识、与说话人和场景相关的知识,对听力材料进行预测、分析和处理,从而达到对所听信息的理解。然而这两种模式极少独立地用于信息加工,它们总是平行作用的,于是就有了第三种加工模式——交互模式。交互模式把听力理解过程看作大脑长时记忆中的图式知识与听力材料相互作用的动态过程,即学生对听力材料的理解不仅要运用语言知识,还要主动借助大脑中的相关背景知识,对所听到的语言材料进行信息的加工处理,进而理解听力材料中的意义和内涵。成功的听力理解过程是自下而上和自上而下两种加工模式共同作用的结果,不过,学生在具体的情境中采用何种加工模式通常取决于听的目的、学生语言水平、听力事件发生的具体情境等多种因素。如果需要确认具体的细节信息,学生会更多地依赖自下而上的处理模式,如天气预报、航班信息等。

在感知处理阶段,学生利用工作记忆,对听到的声音信号进行分析,并试图从语流中切分出音素,以便理解。这一语音解码阶段主要采用自下而上的信息加工模式。学生在这一阶段遇到的困难有不能识别单词、不能切分语流、注意力难以集中等。语流切分是外语听力学习者所面临的巨大挑战,在阅读材料中,单词之间有空格隔开;而在听到的言语中,相邻单词的界限往往难以区分,学生必须利用自己的语音知识将听到的语流切分成有意义的单位,然后才能获取意义。因此,学生需要掌握足够的语音知识,并能对常见的语音现象(省音、同化等)做出辨析,才能对连续不断的语流进行正确地切分。

在解析加工阶段,听者试图切分单词,并与长时记忆中的单词进行比对,做出选择,建构意义。意义是切分单词的主要依据,随着语言能力的提高,学习越来越熟练地激活候选词群。就功能词和实义词而言,听者更易辨别出实义词。实义词是承载语流核心意义的重要词汇,能迅速激活听者大脑中相关的知识储备。在多数情况下,语流中的实义词以重音节开始,实义词的重音节拍既是单词界限的标志,也是语流切分的重要提示特征。学生在这一阶段遇到的困难有听过即忘、无法将听到的词在头脑中建构词义、未识别部分导致无法理解后续部分等,因此,要熟悉英语的节奏特点,捕捉语流切分的提示性特征,将语流切分成或独立或相互联系的若干语言信息单位。

在资源利用阶段,学生主要采用自上而下的信息加工模式,利用长时记忆中的信息资源来诠释意义。此阶段的听力理解类似于解决问题的活动,学生利用他们的世界知识和语言知识来达成这样一个目的:理解说话者的意图。学生在这一阶段遇到的困难有理解单词但不理解其所传递的信息,或者混淆意义、模棱两可等。

这些瞬间发生的听辨信息处理过程包含两个方面:一方面,认知流利度,即学生能否快速将言语信息与意义联系起来;另一方面,注意控制,即对线性展开的言语信息进行实时的聚焦。正确的听力理解依赖于学生对这两个方面进行有效的协调。母语者的听力理解过程是自动化的,基本上无须对一个个单词进行有意识的注意,而学习外语的学生受制于有限的语言知识,不能对所有听到的信息进行自动处理。基于不同的语言水平,学生可能需要有意识地关注部分输入信息,或者学会选择性地关注关键信息(如实义词)。如果时间允许的话,学生不能够即时处理并与长时记忆中的知识相匹配的信息都会转入受控制的加工(与自动加工相对)。受控制的加工需要学生分配更多的时间和注意力,然而有限的工作记忆容量和源源不断输入的新信息会导致听力理解出现问题,使学生无法理解所听内容,或者只能采取补偿策略、利用上下文信息或任何可借助的资源等猜测无法听懂的部分。

听力理解是一个复杂的认知过程,研究者提出了不同的模型对其加以解释,他们在以下三点上是一致的:一是,只有当学生的注意力集中在输入材料上时,才有可能对信息进行加工,这个信息加工的过程包括一定数量的解码活动和对信号的分析活动;二是,新信息的加工基于从长时记忆中提取的已有知识和图式;三是,成功加工听力信息的能力取决于对所听语言信息的加工速度。由此可见,听力理解并不是简单地单向输入和被动地接收信息的过程,也不只是对语言表层信息的识别,而是新信息与听者原有的知识经验或背景知识双向作用的过程。学生在学习听力的过程中积极地建构意义,以达到理解与交流的目的。

(二)听力理解的影响因素

听力理解的影响因素有以下四个方面:

(1)与说者有关,包括参与者人数、语速快慢、谈话内容中重叠信息的多少、是否使用方言等;

(2)与文本内容有关,包括语言因素、文本的篇章结构、所涉及的背景知识等;

(3)与听者有关,包括动机强烈程度和要求回答的信息涵盖量等;

(4)与听力辅助手段有关,指是否为听者提供帮助理解的视频材料或印刷材料。

人们对听力理解影响因素的研究主要集中在两个方面:一方面是与听力任务有关的因素,另一方面是与听者有关的因素。

其中,以对听力任务中听力材料的语言复杂度的研究最为广泛。语言复杂度取决于听力材料在语音、词汇、句法和语篇上的特征。就语音而言,缩略形式会增加语音复杂度。就词汇而言,词汇难度(低频词和短语的比例)、词汇多样性、词汇密度(实词所占比例)、实词的抽象性/具象性等因素都会影响词汇复杂度。就句法而言,从句、否定式会对语言复杂度产生影响。就语篇而言,衔接与连贯手段、语篇结构等变量会影响语言复杂度。

(三)听力教学策略

听力理解是指运用英语语言知识以及一般生活常识去理解英语语言中有意义的语音,并做出回应,是学生积极运用策略建构意义的过程。尽管听力过程不易被觉察,教师不能对学生的心理加工过程进行干预,但可以通过设计任务和活动帮助学生通过自我调节加工过程提高自身的听力能力。如让学生了解听力任务的性质和要求有助于提高听力理解。

如听力教学模式将听力教学分为五个环节:
(1)计划/预测环节;
(2)第一遍听和验证环节;
(3)第二遍听和验证环节;
(4)第三遍听和验证环节;
(5)反思环节。

每一个教学环节中都融入了某些元认知策略,使学生在听力学习的过程中潜移默化地习得元认知策略能力。该教学模式的有效性在实践中也得到了进一步的证实。

(四)听力材料的选择

随着交际语言教学的发展,英语教学越来越重视学生语言使用能力的培养,真实语言材料被广泛应用于语言教学之中。与为教学而录制的听力材料相比,真实的听力材料具有以下特点:
(1)包含省略、迟疑、重复、补充等口语特征;
(2)语速较快且节奏多变;
(3)包含各种地方口音;
(4)有插话或几个人同时讲话的现象;
(5)有环境噪音。

教师在选择听力材料时,有必要考虑上述因素,为学生提供更真实的练习听力的机会。在交际中,由于说话参与者的目的、情境、人数等变量的不同,所呈现的语段也具有不同的特征。

二、口语技能的教学

(一)口语的语言特征

口语的语言特征表现在三个层面:语音、语法词汇和语篇。口语词汇和书面语词汇有着明显的区别,口语表达呈现词块化特征。口语在语法结构方面的特征主要表现为句子短、插入语多、结构较松散;片段一般会有大量的补充和自我更正;语篇多使用并列结构,如使用连词 as、and、or、but。书面语篇则多使用从属结构。

口语常常发生在交谈者面对面的情境中,这种"现场性"情境意味着双向性和时间压力。"双向性"情境反映了说话双方的话语权,说者要考虑听者的知识背景、兴趣和期望,同时也要表达理解和参与以保证听者行使自己的话语权,这样交流才能得以继续。同时也意味着对话双方共享话语情景,说话时使用的语调等都是对实际说出的话语的一种补充,因此口语中人们常使用省略结构,并较多地使用代词。"时间压力"情境则表现为说者没有太多的时间去计划所要说的话语,同时作为听者,也要给对方一定的时间去组织话语。

口语发生的"双向性"和"时间压力"情境使其具有片段性和参与性的特征。片段性如停顿、自我纠正、说错话、重述等类似书面语中的编辑特征。因为口语中的时间压力使得说话者没有时间进行充分的准备,这些"编辑"的过程表现在口语中就呈现为"片段"。如以下几种情形:为赢得思考的时间,说话者采用一些并列结构或词块化的从属结构短语。口语中常常使用重复来应对时间压力,也给听者时间以理解意义。对话双方也常常使用一些补白词(如说话者用 well、hmm、um 等替代沉默以组织话语,听话者用 oh、yeah、I see 等附和说话者以促使说话者继续说下去)。在书面语中,这些编辑的特征几乎总是隐含的,片段被进行了加工处理。话语更加精练,句子结构更为复杂。而口语篇章的形成是说话人在讲话过程中完成的,因此口语语料中的编辑特征是显性的,片段依然是片段。

语言的使用取决于语境。在正式的场合,如讲座和演讲,说话者使用的是最为正式的口语,与书面语十分接近。而电子邮件、论坛公告等非正式的书面语,往往表现出口语的特征。然而在大部分场合,人们不能随意选择使用哪一种方式来表达,语言必须适合情景,这是语言使用的基本规律。教师的口语教学往往侧重于语言结构的分析和操练,而没有对口语和书面语的不同特点给予足够的重视,学生常常会发生一些语体上的错误,如在写作时使用过于口语化的语言。当然,正确区分口语和书面语的差异,对英语学生来说是有相当难度的。鉴于这点,教师在口语的授课时应该着重讲清楚口语、书面语的区别,要逐步引导学生掌握口语技能,并且能够就不同场合、不同对象分别表达清楚自己的意思。

(二) 口语表达的影响因素

从社会文化环境来看,英语是一门外语,学生在课堂以外使用英语的机会很少。在中国,传统的英语教学往往更加看重语法的学习以及笔试能力,口语能力却经常被忽视。这样一来,造成了大多数学生尽管较好地掌握了英语知识,却不敢轻易进行口语表达。学生在校期间(大学期间)由于资源有限等原因一般较少开设英语口语课。

影响学生口语表达的情感因素主要有焦虑、动机、自信心、性格等。学生在进行口语表达的时候往往有三类焦虑影响。一是,学生在口语表达的时候经常改变节奏,或是被频繁打断、出现停顿;二是,学生短时处理语言的能力及记忆输出等不足,导致口语表达的时候经常出现尴尬、难堪的场面;三是,学生在学习过程中产生了抑郁感,这种感觉迫使学生在口语表达的时候往往选择回避,甚至放弃了一些表达的机会。

学习动机对学生的英语口语能力的发展起着至关重要的作用。但是,学生缺乏与目标语者进行交流的机会,加之大多数的英语考试最终都是通过笔试、听力来实现评价,口语并未被设置为考试中的一项,因此学生自然对口语也就不太重视,他们往往认为口语是可有可无的,因而口语学习的动机和积极性较差。

自信心是学习主体对自我价值和能力的主观评价和意识。如果学生具备一定的自信,他就会感到在学习中犯错是很正常的表现,并不能说明自己愚笨。在学习中,他们往往不惧怕犯错,在口语学习中更愿意抓住任何的机会表现。如此一来,说得越多,他们对语言掌握的熟练度越高,如此一来他们更加敢于实践,就形成了一种良性循环。反之,如果学生缺乏自信,那么就很害怕在其他人面前展示自己的弱项,回避各种口语练习机会,如此则形成了一种恶性循环,最终影响口语表达能力的提高。

关于性格因素和英语语言能力关系的研究,大多数只是针对学生的内向或者外向性格进行探讨。人们大多直觉地认为外向有助于学习英语,主要是由于外向的人更加乐意与人交往,他们就会获得更多练习口语的机会。然而研究结果表明,学生性格外向与否与他们的语言能力没有显著的相关性。

(三)口语纠错

口语纠错可分为在线纠错(on-line corrective feedback)和离线纠错(off-line corrective feedback)。在线纠错指在表达过程中纠正错误,其中有些是随错随改,有些纠错会等待说话者一句话或一段话说完之后再进行纠错反馈。离线纠错指在完成某项交际任务后,学习者边听自己讲话的录音边检查,边改错。口语纠错还可分为提供输入型(input-providing)和输出诱发型(output-prompting)。在提供输入型纠错中,教师直接为学习者提供正确的形式;在输出诱发型纠错中,教师试图启发学生自己说出正确的形式。口语纠错可以是隐性的(implicit),也可以是显性的(explicit)。在隐性纠错中,教师只是针对学生的错误要求澄清信息;在显性纠错中,教师直接纠正学生的错误,有时也给出元语言解释。一种常见的纠错方式是重铸式纠错(recast),重铸式纠错是指在保持中心意思不变的同时,通过改变一个或多个句子成分(主语、谓语动词或宾语)对学生言语所做的重新表述。这种纠错方式在互动过程中保持以意义为中心,不打断会话的连续性,并且能有效地提高学生对正确语言形式的意识。

学习中的纠错行为可以通过个人、同学、教师来完成。但是在英语教学中,这种行为主要由谁来完成还没有达成一种共识。有的人主张个人或者同学间完成,这是由于如果由教师来主导纠错,易对学生的自尊造成一定伤害。但是,也有人反对这种意见,他们认为同伴或者个人的纠错往往不会很准确,这是由于水平层次不高造成的。在"以学生为中心"的人本主义教育思想的指导下,一旦学生不能及时准确地自行纠正错误,学生就会向教师建议要更多的自行纠正的机会,则请同伴来帮助纠错。输出诱发型纠错方式将纠错的责任交给学生本人,教师通过显性的或隐性的、言语的或非言语的手段指出错误,启发学生自行纠正。这种方式与学生的学习水平有着紧密的关系,初学者修正词汇、语法等低级问题,然而,高级学生更多的是纠正内容错误。自我纠正的方式也存在一些问题。首先,学生通常更愿意由教师来为他们纠错;更重要的是,只有当学生具备必要的语言知识时,才能纠正自己的错误,此时教师纠错就成为学习新语言形式的必备条件。其次,输出诱发型纠错方式只能让学生意识到自己的错误,并没有指明所犯错误是语言方面的,还是交际方面的。因此,尽管自我纠错方式备受推崇,但不是在任何情况下都能实现的。还有一种做法是同伴纠错,给学生提供纠正同伴口语错误的机会,这种纠错方式更多地应用在写作反馈中。

(四)口语教学方法

英语教学应该实现以下四个方面的平衡:聚集于意义的输入活动、聚集于意义的输出活动、聚集于语言形式的学习活动和流利性发展活动。因此,英语口语教学应从以下四个方面展开:

(1)准备许多有意义的输入活动(如通过"听"和"读"来学习"说");

（2）提供足够的机会进行有意义的输出活动（即通过"说"来学习"说"）；

（3）设计聚集于语言形式的活动：学习语音、词汇、短语、语篇以及错误反馈等；

（4）进行口语流利性训练。

英语教学的一个主要目的就是让学生的口语表达更加流利。为了实现这个目标，常用的方法有重复练习法。通过重复练习，学生能够将已掌握的技能变成一种习惯。重复练习能够促进知识的程序化和语言提取的自动化，从而增进口语表达的流利性。重复练习有不同的组织形式。如"金字塔程序"，学生先单独准备一个话题，然后讲给同伴听，再讲给小组成员听，最后讲给全班听。

近年来，语块在学生英语口语产出中的作用也引起了广泛关注，流利性研究已经把语块分析纳入其中。话语流利产出的一个重要前提就是语言知识提取的自动化或语言知识的程序化。一旦较大信息量的语块为学生所掌握，他们就能在运用的时候随意调用，能够快速提取语句并组合，减轻大脑在口语表达时的负担，使停顿时间变短且频率降低，从而大大增强言语产出的流利性。鉴于语块知识在口语流利性发展中的重要作用，研究者们对语块教学的兴趣与日俱增。语块教学能够帮助学生较快地掌握语块构成法则，促进独立分析语法的进程。

三、双语授课学生英语听力课堂焦虑实证研究

以内蒙古农业大学双语授课学生为调查样本，利用改编版的 FLCAS 调查问卷对学生的听力课堂焦虑状况进行测度，结合其听力成绩，使用 SPSS 软件，从性别差异等外在因素角度，对两变量间的相关性进行了系列统计分析。实验结果表明，两者之间呈现显著的负向关系，并结合研究结论，为更好地解决学生焦虑因素，提升听力成绩提出了相关对策建议。

根据第二语言习得理论，影响学生学习效果存在众多个体差异因素，其中情感变量是重要因素之一。心理学对情感变量研究统筹于焦虑、动机以及情绪等。其中焦虑是心理内部对客观环境变化做出的应激反应，会对结果产生积极的或消极的影响。在大学英语教学中，焦虑变量作为重要情境因素，如何克服它并提高学生的英语听力水平，是当前国内外外语教学领域关注的重点之一。

（一）双语授课学生英语听力课堂焦虑实证研究方法

1. 研究对象

双语授课学生英语听力课堂焦虑实证研究的被调查对象为内蒙古农业大学 100 名双语项目的学生，他们的高考英语成绩均在 90 分以上，具备一定的英语基础水平。其大学第一年和大学第二年的基础英语教学课程包括综合英语课程和英语视听课程。英语视听课的授课形式为小班授课。受试对象均为大学一年级的学生，其中男生 58 人，女生 33 人，平均年龄为 20 岁，学生所涉的专业包括车辆工程、动物科学、动物医学以及水利工程专业。

2. 研究问题

基于当前高校学生英语听力基础薄弱以及听力教学效果不太理想的普遍情况，双语授课学生英语听力课堂焦虑实证研究旨在通过调查实验来了解阻碍内蒙古地区高校中双语授课学生英语听力提高的主要问题，分析当前高校学生听力焦虑因子与听力成绩之间的相关性，测度性别因素对学生听力状况的影响。从科学的角度为提升高校学生的整体听力水平提供有效的参考建议，为减轻学生的焦虑因素，实现学生快乐学习、轻松学习提供一定的

帮助。实验具体有以下三个研究问题：

(1)双语学生的普遍听力中焦虑状况的调查结果；

(2)研究对象的焦虑状况与其听力成绩的相关性分析；

(3)性别因素对焦虑状况及成绩的影响分析。

3. 研究步骤

首先通过改编版的听力课堂焦虑量表，对所调查样本的焦虑状况进行了解并利用统计工具进行量化处理。结合研究目的，对处理后的数据进行相关分析，并对第三因素即性别所造成的两者之间的相关性进行综合分析判断。根据所做分析，结合结论提出相适应的参考建议。

4. 研究工具

该研究采用的听力课堂调查问卷是 FLCAS(Foreign Language Classroom Anxiety Scale)五级量表，共有 33 个问题。该问卷是从心理学的角度出发，结合交际畏惧、考试焦虑以及负评价焦虑三个方面提出的外语焦虑构想，在一定程度上，将焦虑这一情景因素实现了进行量化的研究目的。

根据这个量表，研究者进行了适当改编，为了贴近实际，使得问卷可以简明扼要地反映出问题，在对部分非英语专业学生或教师走访的基础上，延伸得到听力课堂焦虑表。问卷设计题目容量为20，包括听力学习过程中的方法、心态、认知以及对听力发音、语速的反应，听力教学的相关评价等多个方面。问卷采用五级打分制，从 1 至 5 分别表示完全反对、反对、中立、同意、非常同意。被调查对象结合自身实际选择与问卷相符的选项，其中焦虑程度与得分多少成正比。

通过在听力课堂分发问卷的形式来获取相关焦虑因素的数据；收集 100 名被调查学生的阶段性英语听力测试成绩。英语听力成绩总分为40分，包括两部分：第一部分为选择题，包括短文选择和新闻选择题；第二部分为判断正误题。最后借助 SPSS 统计工具对学生成绩相关结果进行分析。

(二)教学启示与建议

从实验结果可以看出，针对内蒙古地区高校学生听力状况而言，被调查对象的焦虑状态整体属于较高水平，通过统计软件分析后所得到的结果反映出焦虑状况与成绩表现为显著负相关，其中性别、焦虑状况对各自成绩均呈现出显著影响，且焦虑状况对成绩的影响高于性别所带来的直接影响。在对男女生单独性差异的分析中可以看出，男生与女生的焦虑水平都处于中高水平，但男生的焦虑程度远高于女生，男生对英语学习的排斥性相较于女生更强。基于以上研究结果，在以下几方面提出教学建议。

1. 针对男女生焦虑差异问题，应采用多元化听力教学模式

针对男女生焦虑差异的问题，在英语教学中应当采用多元化的听力教学模式。比如由教师进行传统地讲解、学生被动地接受，向学生主动探讨学习过程中所遇到的问题转型，以调动学生学习的主动性和兴趣。教师可以设计一些互动活动，例如在听前导入阶段，将男女生穿插划分成特定的小组，以小组内部交流沟通的形式，来预测听力内容。通过这种形式的安排减轻男生听力学习过程中的焦虑感，在一定程度上能够缓解由于性别差异所造成的妨碍性焦虑感，提高其促进性焦虑感，提升整体的听力水平。

2. 在提高学生听力整体水平方面,应注重把握难易程度

在提高学生整体听力水平方面,日常训练时应注重把握难易程度,听力任务的设计要遵循从易到难的顺序。对于学生犯错率较高的地方以及普遍认为难度较大的地方,应加大训练力度,教学重点有所侧重,根据学生整体的水平,平衡地选取合适的、真实的听力材料。同时,教师应注重培养学生良好的听力学习策略,而不是被动解码。比如根据语境如何预测未知信息,根据语音现象来判断说话人的态度,以及听力过程中对于模糊容忍度的培养等。

3. 丰富听力学习资源,营造立体化英语学习环境

丰富听力形式,除传统的听力教材之外,听力教学过程中可从学生的视角适当地补充一些学生感兴趣的音频或视频,营造立体化的英语环境,使得学生全方位地适应听力环境。这样有利于扎实其听力基础,提升其自信心,减轻其焦虑感,从而在循序渐进的过程中提高听力水平。除此之外,在日常教学过程中,教师与学生,学生与学生之间尽量实现英语沟通或交流,使得英语学习不是一种死板刻画的课程,而是应用型与学习相结合。促进学生英语听力整体水平提高。

此外,降低学生的课堂焦虑因素,教师还应采用鼓励式教学,通过与学生进行有效的心理沟通,在轻松愉快的环境下进行听力练习。促进其保持良好的心态,提高其心理素质,使得学生自身能够看到自己的进步,从而使得学生自身产生学习的动力与激情,使得其英语学习形成一种良性的循环。

第四节　大学英语阅读教学的方法与实践

一、英语阅读语言处理的方法

(一)语言的感知与探究

学习是一个能动的过程,学习的发生必须以认知主体的积极参与、主动理解和建构为前提,企图从外部注入知识是难以奏效的。因此,教师要在阅读的过程中通过多样化的教学活动,在转述、利用语境猜词、问题回答、交流互动中为学生提供认识、体验、实践语言的机会,在感知与探究中领悟语言规则,建构并完善语言知识结构。

(二)语言的整理与运用

语言输入的质量决定语言输出的质量。按照语块理论对文本中的语言加以整理,让学生整体理解记忆,可以改善语言输入的质量,减轻学生的记忆负担,同时在语言输出时,这种更大的语言单位作为整体被提取使用,可以提高语言使用的准确性,获得更高效的语言表达。整理是基础,其根本目的是运用,因此在整理的基础上教师应为学生创设与所读文本相关的新的情景,让学生有机会充分利用整理的语块,达到内化语言发展能力的目的。

1. 基于需求整理语言

基于需求的语言教学,一方面是掌握学生真实的需求以消除教学中的盲目性,另一方面在于学生所学的语言内容是否是英语学习中有必要或者说是应该掌握的内容语言。例如,学习"Studying Abroad"这一话题时,学生应学会表达国外学习过程中遇到的困难

（difficulties）、寄宿家庭（host family）、学习情况（study），可根据这一需求按照中心话题（Studying Abroad）下的三个小话题来整理语言。

2. 创设情景积极运用

创设更贴近学生生活实际的语境，让学生有更充分运用语言的机会，最后放手让学生就自己关心的话题自由表达，这样可以把书本知识迁移到现实生活中，将课堂情景转化为生活情景，学生就有机会用所学的语言进行真实的交际。基于学生所读文本创设情景，可以较好地把课文的内容拓展延伸到实际的社会生活中去。这样的情景有助于提高学生实际运用英语的兴趣，提高学习效果。

例如，在完成"Studying Abroad"这一话题语言整理的基础上，教师可以创设这样的情景：Nowadays, more and more Chinese parents send their children to study abroad. Do you think it is necessary to do so? Why or why not? 这样的情景贴近学生的生活实际，学生在讨论时有机会将整理的语言加以充分利用。

二、英语阅读教学语言处理的原则

（一）阶段侧重原则

英语阅读教学是一个非常复杂而又高度综合的过程，它承载着太多的东西——内容、思维、语言等。然而，阅读教学的课堂时间是有限的。因此，综合视野下的阅读教学，每一阶段都应根据教学需要有所侧重：或侧重信息的提取，或侧重语言的赏析，或侧重思维的提升。同时，对于不同阶段的侧重，教师应根据课堂教学目标有目的、有计划地选取。

阶段侧重不仅体现在思维、内容和语言上，还体现在语言处理过程中不同阶段应有不同侧重：或侧重语言感知，或侧重语言赏析，或侧重语言运用。阅读教学的课堂会有信息的提取，会有对文本的评价，会有对学生思维的培养，而语言处理贯穿始终，相依相随。语言学习要经历一个输入、内化、输出的过程。所以在信息的提取中可以让学生更多地去感知语言、理解语言，在评价文本的过程中去赏析语言、内化语言，在思维提升的过程中去模仿语言、运用语言。而在此必须指出的是，这些学生感知、赏析、内化、运用的目标语言都是教师在课前对文本进行充分解读的基础上确定的，并非随意选取。

在提取信息的过程中，学生通过借助文本语境，将语言的形式、意义、用法进行有效对接，使之变得形象生动而富有生命力，从而达到感知语言的目的。在评价文本中，教师可以通过巧妙的提问，有意识地引导学生关注作者在语言使用上的技巧，思考作者是如何借助语言有效地"表情达意"的。这样的赏析是学生内化目标语言不可或缺的催化剂，是引导学生从"知其然"到"知其所以然"的过程。美的东西总是令人赏心悦目，产生占有的冲动，所以语言赏析的过程能帮助学生为后续的模仿运用做好情绪和认知上的双重准备。

然而，仅仅依靠语言的输入是不可能形成综合语言运用能力的，还需要通过口头和书面表达来检验和促进语言的吸收与思维能力的发展。在提升思维能力的过程中，可以结合语言的模仿与运用。成功的英语课堂教学应在课内创造更多情景引导学生进行创造性复述，让学生有机会运用自己学到的语言材料。输入之后，教师可以对文本的语境进行加工、拓展，让学生在新的情景中输出信息、表达观点、运用语言。

（二）语篇优势原则

文本不同，题材不同，体裁不同，语言表达亦有不同。语言是思维的物质外壳，是人们表达情感和交流思想的工具。任何题材和体裁的文本，都是采用书面语言来表达情感和交流思想的。为了实现一定的表达目的，作者会遵循一定的标准来选择材料，运用一定的技巧来组织语言，按照一定的逻辑来安排段落、形成篇章、表达观点。每个文本都有其自身的核心语言，不同体裁的文本具有不同的语言特征，具有不同的语言示范性优势。叙事类、描写类的文本，常借助多种修辞手法和形象生动的语言来呈现内容。议论文一般会通过主题句来表明自己的观点态度，它和说明文一样，结构特征明显。通过文本解读，教师要充分挖掘文本的优势语言，经过分析、筛选，最后确定目标语言，使之成为阅读课堂中理解的基础、输出的载体。

（三）语境相伴原则

从语言学习的角度讲，学生要通过语篇学习语言，即在一定的语境中学习语言。阅读教学中的语言学习，也应该是通过语言与语境的黏合和互动而进行的语境化的学习。阅读的促学优势是语境和语言搭配信息丰富，在不同的语篇语境中接触语言，与正确的语言输入协同，能够增强语感，扩大词汇量，改善语言使用能力。语言学习离不开语境，语境是语言学习的土壤，只有这样，学生的语言学习过程才是一个有意义的建构过程。

在阅读教学过程中，语言处理所要借助的语境，除了文本所提供的语境，也包括教师在课堂教学过程中创设的语境。在导入部分，教师可以设计正确的语境，通过激活学生已有的相关背景知识，帮助学生初识目标语言。阅读中的语言处理借助的是文本所提供的语境，而人教版教材单元话题下的每一个语篇，都为语言的学习提供了良好的语境。读后活动中的语境应该是教师在文本语境的基础上经过提炼拓展后的"新"语境。这样的语境有利于学生创造性地使用目标语言，使目标语言成功转化为学生自身语言知识体系的一部分。在阅读教学中，学生对语言的感知、赏析、内化和运用与相关语境紧密结合，能够有效提升学生的语用能力，实现活学活用的目标。其中，教师可以通过任务链的设计实现语言与语境的黏合和互动。

三、英语阅读教学中语言处理视角的选择

（一）内容视角——感知内容与语言之联系

语言服务于内容。语言所传达的信息、形象、意蕴、情感和思想都是文本内容的核心元素。以文本内容为切入点开展语言教学时，教师应该围绕主题，充分挖掘内容背后的优势语言，精心设计课堂提问，激活学生头脑中的内容图式及相关的语言图式，帮助学生梳理话题语言，感知语言与内容的联系，拓展话题语言运用平台，丰富学生的语言知识储备。

（二）结构视角——领略结构与内容之默契

学生通过对特定文本的理解与拓展，建立起语言形式（词汇、句法、篇章结构等）与文本所承载的意义（信息、作者观点与态度、言外之意、读者感受等）的联系。作为语言形式之一的篇章结构，是作者对主题和材料深刻认识的外在结果，是体现作者构思的一种手段。从

总体来看,它是为文本内容的表达服务的。一般而言,不同的文本体裁会以不同的篇章结构呈现,比如说明文常常按照时间、空间、逻辑等顺序展开叙述,而记叙文则常常按照时间、空间、人物、事件、情感等架构全文。剖析篇章结构有助于学生全面、准确地理解文本是如何根据特定的表达目的而构建的,它可以帮助丰富学生感知和赏析文本优势语言的体验,有效促进学生阅读技能、写作能力的提高,扎实推进学生综合语言运用能力的发展。篇章结构可以是宏观的,不同的文体会有不同的起承转合之法,呈现不同的结构特征;篇章结构也可以是微观的,教师要引导学生学会分析段与段、句与句乃至词与词之间的连接关系,体会"于细微处见真章"的语言魅力。

在文本理解过程中,教师要善于借助文本提供的语境,为学生提供认知、感悟乃至实践那些连接性词汇和过渡性词汇的契机。连接性词汇和过渡性词汇承担着总起、转折、过渡、总结等功能,针对它们的教学要充分利用文本的语境,让学生把握文章内容递进的脉络层次,体会这些词汇承上启下的"润滑剂"作用。有效的连接性词汇和过渡性词汇学习能让学生在今后的语言输出和运用中增强表达的连贯性、逻辑性和情感性。

(三)修辞视角——感受修辞与表达之精妙

修辞的作用,通俗地讲就是把语言表达得更漂亮、更形象、更精准、更传神。英语教材的很多阅读文本中有不少精妙修辞,极大地提升了英语语言的生动性和艺术情趣。教师须时时留心、处处留意,引导学生发现阅读文本中的修辞手法,让学生体会修辞的运用对表现语言的美感和生动传神所发挥的作用。通过赏析,教师可以帮助学生更好地理解文本内容,丰富他们的写作知识,提升他们的思维能力。

从修辞角度处理文本语言,需要教师结合语境,适度讲解文中出现的一些修辞手法(如比喻、拟人、重复、排比、双关、反语、夸张、对比、头韵、尾韵等),挖掘阅读文本的修辞之美。修辞视角的语言处理就是在阅读教学中引导学生关注作者用词的恰当性、精准性和简洁性,关注句子的清晰性、连贯性和多样性,帮助学生认识到语言的精确使用可以有效达成交际目的。

(四)文化视角——聚焦文化与语言之融合

人们常常认为英语学习就是掌握其语音、语调、语法规则,以及词汇的积累,就能熟练地与他人交流思想、表达情感了。其实语音、语法和词汇只是语言习得的部分,而绝不是全部,因为除此之外,语言背后的文化也是语言学习不可或缺的一个方面。语言是文化的载体之一,一个民族的文化特性会孕育出其独有的语言,而语言反过来又能影响和推动文化的交融发展。

从文化视角处理文本语言,有助于提高学生的跨文化交际能力。语言是交际工具,在跨文化交际中英语学习者常出现的一些文化范畴内的错误,远比语法和词汇错误更让人感到莫名其妙。一个无法领会"英美国家把狗视作人类朋友"这一文化现象的中国学生,恐怕是难以理解"You are a lucky dog!"这一表达所蕴含的真正含义的。语言词汇是承载文化信息、是反映人类社会文化生活的重要工具,各种语言中除一部分核心词汇外,许多词汇都常带有特定的文化信息,即所谓的"文化内涵词"。教师在阅读教学中处理语言时,要借助文本语境,帮助学生在理解内容的过程中,有目的地向学生渗透文化知识,让学生感受到语言背后所承载的文化魅力,使其在学习语言的同时,逐步丰富文化知识、提升语用能力。

第五节 大学英语写作技能的教学

一、写作教学过程

写作过程融合了思想、情感、学识和技巧等方面的复杂心智活动,包括从感知到想象、从形象思维到抽象概括、从内部言语到外部言语等一系列复杂的心理过程,既有具体的、外在的操作性活动,又有作者内在的、非直观的心理活动步骤的演进。写作过程模式理论经历了四个阶段的发展历程:阶段模式、认知过程模式、社会互动模式、社会认知模式。

这四种模式分别诠释了写作过程的不同方面,它们之间具有一定的兼容性,完整的写作活动不仅涉及个体心理的认知过程,也涉及共享社会实体的交际目的,并具有粗略的阶段性行为表现。从认知的角度看,写作是一连串复杂的思维过程,是写作者从大脑的长时记忆系统里提取写作资料及策略,解决不断涌现的困难及障碍,最后写出文章的过程;从社会互动和社会认知模式的角度看,整个写作活动的架构包括作者、文本及读者,文体知识与修辞技巧只是文章的成果表现,是作者在写作过程中不断推敲、修改的产物,所呈现的内容经过作者的修订、润饰,在某种程度上已不同于作者在写作开始阶段的所思所想;从交际的角度看,写作是一种沟通行为,不仅是作者表达个人想法的过程,还是一种与潜在读者在一定社会文化条件下进行交流并实现共享信息与理念的途径和手段。

写作的具体过程涉及计划、表达和修改等。计划过程(planning)是作者确定目标和产出想法的过程,包括分析题目、酝酿内容等。表达过程(text-generating)就是成文的过程,开始于对写作任务的心理表征,终结于写在纸上或输入计算机内的文章。能否在表达的同时随之完成拼写、加标点及检查语法等活动,反映了熟练作者和新手作者的差异。修改过程(revising)是对所写内容进行评价和更改的过程,有宏观修改、微观修改、校读等层面。

二、英语写作教学方法

英语写作教学方法一直是英语教学领域关注的问题。国外写作教学法至今经历了半个世纪的发展,影响较大的有以下五种:结果教学法、过程教学法、体裁教学法、内容教学法和任务教学法。

结果教学法以行为主义理论和结构主义语言学为理论基础,其认为写作是一个自下而上的信息处理过程,重点在于对词汇、句法和衔接手段的正确使用。结果教学法将教学重点放在最终的成品上,强调语言的正确性及文章的结构和质量。教学步骤是由教师提供范文,进行分析、讲解,然后学生模仿范文进行写作,最后教师进行评改。结果教学法的不足之处在于:教师无法及时发现学生写作过程中出现的问题并加以指导;评估方法单一,教师往往把重点放在纠正拼写和语法结构等表层错误上;教师的评语只指出文中存在的一般性问题,使学生无法了解具体问题所在,导致同类语言错误反复出现;学生只关心分数,是被动的接受者。

过程教学法产生于 20 世纪 70 年代。过程教学法认为写作是一种交际活动,注重写作的过程。它将写作分为写前准备(pre-writing)、撰写初稿(drafting)、编辑校正(editing)、反复修改(revising/rewriting)等不同的阶段。它认为写作过程不是直线的,而是曲折反复的,从构思到最后完成写作成品,中间须反复进行斟酌、修改。通过写作过程的反馈,学生可以不断发现并纠正错误,并从反馈者那里得到启发,同时也给予其他学生同样的帮助。过程教学法将教师的角色从主宰者和权威者变为读者、编辑、提示者、组织者,教师的责任是使写作活动成为一种协作性的学习过程。过程教学法把教学重点放在学生的写作过程和写作能力上,有利于学生了解自己的写作过程,充分发挥他们的主观能动性,并发展其思维能力。过程教学法受到的最大挑战在于:由于注重写作的过程,费时较多,学生没有足够的时间对多种文体和题材进行写作练习。另外,受制于有限的语言能力,同伴反馈可能达不到预期的效果。

体裁教学法是 20 世纪 80 年代中期以来随着体裁理论的发展而出现的一种写作教学方法,在英国、澳大利亚、新西兰等国家较为流行。体裁教学法把体裁和体裁分析理论运用到课堂教学中,围绕语篇的图式结构开展教学活动,其目的是让学生了解不同体裁的语篇具有的不同交际目的和篇章结构,让学生既掌握语篇的图式结构,又能够理解语篇的建构过程,从而帮助学生理解或撰写某一体裁的语篇。体裁教学法在专门用途英语(English for Specific Purposes,ESP)和学术用途英语(English for Academic Purposes,EAP)的教学与研究中备受推崇。体裁教学法的主要教学步骤是:范文分析—模仿写作—独立写作。体裁教学法的优点是强化学生在写作中的体裁意识,使他们在写作时有规律可循,能够创作出得体的英语作文。体裁教学法的不足之处在于:体裁的规约性可能导致教学活动具有浓厚的"规定主义色彩",学生的写作作品容易出现千篇一律的倾向。

内容教学法在专门用途英语(ESP)和学术用途英语(EAP)等教学项目的课程设置中占据着重要的席位。内容教学法在美国比较流行,常见的模式有沉浸式教学、部分沉浸式教学、主题语言教学、全语言教学等。内容教学法认为英语阅读、写作和学科内容教学应该融为一体,在语境中习得语法和词汇。教师在教授读写核心技能的同时,要注重提高英语作文在语篇、语法和词汇等各个层面上的质量。内容教学法以专题内容为教学主线,帮助学生在写作过程中拓展专业知识领域,其优点是与主题阅读相结合,学生的思路比较开阔,写作内容比较丰富;其弊端在于学科内容知识难以与语言知识的学习相协调和平衡,对写作教师的知识结构要求较高,教师需要既具备语言知识又拥有专业知识,因而不适合中、低级水平的英语学习者。

三、英语写作能力训练

(一)英语写作训练的模式和过程

1. 准备阶段

准备阶段的教学目标是让学生在教师的指导下全面分析、掌握材料,形成写作提纲和"腹稿"。这一阶段的具体内容有以下五项:

(1)阅读、分析有关材料(文字或图表等),掌握事实;

(2)拓宽思路,集思广益;

(3)交流观点;

(4)记笔记;

(5)拟写作提纲。

2. 写作阶段

写作阶段的教学目标是要求学生在充分准备的基础上进行英语写作实践。这一阶段的具体内容有以下四项：

（1）草稿；

（2）自检错误；

（3）文字推敲、润饰，二稿；

（4）初步定稿。

3. 修改阶段

修改阶段是反馈机制下的一个开放性过程，其教学目标是通过师生信息互动，使学生的作文逐步完善。这一阶段的具体内容有以下三项：

（1）自拟思考题；

（2）教师面批；

（3）对照教师指出的错误，对自己的文章进行修改。

在运用这一模式的过程中要注意以下三点：

（1）提高学生的英语写作水平必须运用测试手段；

（2）教师要教育学生不要过分依赖词典写作，而应该积极地牢记英语单词和习惯用法，注意平时积累，指导并激励学生尽可能地多背诵（至少要熟读）一些精彩文章，特别是经典原著片段，促进学生语感的发展；

（3）教师在指导英语写作训练时，应要求学生注意遵循五项原则：

①意义性，即行文传达的信息应有明确的意义；

②功能性，即作者可以通过文章表达自己的意愿；

③得体性，即写文章要根据人、地、时的不同情况，恰当地选择合适的表达方式；

④移情性，即要了解英语国家的文化风俗和交际准则，避免按汉语习惯硬套；

⑤流畅性，即词汇、连接、观念表达得自然通顺；

⑥"准备—写作—修改"英语写作教学模式一般适用于中级英语水平的不同教学阶段。

（二）英语写作训练的原则和要求

1. 课内训练同课外训练相结合

课内训练以模仿性写作练习为主，听、说、读、写同时进行；课外训练以交际练习为主，写日记、写信、写作文。教师可以给予必要的指导，进行必要的督促和检查。

2. 写作练习同书写练习相结合

通过抄写句子和短文练习书写，可以使书写动作连贯且迅速；通过练习书写，能加深对句子和篇章结构的理解。

3. 循序渐进同系统训练相结合

英语写作必须由浅入深、由简到繁、由易到难、循序渐进，一环紧扣一环地进行训练。教师应注重抓基本功训练，严格要求学生正确、端正、熟练地书写字母、单词和句子，注意大小写和标点符号。然后从抄写句子和短文开始到听写、连词造句，到替换某些句子成分、改写句子，到连句成文、改写、扩写、缩写、加写或续写……直至命题作文。教师根据学生的英文水平，安排学生进行阶段性的写作练习和指导性写作练习，最后实现自由写作，按照写作训练的要求进行系统训练。

4.听、说、读的训练同写作训练相结合

听力训练时,让学生记录听到的关键词或句子,帮助听懂大意。听懂大意又能帮助学生理解篇章结构和句子。口语训练时,让少数学生口述,同时让大多数学生用笔写,消除大班上课大多数学生有口无心的现象,或者让学生先准备,后口头叙述。阅读教学时,让学生做读书笔记,边读边记录主题句、关键词、习惯表示法的句型,阅读理解的效果就会更好,对篇章结构和词句的理解会更深刻,也就更能促进写作能力的提高。

5.模仿学习性写作同交际性写作相结合

要让学生参照句型表达法和写作范本进行模仿练习,不能搞命题作文。如果学生有用英语进行书写交际的迫切愿望,则更能激发其写作热情。因此,可以以模仿学习性写作为基础,以交际性写作为根本目的。

6.思维训练同写作训练相结合

写作训练时,要引导学生认识各个事物之间的相互联系和相互关系,如空间关系、时间关系、因果关系、层次关系等,用英语词汇和句子作为思维工具进行构思和连贯表达。

(三)英语写作训练的艺术

写作实践性很强,在讲的内容、层次、方式和术语上,以及练的要求、步骤、形式和难度上,在小学、初中、高中各阶段明确地体现出差别来。当然,尽管存在差异,也并非截然分开,而是保持着其内在的连续性。因此在教学内容和具体实施的编排上,必须注意不同时期的不同层次,每一轮次都要较前拓宽和加深概念。英语写作能力的训练可分为以下三个阶段。

1.初级阶段

(1)指导学生用三格本进行抄写单词、单句或课文的训练;

(2)指导学生进行听写字母、单词、短语、单句的训练;

(3)指导学生进行书面回答有关课文问题的训练;

(4)指导学生进行英语句法分析的训练;

(5)指导学生进行模仿英语基本句型造句的训练。

初级阶段训练英语写作有以下具体形式。

(1)听写与听力训练相结合,既练听力,又练手写。对于听写内容,教师可根据学生情况由浅入深地练习,在基础阶段可听写单词、词组、句子、段落等。

(2)连词成句。写好句子将为英语写作打下良好的基础。教师可利用图片、简笔画、投影仪、幻灯片显示给出的单词,要求学生连词成句。

(3)填空。教师可利用填空形式练习各种语法知识、词组及表达法的运用。

(4)模仿句型造句。

(5)根据对话模式,按照对话模式写下问句,自由完成答句。

(6)填写表格 Pair-work。

(7)连句成文。教师给出句子,要求学生用连接词连接成短文。

(8)小组写作交流活动。在纸条上写命令,要求小组内同学照办。

(9)模仿课文写段落、短文。教师给出句子,要求学生按逻辑顺序将句子组成短文,以及要求学生模仿课文、范文写段落和短文。

2. 中级阶段

(1)指导学生进行书写规范化的训练,即"美观、整洁、快速"的训练。

(2)指导学生进行快速听写训练,听写内容最好为文章的一段或整篇。

(3)指导学生进行看图叙述和看图造句的训练。

(4)指导学生进行编写课文提纲的训练。

(5)指导学生进行课文编写的训练。

3. 高级阶段

(1)指导学生进行看图作文的训练。

(2)指导学生进行课文的改写、缩写的训练。

(3)指导学生进行模仿作文的训练。

(4)指导学生进行命题作文的训练。

(5)指导学生进行自由作文的训练。

中、高级阶段训练英语写作有以下具体形式。

(1)自由听写。听录音后用自己的话把所听内容写出来。

(2)自由对话。教师给出情景,要求学生写出对话。

(3)记笔记。指导学生阅读一篇文章后写下每段的主题句、关键词、时间、地点、人物、事件等主要信息。

(4)给出主题句、关键词,要求学生写作。

(5)小组活动。

①小组成员围坐成一圈,在一张纸上写故事,一人写一句,写好后把纸折起来,后面的同学只能看前面一位同学写的那句。等全组同学都写好后,再打开看整个故事是否连贯。如第一个同学写:One evening, an old man was sitting at home. 第二个同学接到写:Suddenly he heard a knock at the door. 第二个同学写好后,把第一句折起来,又交给第三个同学接着写。

②小组成员讨论并改写以上故事,使之更连贯。

③小组成员每人写一则新闻消息,写好后在组内进行修改、综合,在班上报道。

(6)读课文后写大意、中心思想,进而写出自己的评价。

(7)改写。给学生一篇小故事,阅读后可做以下类型改写:

①改写人称、时态;

②改写人物、地点、情节、结尾等;

③把故事改写成对话形式,或把对话形式改写为叙述形式。

(8)扩写。在原文的基础上加以扩展,可以给出一定的辅助材料(如词、词组等)或自由扩写。

(9)缩写。给学生一篇较长的文章,要求阅读后将其简化、压缩成规定词数的短文,但要保留原文的基本结构和主要内容,可先要求学生写出提纲和大意,然后组织成短文。

(10)写报告。形式有值日生报告、读书报告、电影观后感等。

(11)命题作文。教师要尽量提供目标较小、具体、反映学生生活的题目,如"What I see in the main street of my town",使学生有兴趣写,有内容可写。

(12)自由写作。可以要求学生自由写 10 分钟,随便他们写什么内容,如一天的打算、对某人、某事的描述,对某事的感想,等等。主要是练习表达他们所感兴趣的事物、自己的经历和感慨。教师不加任何限制,但可给予帮助。

第五章　大学英语个性化教学

第一节　大学英语个性化教学的定义和内涵

在高等院校的教学活动中,大学英语占据着重要的地位,是学校教育的中心工作之一。在全球化进程加快的新形势下,要培养社会需要的具备英语应用能力的高素质人才必须使大学英语教学顺应社会的变化,在传统的大学英语教学深度植入个性化的教学元素。大学英语个性化教学,在尊重教师与学生的个性特征的前提下,以大学英语的课堂教学作为重要手段,促进教学活动的有效性和学生学业及人格的完满发展。

一、个性化教学

不同的学科从不同的视角对"个性"进行了解读。从心理学的视角看,个性是指个体精神面貌的全部内容,是个体在独特的生活道路中形成的不同于他人的稳定特征,反映了人与人之间的个别差异个性(personality)辞源是希腊文 persona,意为面具,是演员在舞台上演戏扮演角色所戴的面具。在古代这种假面具表示戏剧中人物心里的某种典型性,譬如"奸诈的人""善良的人"等。因而,心理学借用此用个性代表心理活动。心理学认为个性是一种心理现象,同时也外显为一定的言行。所以,个性包含了行为与心理两方面含义:一方面,心理学把个性理解为个体特有的特质模式及行为倾向的统一体;另一方面,心理学又将个性看作是一个独立个体的心理内部表征,就是一个独立个体的意识倾向结合各种共性的独特而稳定心理特性的总体。需要注意的是,心理学中个性和日常生活中关于个性的习惯性用语的理解有所不同。在日常生活中多是从伦理道德的角度出发以"个性"对人的行为进行评价,这不是从人的全部行为的心理方面来说明人的个性特点,因而有别于心理学理解的"个性"。哲学中研究的个性与心理学中讨论的个性的角度是不同的。在哲学中研究的个性首先要以人的世界观作为前提来探讨人的本质,探讨宇宙体系中人的地位,揭露在社会发展历史中人的个性发展和变化的一般规律。也就是解决主体的人和客体事物之间关系问题。即哲学意义上的个性更注意从一般意义上研究某一事物不同于他事物的差异性,探讨共性与个性共存的辩证关系,教育学对个性的理解,很大部分受到了心理学有关观点的影响。个性是多层次、多维度的复合体,在抽象的意义上讲,"个性"包括以下几层含义:每个人的尊严和完善的人格、每个人在生理和心理等诸多方面的独特性、每个人的独自主见及其创造性思维和能力。

个性是整体性与个别性、共同性与稳定性以及可变性与生物制约性及社会制约性的共同体。

教育中的个性涵括个体的多种素质总和的个体的独特性,凸显为个性的整体性和个别性。从"整体性"的角度看,个性是一个系统许多元素的总和,许多侧面、许多素质共同构成了它的整体;从"个别性"的角度看,个性是个体成为他自己的本质所在。因此,教育学中的个性是个体独特性整体之和,由多种素质综合形成的一人区别于他人的稳定特征。故而教学活动作为教师和学生独特个性的展示和生成的重要场所,需要在教学中从教师和学生的个性出发,尊重教学中每一个个体,并关照个体的需要。在教学中,其要点就是以尊重每一个体的尊严和存在为前提,尊重学生的个别差异,从而在以个性化教学体现对学生个性差异的尊重,这正是个性化教学的重要体现。同时,教学过程中的另一个主体是教师。教师作为有个性的人,因而教师之间也存在个性差异,也就是说,个性化教学也包括教师个性化的教。

而个性化教学最终目的是满足学生的需要。由于学生存在个性差异,因而存在不同需要,个性化教学就是要在教师个性化的教中满足学生个性化的学的需要,使学生的身心健康,并能适应社会需要。富有成效的个性化教学是能够满足教师的精神和物质需求,特别是教师的情感需求、道德需求,以利于教师的完满发展。对于学生来说就是满足学生个性化的权利,从学习目标、内容、方式方法到评价等整个教学过程都适合于学生个体的需要和特点,以利于学生身心、知识、能力和情感的健康发展。

二、大学英语个性化教学

(一)大学英语个性化教学的定义

在大学英语教学中,提倡个性化教学就是要教师首先以自身个性为基础去教,和学生以个性为基础的学的双边统一活动。在英语教学中,"个性化教学"就是教师必须充分尊重并且发挥学生的学习积极性,要重视保证学生个性和谐地发展,并通过教学引导学生明白自我求知的重要性,达到个人全面发展的目的。同时引导培养学生学会主动获取信息并独立思考的能力,促进知识、能力和人格的协调发展。采用这一教学方式在学习上不仅能够提高学生的学习效率和接受新知识的速度,挖掘学生的发展潜力,还可以培养学生的独立思考和创新能力,从而提高其综合素质。英语教学是一种语言文化的素质教育,目的在于开阔学生视野,学会用英语进行信息沟通,并且提高学生的多方面的交际能力。而对学生而言,每个学生的知识结构和兴趣爱好,甚至对新知识的获取能力和性格等方面都不同,因此在教学的过程中不能"一刀切",应该坚持个性化教学,以学生的个性为前提,努力培养学生学习英语的积极性,让学生主动思考和获取知识,进而逐步达到教学的最终目的。

综上所述,大学英语中的个性化教学工作,就是基于高校不同学科专业的特性和学生个性特征和个体差异,建立在教师以个性为基础的教,和学生以个性为基础的学的培养和促进学生在知识与技术、学习策略、跨文化交际能力和国际视野等方面发展的双边统一活动。

大学英语个性化教学强调,首先教师要做到在教学活动中和学生的地位是平等的思想基础,保证师生平等的主体地位,其次通过教师和学生、学生和学生之间的互动交流,实现学生知识逻辑和心理逻辑的和谐统一的方式,从而构建一个学生学习英语的螺旋式的发展过程。在教学的具体过程中,教师可以通过采用多种不同教学策略和方法,让学生形成"我要学习"的积极态度,从而培养学生在不断的探索和体验中快乐积极地逐步提高英语技能水平。

大学英语个性化教学工作中,就是要求教师无论是在教室里,还是在一切可以进行教育的时空里,使学生在遵守普遍性原则的前提下,尽可能地尊重每一个学生的个人价值,最大限度地挖掘其潜力,能真正有效地让学生按自己的思想和行为用英语进行交流。

（二）大学英语个性化教学的内涵

大学英语不是学科，而只是一门必修的课程。所以在 21 世纪初的《大学英语课程教学要求》中明确地把大学英语这门课程定义为"大学生的一门基础必修课程"。

大学英语是高校公共课，具备基础性和普遍性。因此，教师驾驭大学英语课堂教学的能力就尤为重要。因为大学英语是必修课程，针对的学生是各个专业领域的，因而相比于专业课教师来说，英语课程教师想要熟悉每个学生的学习程度和把握整体教学节奏是比较困难的。这时，掌握一定的教育理论和教学方法是把这门课程的课堂教学工作做好的重中之重。譬如，在大学英语教学中曾受到教育界广泛关注的对认知理论的掌握、研究以及运用，人们之所以对其倍加推崇的原因就在于，这个理论在应用于大学英语学科教学过程中效果普遍较好。这个理论的总体特点其实是能充分尊重学生的个性，体现课程教学中围绕学生为中心的原则，能"培养学生的独立思维能力，并可引导学生独立自主地思考问题"。在与大学英语课程教学相关的各个环节（写作、阅读、听说）上，认知理论是有指导作用的。

比如在写作上，遵照认知理论的原则和要求，学生的写作过程需要得到教师的关注，教师要做好示范和推荐工作；应教会学生如何循序渐进地构建环节和谋篇步骤；与此同时教师对于写作课程还要有相应的监控纲要。遵照这些认知理论指导下的教学方法和方式，积极提高大学英语写作的课堂效率，并达到良好的教学效果。

同时，教师要对教材内容充分熟悉，达到一定的理解深度，这样才能做到如何选择更合适的教材作为课堂上讲解的素材。如今互联网四通八达，各种信息纷繁多彩，教师可以广泛采集语言教学素材补充到英语教材内容中。结合教育学的相关原理来看，在大学英语教材建设过程中，我们所能考虑的视角与原则也有很多。一般来说，要想清晰理解既定大学英语教材内容中素材来源方向和教育主旨，就必须要把握大学英语课程内容选择中的整体性原则等五个方面。这些都是教材内容上特定安排的潜在主线，同时也是课程教师在开展课堂教学中的指南针，是需要严格遵守的内在依据。例如，在某一本大学英语的教材中，教师需要分出来在所有的课程素材中，哪些能够提高学生的语言机能与知识；哪些能够提高学生的文化底蕴；哪些能够培养学生的情感态度；哪些能够帮助学生尽快掌握语言学习的方式方法。

第二节　大学英语个性化教学的理论

一、建构主义理论

（一）建构主义理论的基本见解

建构主义理论是一种关于知识和学习的理论，强调学习者的主动性，认为学习是学习者基于原有的知识经验生成意义的过程。建构主义理论不同于传统的学习理论和教学思想，对教学具有重要指导价值。建构主义的最早提出者可以追溯至瑞士的皮亚杰。除了皮亚杰之外，建构主义理论的主要代表人物还有科恩伯格、斯滕伯格、卡茨、维果斯基。

皮亚杰是认知发展领域最有影响的一位心理学家。皮亚杰认为儿童通过与周围环境相互作用，逐步建构起关于外部世界的知识，从而使自身认知结构得到发展。

皮亚杰认为儿童与环境的相互作用主要包含两个基本的过程:"同化"与"顺应"。他指出,同化是指个体把外界刺激所提供的信息整合到自己原有认知结构内的过程;顺应是指个体的认知结构因外部刺激的影响而发生改变的过程。同化是认知结构数量的扩充,而顺应则是认知结构性质的改变。学习者个体通过同化与顺应这两种形式来使自身的认知达到与周围环境的平衡:当儿童能用现有图式去同化新信息时,他处于一种平衡的认知状态;而当现有图式不能同化新信息时,平衡即被破坏,现有的图式不得不修改或创造新图式(顺应)的过程就是寻找新的平衡的过程。在皮亚杰的"认知结构说"的基础上,科恩伯格对认知结构的性质与发展条件等方面做了进一步的研究。斯腾伯格和卡茨等则强调学习者个体的主动性在建构认知结构过程中的关键作用,并对认知过程中如何发挥个体的主动性做了深入的探索。维果斯基提出"文化历史发展理论",强调认知过程中学习者所处社会文化历史背景对学习者的作用与影响,并进而提出了"最近发展区"的理论。维果斯基认为,个体的学习是在一定的历史、社会文化背景下进行的,社会可以为个体的学习发展起到重要的支持和促进作用。维果斯基区分了个体发展的两种水平:现实的发展水平和潜在的发展水平,现实的发展水平即个体独立活动所能达到的水平,而潜在的发展水平则是指个体在成人或比他成熟的个体的帮助下所能达到的活动水平,这两种水平之间的区域即"最近发展区"。在此基础上以维果斯基为首的维列鲁学派深入地研究了"活动"和"社会交往"在人的高级心理机能发展中的重要作用。所有这些研究都使建构主义理论得到进一步的丰富和完善,为实际应用于教学过程创造了条件。

建构主义理论认为知识的获得是建构的,而不是接受传输而来的。建构知识是人类的天性,人们总是用建构的方式,即运用已有的知识和经验,去认识和理解他们所处的现实世界。从本质上说,教学不是一个传授知识的过程,而是一个由教师帮助学生依据自身的经验建构意义的过程。由于人们总是依照所经验的情境去解释意义和获得信息,因而不能把对事物/现象的理解与经验活动割裂开来。活动是人与情境产生互动作用的中介,人们所建构的意义来源于经验与情境的互动活动。学习必须有具体的情境,包括学习时的情绪体验,如激奋、担忧、恐惧、快乐等。建构主义认为个人的意义制定过程是独一无二的,因为每个人的体验是个性化的、独特的。这意味着知识的建构是个人化的,无法由他人替代。建构主义理论认为知识的建构需要对所学内容进行阐释、表达或展现,这是建构知识的必要方式,也是检测知识建构水平的有效方式。对真正有益的知识建构来说,学生必须认真思考他们在学习什么,并阐释其中的意义。阐释的过程/结果通常是言语的,但也可从系列视听学习媒体中建构经验或理解。阐释的过程也是一个反思的过程,计算机工具可以有效地支持学习的反思过程。此外,作为个体的学生,其学习的效果也会受到社区文化的影响。在任何知识建构共同体中,只有为共同体所共识的观点才能被接受或得到赞同。因而,评价个体知识建构的有效性应该有多重的标准,应当避免个体新颖奇特的观点被共同体和单一评价标准所遮蔽或扼杀,而应最大限度地激励个体建构的积极性,赞赏和发掘个体知识建构的价值。尽管不同的建构主义学派研究问题的侧重点与角度有所不同,但它们的观点都强调每个学生应基于自己与世界相互作用的独特经验和赋予这些经验的意义去建构自己的知识,而不是等待知识的传递。学习是心理的积极运作,而不是对教学的被动接受。由于建构主义所要求的学习环境得到了当代最新信息技术成果的强有力支持,这就使建构主义理论日益与广大教师的教学实践普遍地结合起来,从而成为国内外学校深化教学改革的指导思想。

（二）建构主义理论对大学英语个性化教学的启示

建构主义理论对大学英语个性化教学有着非同寻常的意义,建构主义教学设计原则符合新时期学生心理发展多样化的要求是现实,在培养学生自主学习能力、提高学生对知识的运用能力和英语综合能力方面起着重要而深刻的作用。大学英语的教学目标是在提高学生的英语综合应用能力的基础上,增强学生的自主学习能力,提高综合素质。为了更好地实现教学目标,就要对教学方法和模式进行改革,建立配套的教学方法和课堂模式。作为一门实践性很强的课程,大学英语的实践性要求教师在教授英语的过程中,给予学生更多的语言实践机会,让学生在实践过程中了解英语、运用英语,真正做到学以致用。概括来讲,建构主义理论所倡导的大学英语教学过程是把提倡学生个性化自主学习作为出发点,在教师的指导和创建的特定情景下,培养学生的学习兴趣,激励他们用英语表达的欲望,提高学生的英语综合能力,使教学课堂得到合理利用和发展。

建构主义对大学英语教学的重要启示主要表现在以下方面:

（1）建构主义理论主张大学英语教学过程以学生为中心,围绕学生的学习来开展各项活动,这与大学英语个性化教学的初衷不谋而合;

（2）建构主义理论对学生参与教学活动的积极性特别重视,注重学生间的合作讨论和学生与教师的互动,大学英语个性化教学的目的是促进学生的个性化学习,只有当学生真正参与到教学或学习活动中,把自己作为学习的主人,把学习当成是自己的一部分的时候,才能生成真正的个性化学习;

（3）建构主义理论要求大学英语教学过程中,教师应根据学习内容对教学情景进行精心安排,借助于教学情境使学生融入学习内容中,充分挖掘自己的心理活动,真正做到内外交互和个性化教学。

二、多元智力理论

（一）多元智力理论的基本见解

自 1905 年比奈和西蒙研制了世界上第一张智力测验量表——比奈-西蒙智力量表,人类对智力的研究和认识不断深化,为数众多的心理学家纷纷提出了自己的理论和见解。被人们所熟知的主要包括以下几种理论:斯皮尔曼的二因素说,桑代克的三因素论(抽象能力、具体智力和社会智力),瑟斯顿的群因素论,塞西的智力独特性理论,戈尔曼的情绪智力理论,吉尔福特的三维结构模式理论(智力由操作、内容、产物三个变项构成,各个变项又有数目不等的项目,不同的项目结合一共可以得到 120 种智力因素),斯腾伯格的智力三元论(智力成分亚理论,智力经验亚理论,智力情景亚理论)等。

智力是在各种文化中都受到珍视地解决问题或一种特别方式创造产品的能力。加德纳认为智力是同样重要的多种能力,而不是由一两个核心能力构成的。各种智力是多纬度地相对独立地表现出来的,智力通常是以复杂的组合方式进行运作的,而不是以整合方式表现出来的。由此,加德纳突破了传统智力保守单一的模式,拓展了智力的横向空间认识,扩充智力的内涵。在加德纳看来,智力具有多方向性、差异性、发展性、变化性、多样性、环境性,因社会文化环境的制约而不同,没有高下之分。每一个人都有相对独立存在的与特定的认识领域或知识范畴相联系的各种智力。个体身上的各种智力的不同组合,使得每个人的智力有独特的各具特点的表现形式。即使是同一种智力也有多种表现方式,因而很难找到一个适用于任何人的统一的评价标准来评价一个人是否聪明或成功。加德纳认为目前的智力量表测量的仅仅是语言和数学逻辑的东西。要测量智力,就应该侧重于该智力所要解决的问题或运用该智力时表现出来的创造力。加德纳根据几十年的研究,提出完整的智力至少包括言语——语言智力、逻辑——数理智力、视觉——空间关系智力、音乐——节奏智力、身体——运动智力、人际交往智力、自我反省智力、自然观察智力、存在智力等因素。加德纳并不否认其他类型智力的存在,他认为智力是多元的、开放的,随着人们认识水平的提高,智力结构中的因素会越来越多,例如,道德智力、分析性智力、直觉、创新智力等。

(二)多元智力理论对大学英语个性化教学的启示

多元智力理论为教师开展个性化教学提供了有益的思路。在大学中尝试进行英语个性化教学尤为必要,它为不同学生的个性和能力的发展创造了条件,使得课堂上的每一个学生都能获得适当的发展。首先,教师要考虑授课的综合性,应创造个性化的环境为学生提供个性化的教学,适应学生已有的认知结构,发展学生多种智力,以满足不同学生的需要。其次,教师要鼓励学生采用多种学习方法。大学生对知识的理解有多元表征,大学生处于创新能力高峰期,要鼓励他们根据不同智力类型变换学习方法,教师根据内容对象不同创设各种适宜的教学策略,针对不同的学习特点采用不同的方法。最后,多元智力理论倡导个性化的评价观。个性化评价包括标准参考评价、基准、自比和真实性评价。真实性评价主要有成就评价和档案袋法两种方法。成就评价是通过学生的实际表现或作品来评价的一种方法,鼓励学生自由探索熟悉问题的新方案,它的内涵不同于标准化考试。档案袋法是指把学生的观察记录、成果展示、录音、录像、图表、图片、个别化谈话记录、日历表现记录等都放进档案袋,捕捉学生一学年的情况,鉴别学生弱项和强项,揭示学生成长的轨迹和进步方式。真实性评价克服了快照式评价,注重评价的情境化与社会化,以更真实的动态评价取代了静态评价。

三、学习者需求理论

(一)学习者需求理论的基本见解

学习者需求是指"外语学习者为真正习得一门语言所必须要做的事情"。了解、分析学习者学习需求的过程被称作"需求分析"。根据哈钦森和沃特的观点,不论是普通英语还是专门用途英语,任何课程都是建立在学生的某种需求之上,学习者需求主要包括目标需求和学习需求。美国语言教学专家格雷夫斯认为,学习者需求分析,从根本上说,是一个收集有关学生的需求和学习风格的信息,并加以解释分析,然后在此基础上做出课程计划以满足学生需求的系统的、连续的过程。学习者需求分析目前已经成为 ESP(English for Specific Purposes)课程的一个重要特征。所谓 ESP,即专门用途英语,是"与某种特定职业或学科相关的英语,是根据学习者的特定目的和特定需要而开设的英语课程"。根据具体功能的不同,ESP 可以进一步划分为满足学科学习发展的学术英语、科技英语和符合特定职业需要的金融英语、外贸英语、旅游英语、法律英语等。

斯特雷文斯认为 ESP 具有两大主要特征:一是以学习者的需求为导向;二是内容与职业有关。因此,ESP 教学遵循真实性原则,即文章的选择、练习的设计必须是与专业相关的真实语料;ESP教学还要遵循需求分析原则,即教学内容要依据学习者的需求进行设计。学习者需求分析能够帮助学生审视自己的学习,明确自己的需求,获得自主意识,控制自己的学习。根据格雷夫斯的观点,一个课程要满足学习者需求,就必须收集到学习者当前的语言水平、学习态度、学习风格、渴望达到的目标或改变等信息;课程的教学目标就是使学习者从课程开始前的能力、态度、风格,不断进步,发展到他们渴望达到的更高能力或改变。而学习者需求分析的目的就是通过收集学生相关信息加以分析解读,以利于教师决定该课程教什么、怎么教、怎么考核。

(二)学习者需求理论对大学英语个性化教学的启示

学习者需求理论是大学英语个性化教学的根本出发点和成功的关键。近年来,关于大学英语教学的研究发现:大学生英语学习需求总体上表现出多样性和个性化的倾向,文理科学生、重点大学与普通大学学生在英语学习需求的某些方面差异显著。当前,大学英语教学未能充分体现和切实满足学生的个性化学习需求,直接导致多数学生学习动机缺乏和学习兴趣丧失。

因此,教师要根据学生基础和接受能力来开展个性化教学。在教学中,教师要摒弃传统的以教师为中心的"灌输式"教学方式,而应采用以学生为中心的教学方式。首先,在教学目标的界定上,要考虑不同需求的学生的差异性。其次,在教学内容的规划安排上,要选择符合不同学生接受能力和需求层次的教学素材,以激发学生的学习内驱力。再次,在教学方法上,可以运用引导式、参与式、启发式、讨论式等方法,开展多样化、个性化的教学活动,营造符合特定需求层次的课堂氛围及环境,从而激发学生的学习兴趣。具体说来,教师应引导学生用其所学的英语知识和技能对专业知识进行自我表达,使学生成为课堂教学中的积极参与者。最后,在教学评价上,要结合不同的学习需求来构建合理的评价机制,不可以一种标准来衡量所有学习活动的成效。

第三节 大学英语个性化教学的系统设计分析

一、大学英语个性化教学的目标

通过以上研究可以发现,教学具有目的性。通常教学目标是指教学活动主体事先确定的在具体教学活动中所要达到的教学结果和标准。它既是教师教的目标,也是学生学的目标,是教育目的、培养目标、课程目标的进一步具体化,是最具体的目标《大学英语课程教学要求》提出,在大学英语教学中主要的目的就是能够提升学生英语综合使用能力和水平,集中对听说能力的提升,使学生在未来的社会、工作和学习中能够更好地运用英语进行交流,并且让学生提升自主学习水平以及综合素质,从而适应当前社会和国内环境的变化。然而,随着我国高等教育进入了大众化时代,高等教育发生了许多质的变化,如以往的精英教育转变为大众教育。质的变化需要教育理念发生改变、教育功能扩大、培养目标和教育模式呈多样化,课程设置、教学方式及方法、入学条件、管理方式以及高等教育与社会的关系等一系列变化。多样化发展是高等教育大众化的内在逻辑使然。

我国社会的发展对大学英语的需求,尤其是不同职业对英语能力运用程度的需求和不同专业学生对英语需求决定了大学英语教学在教学目标、教学内容、教学方法及评估方法需要开展个性化教学的探索和实践。信息技术的快速发展为个性化教学提供了物质条件。因此,大学英语个性化教学既是大学英语教学必然方向,也是时代发展的要求。个性化在英语教学目标体系中,是以差异性和多元化为主要特征,体现了分级和分类培养目标的设计过程。其一是差异化分级教学目标。考虑不同层次学生的学习要求,为其设立的学习目标都应该在他们的最近发展区内,不能脱离其本身的认知水平和规律,更不能拔苗助长。其二是多元化的分类教学目标。对不同层次学生的不同学习目标,以及对相同层次的学生的不同学习需求,用清晰的语言描述不同的目标要求,分别为他们设定不同的阶段目标。另外,相对于同一的知识点,对学习层次较高的学生,其教学目标可以多强调知识的综合应用和分析能力的培养;对学习层次较低的学生,其教学目标可以多强调认知和理解水平的提升。

(一)分级和分类教学目标的理论支持

1. 输入假说理论

斯蒂芬·克拉申,著名美国语言教育家,1985 年在其著作《输入假说:理论与启示》中正式归纳出习得与学习假说、自然顺序假说、监控假说、输入假说和情感过滤假说等五个系列假说,这就是所周知的输入假说理论。该理论在克拉申语言习得理论中位居核心。克拉申提出人们掌握语言的唯一方式是对信息的理解,也就是通过吸收可理解的语言输入才能习得语言。还可以理解为只有当习得者能够真正获得能够理解的语言输入,并刚好能够超过其已经具有语言水平的第二种语言输入,能够将主要的注意力放到对语言的理解和意义层面,并不是局限在形式上,就能够获得习得。

对此克拉申以 i+1 公式开展表述。其中表示学习者现有语言能力用 i 代表,也就是自然顺序上所处的某一阶段。1 表示略高于学习者现有水平的语言知识。i+1 则是下一阶段应达到的语言结构的水平,即稍稍高出他目前的语言水平。所谓可理解的语言输入即略高于当前学习者所具有语言能力,从这里来看,克拉申提出了语言输入可理解具有的以下几个特征。

(1)可以理解。对语言材料能够进行理解输入是语言习得的必然过程,对于习得者而言如果对输入难以理解,必然只会视其为噪声。

(2)有趣又相关。保证语言输入对习得者有利,则需要对其表达的意义进行有效的加工处理,并且在语言材料上表现出有趣又相关的存在,这样就能够让习得人在潜移默化中掌握。

(3)程序安排上的非语法。保证可理解输入的充分是语言习得的核心所在。假如最终是为了习得,并不是追求学得,则完全不需要对语法程序的安排过分强调。

(4)保证输入量的充分。对新的语言结构应当进一步习得,不只是单纯地通过几道练习题或者短文就能够实现,而是需要通过连续充分且有趣的阅读以及会话才可以达到良好的效果。

所以输入的语言学水平应该控制在 i+1 程度上,因为如果语言输入远远超出学习者的现有水平即 i+2,学习者就难以理解;如果语言输入接近甚至低于学习者的现有水平即 i+0,学习者则无法发展其语言能力。可理解的输入不能太难或太容易,否则,学习者就难以获得较好的学习效果。

由此可见,克拉申的 i+1 理论不仅注重知识的获得,而且特别强调学习者如何获得知识,即侧重学习者获得知识的途径。这正是大学英语分级教学的精髓和理论基础。采用大学英语分级教学,需要坚持两大原则,其一为因材施教,其二为提升教学效果。从学习者当前所拥有的英语水平和接受英语的能力出发,针对不同层次的学习者开展相应的划分,进而实现不同的培养目的,采取不同的培养和教学方法,这样将会实现不同起点的学习者能够在英语学习当中,真正地实现外在压力向内在动力的转化,真正地促进学习者个体的成长,提升学习者个性化的发展。

2. 掌握学习理论

最早提出掌握学习理论的人是本杰明·布鲁姆。他认为九成学习者在学习的动机、速度、水平上相差不大。学习者学习上出现差异的情况主要不是因为遗传因素、智力因素的影响和作用,更多地取决于家庭、学校的环境。假如学习者都能够获得足够的学习时间,获得相适应的教学过程,那么就可以掌握各种能够学习的对象。教育最终就是为了能够寻求满足个别差异的存在,并且实现个体的成长策略。

同时他还指出,学习者没有获得优秀成绩,不是因为智力缺陷,而是因为教学环境不合理或者不适应。

3. 人本主义教育观

人本主义教育观是由美国心理学家卡尔·罗杰斯提出来的。罗杰斯提出,学习对于学习者而言属于经验学习,主要是建立在以往经验之上,使得学习者实现主动性、自觉性的学习。因此,教育的目标是促进学习者变化和使学习者学会学习,培养学习者成为能够适应变化和知道如何学习的、有独特人格特征而又充分发挥作用的"自由人"。罗杰斯强调,在达到这一目标的过程中,教师要贯彻"非指导性"教学的理论与策略,即教师要尊重学习者、珍视学习者,在感情上和思想上与学习者产生共鸣;应像治疗者对来访者一样对学习者产生同情式理解,从学习者的内心深处了解学习者的反应,敏感地意识到学习者对教育与学习的看法;要信任学习者,并同时感受到学习者信任,这样才会取得理想的教育效果。

(二)体现差异性的分级英语教学目标

《大学英语课程教学要求》提出的大学英语教学目标是"为适应我国社会发展和国际交流的需要"而制定的,但同时又明确指出,我国地域广阔,不同地区、不同高校之间存在着较大的差异,为此在大学英语教学中应当注重分类指导、因材施教的推行,注重满足个性化教学发展的需要。

不同区域经济社会发展水平不同,各个高校的教育资源和要求不同,不同专业对大学英语所提出来的标准是不同的,并且不同的班级以及年级所展现的能力也不同,学生的不同在学习需求上不尽相同,因此必须在大学英语教学目标要求上体现差异化。

根据学生现有的英语水平,设计和实施不同层次的教学行为,设定差异性的分级教学目标并开展分级教学,有利于促进具有不同学习水平和学习能力的学生的学习潜能得以充分发挥,有助于教学目标、教学内容与学生的实际需求和水平相一致,有助于做出合理科学的教学组织和安排,有利于因材施教的教学策略的实现,有利于英语学习能力强的学生个性化发展,有利于英语水平、英语语言能力、英语学习动机欠缺的学生个性潜能释放。

设定差异化教学目标的具体做法是:首先,要了解学生的学习成绩,如通过高考英语入校成绩,或经学校英语能力测试或调查研究,确定学生的学习实际情况和诉求。根据学生的英语考试成绩、入学时的英语语言应用能力和英语学习动机强度的差异,把学生分为若干等级;其次,要分别制订出不同等级的教学目标和计划,通过调查研究工具,进一步了解各级学生的学习目标、风格、策略及其英语语言学习能力等方面的情况,并以此为参考,为各教学等级确定适宜的教学方案。教学方案中既要有宏观目标,各等级总体发展目标,也要有微观目标,具体到每一个班级在一个学期、一个单元,甚至到一节课的教学目标,满足各级学生的学习需要,弥补学生的实际需求与课程目标需求的差异,使每个学生都能据此明确学习方向,尽其所能取得更大进步,把个性化教学目标真正落实到位。

教学活动的起始点和最终点都应当集中在教学目标上,教学目标将会对各项教学活动起到指导和推动影响。不同学生在学习潜能、学习动机、个性和认知风格等方面普遍存在差异。因此,教师应在课前设定教学目标时充分考虑这些个体差异,准确把握教学要求,尽量满足不同学生的个性需求,制定出适合各层教学的、多元的、有差异的、具体可行的目标及教学方法。同时,教学目标的构建不能拘泥于课程目标需求,一成不变地使用教材和大纲,而应结合学生实际情况,对教材和大纲进行有意识的修改、调整、增减和扬弃。根据差异化教学目标,设计多元化的教学目标方案,要始终把学生的需求放在首位,以学生为中心,把学生当作课堂的主角,把学生的学习策略、学习能力和学习效果当作主要目标,采用各种教学形式、教学媒介、教学方法和教学行为,尊重学生的智力特点和学习能力,为学生创设种种真实学习和交际情境,适应和满足不同学生的个性需要,使不同的学生都能在差异化的教学目标和教学设计中,体验到学有所成、学以致用的乐趣,提升学习动机强度,个性化发展得到最大限度的释放。

制定分级教学目标或差异性发展目标就是强调和尊重这些差异性。同时,明确的分级教学目标可以激发各类学生的学习兴趣和动机,促进各个分层目标的实现。当前很多大学实施的分层或分级大学英语教学,吻合个性化英语教学目标要求,根据区分不同教学目标,实施有目的的英语教学活动与实践,促进大学英语基本目标的实现。

(三)体现多元化的分类英语教学目标

布鲁姆认知目标分类修订的二维框架为建构大学英语多元化的分类教学目标提供了理论框架。依据布鲁姆分类理论修订版,二维框架是以教学内容为纵轴,以学生的学习水平为横轴。

纵轴是学习内容的分解,即"知识维度",包括从具体到抽象的四种知识:事实知识、概念知识、程序知识和元认知知识。也就是说,任何学习都可以是其中的一种知识学习。横轴是指学生的学习水平,即"认知过程维度",包括从低级到高级的六个认知过程:记忆、理解、应用、分析、评价和创造。知识维度和认知过程维度所构成的二维框架中每一种具体结合为我们依据分类教学目标指导教学实践提供了广阔空间,也为落实课程标准提供了便利。简而言之,一个教育目标的陈述包括了动词和名词。动词一般说明预期的认知过程;名词则一般说明期望学习者所获得或建构的知识。

《大学英语课程教学要求》提出,要"培养学生的英语综合应用能力",以适应我国社会发展和国际交流的需要。然而,有研究表明,目前大学中的英语教学还是停留在传授知识的层面上,课堂所采用方式还是传授知识型模式。国内大学外语阅读同样大多仍停留在对词的识别、句法结构和文章字面意义的理解上。

这样的教学目标仅基于"知识"的单一维度,忽视了"认知过程"维度,据此培养学生显然不能满足社会对其能力的要求。因此,有必要借鉴布鲁姆认知目标分类修订的二维框架理论来指导我们制定大学英语多维度的分类教学目标。在制定多元化的分类教学目标之前,学生的个体差异是教师需要考虑的重要因素。学生个体的差异除了表现在学习效率、学习能力、学习效果、学习适应性和学习动机的不同外,还表现在相异的学习期望、学习策略、学习目标和学习主观需求等几个方面。教师需要综合采用观察、成绩查阅、问卷调查等方法,实现个体学生差异的评估、研究和分析,进而掌握学生学习之前的状态准备情况,从不同的需求角度和不同的学生特征方面考虑,依据学生不同的特点和学习习惯,制定出多元化的教学目标,多层次地分类指导教学。

以学校的英语阅读教学课程而言,按照课程要求的标准,该阶段的阅读理解能力应当划分为三个层面,分别为"一般阅读理解能力""较高阅读理解能力""更高阅读理解能力"。这是基于我国各地区、各学校存在的不同、分类指导和因材施教原则的存在以及个性化教学发展的要求,进而进行差异化的定制,实现阅读理解的目标分解。但是应当看到阅读往往是心智和原有知识对课本进行理解和认知,这使得阅读水平就具有不同的标准和要求,即阅读教学不仅要实现传授阅读知识的目标,而且还要达到培养学生认知能力的目标。

1. 一般阅读理解能力

一般阅读理解能力对学生提出,能够对英语文章基本读懂,可以在词典的帮助下对专业阅读本的英语教材和题材熟悉的英文报刊文章进行阅读;能对生活以及工作当中常见的材料文本进行阅读;能够使用比较好的阅读方式实现阅读需要。该阶段主要核心是能够对文章进行理解,并且使用有效的方法。二维框架中"一般阅读理解能力"含有两个维度:一是"知识维度",即文章中的词、语法结构和篇章的字面意思;二是"认知维度",包括了理解和标记。从认知维度上来看,具体制定不同的知识维度教学目标,如对"事实知识"(篇章中的词汇和语法知识)以及"程序知识",也就是阅读方法,提出了相应的要求标准。对此需要从认知维度上实现对阅读文本的解读,并且在认知维度上的教学目标需要具体进行指定,包括理解认知以及标记认知等,进而最终实现目标的可操作性、层级性。

2. 较高阅读理解能力

较高阅读理解能力要求,学生必须能够对英语国家大众报刊的文章进行阅读理解;能够掌握专业的综述性文献阅读,可以了解文中大意概要,能够抓住细节等。该阶段核心包括了知识维度从具体到抽象的不同知识内容,分别有事实、概念、程序、元认知等,以及更多从低级到高级的认知维度过程,如"应用""分析和评价"等。如果第一阶段的阅读目标达到了,即学生在认知水平上已经实现了对相关知识的识记、理解和运用,那么,分析和评价阅读文本才有可能。布鲁姆教学目标分类理论就提出阅读能力和认知水平划分之间存在相对应的关系,这种关系是属于螺旋上升的关系。

3. 更高阅读理解能力

更高阅读理解能力对学生要求可以针对难度较大的文章开展阅读,并且可以掌握文章的大意,关注文章的细节,可以对国外报纸杂志上的文章进行阅读,对所学专业中英语文献进行理解和阅读。这里的"难度较大",就是在文章中的遣词造句以及文章布局上,要求学生能够开展更深入的解读。所以学生需要具备较高的英语水平和认知水平,这就包括了学生的创新认知水平和评价认知水平。从布鲁姆教学目标分类要求来看,提出教学最终目的在于加强学生创新能力培养,使得学生在实际教学当中能够有效地进行想象和联想,实现文章主题思想的扩展,进而开展批判性阅读。这里的批判性阅读是实现创新和评价的条件。批判性阅读将会成为未来大学英语阅读教学的主要发展趋势。

综上所述,大学英语分类教学将学生的个别差异当作一种教学变量,纳入个性化教学理念和教学方法,对不同层次、不同需求的学生,提供不同的课程设置和教学内容,设定不同的教学目标,选择不同的教学方法和手段,有利于不同英语学习能力和水平、不同英语学习目的的学生释放学习热情和潜能,并尊重学生的学习个性。因此,分类教学目标,不同于过去简单的分层教学,不是简单地将学生整体分为若干部分,形成传统的快班、中班和慢班,使学生产生等级意识,挫伤部分同学的积极性,引起部分学生不思进取,在考核中通过换班投机取巧。分类教学与传统分层教学目标的主要区别在于,分类教学目标必须有个性化教学的参与,充分关注学生的学习状况、学习效果、学习情感和个性化发展趋势。

基于这样的理念,分类教学目标应考虑以下几点:首先,是班级数量分布,不同级别类别班级数量的分布,应呈现正态分布,即学习水平较高或学习水平较低的班级数量应占全部班级数量的少数,应满足大多数学生的学习诉求。对满足不同职业发展需求或个性化兴趣的大学英语课程,多以专门用途英语课形式出现,其数量也不应占班级总数量的多数。这样在制定大学英语个性化教学目标时,实现有重点、集中教学资源,使教师有精力实现这些教学目标。其次,要考虑专业背景和兴趣爱好,这两方面相似的学生应相对集中于某一层级或某一班级进行英语学习,因为相同的专业背景、相同的兴趣爱好,有利于教师制定有效的教学目标,设计与学生相关的个性化学习任务,才能在学生个性化的教学中,找到共性的目标需求。最后,在制定分类教学目标时,还要考虑学生的情感因素,但是又不会滋长学生对大学英语学习的骄傲情绪,补差也不会造成学生对大学英语学习的懈怠和放弃。不同级别的教学目标要融合每一层次的应有教学活动,创建活力课堂,因材施教。教师需要意识到,分类教学目标不是对智力、气质、性格、意志等的分层,要学生认清分类的目的,它是发现学生的个性特点,对症下药,解决其学习中存在的个性化因素,实现学生不同个体的成长。

二、大学英语个性化教学的内容

(一)设置多元化的英语课程

大学英语个性化教学内容的设计,主要体现在普通英语教学与专业相结合的课程融合,个性化选修课数量和种类在课程类别总量中增加,大学英语教学专门用途英语内容的增加,为未来学生学习专业英语甚至双语学习打下良好基础。

大学英语课程的多元化设置,首先,不排斥传统大学英语教学目标和学生需求,对传统大学英语阅读为核心的大学英语课程可以保留,以满足学生考级和考研的需求。同时,增加以大学英语听说为核心的课程比重,满足中外交流频繁背景下对英语学习者听说能力要求不断提高的社会需求。其次,有选择地设立专门用途英语课程,把大学英语与学生的专业相结合,有利实现学生专业领域中英语综合应用水平的提升,尤其是听说能力的全面提升,进而帮助学生在未来的学习、生活和工作中,可以更好地运用英语展开交流。

不同学习需求指向下的不同教学目标,决定了不同的课程设置和教学内容的选择,以满足学生不同的个性化需求和目标。以专门用途英语课程教学内容为例,要通过需求分析方法,向用人单位和企业了解学生在职业中所需的外语知识、素质和能力,同时了解学生英语学习的主观需求和实际需求的差异,即个性化需求,找到社会需求和学生个性化需求之间差异,以便确定课程的具体内容和要求,设计课程活动,实施个性化教学。

在个性化教学内容设置上应当针对学科所存在的各自特点,对不同学科英语需求进行分析,从而开展多样性的教学内容,掌握各专业课程的分配情况,按照大学英语教学目标、学生个性化特点,使得在英语课程设计当中能够有意识融入跨学科的东西。同时还要能够对学生未来的专业发展和就业需求开展分析,让英语能够更好地帮助学生获得成长和进步,让学生在语言学习的过程中,可以认识到语言的作用和地位。综上所述,关于大学英语教学首当其冲的就是能够明确教学目标,实现英语教学和个人职业规划的融合,让语言教学成为服务学生基础知识、实践能力提升的重要方式。大学英语课程设置的多元化是由教学目标多元化决定的。在进行大学英语课程设置时,课程内容、难度、目标要有总体规划,以确保课程能有效衔接。对于不同层次高校,各个类别课程所占比例应有不同,应根据学校专业发展和办学特色设计个性化的教学模块。

(二)设置多元化的教学内容

传统大学英语教学内容往往表现出统一性,即教材基本统一,教学内容基本一致,这成为阻碍学生个性发展的一个主要因素。这种统筹划一的教学内容设计,从某种程度上便于教学安排,有利于统一考核,降低教学成本。但不同教师在教授具体内容时,有不同的偏好,更重要的是,这种模式基本忽略了学生个性和学习需求的差异性。统一的教学内容,也不利于教师对教学内容进行个性化的处理,采用更具接受性的教学方式,如故事方法、图像方法等,使得教学内容可以更好地展现在学术面前,满足学生需要,让学生可以自觉地开展学习。

多元化的教学内容组合是构成个性化大学英语教学的重要组成部分。不同的教学内容组合,为学生提供了不同学习方式的选择,或着重自主学习,或强调研究性学习,或突出体验式情景,或发展反思性的思辨思维能力,学生通过自主选择教学内容,获得适合自身特点和需要的二语习得方法,提高英语语言技能应用和实践经验,反思教学内容的适宜性。在以往的教学中,教师按照教材的编写思路,和对课程的个人理解,结合课时等外在条件的要求,对教学知识内容做了分割和组合。

多元化的大学英语教学内容安排,要求以综合化的思想,整理和改造不同单元的大学英语教学内容,避免知识内容的重复性问题,给学生提供多元化、综合性的学习材料,让学生能够拥有个性化、明确性的学习思路,掌握和认识自己的学习内容、方式和过程。现有的课程设置要求学生必须同时参加听、说、读、写、译各门技能课程学习,而多元化的大学英语教学内容要求的课程设置,将五项技能课程进一步分工,进一步具体化和工具化,将听、说、读、写、译相对独立开来,或分别组合,形成听说、读写、写译等不同课程类型。学生从自我专业的需求情况出发,积极探索满足自己的兴趣爱好或者可以进行营养性学习,缺什么补什么,或进行刺激性学习,擅长什么学什么,在某些英语技能上追求卓越。教师也可以把作为通用英语的听、说、读、写、译等技能课程与强调专业需求的专门用途英语课程组合起来,形成更丰富的大学英语教学课程组合。当然,学生的专业和英语学习兴趣不总是一致,这时教师在积极的引导之外,还要充分尊重学生的学习兴趣。不管多元化教学内容呈现出何种组合形式,其核心目的都是满足学生的个性化需要,进而激发学生的学习动机,使他们的学习动力增强,学习的效果自然得到提高。

(三)设置模块化的英语课程

多元化教学内容要求课程设置不断模块化。对学生存在的个体不同进行充分考虑,然后对大学英语教学采取分类方法,让学生能够从自身知识水平出发,找到适合自己的类别。同时,在课程设置上开设必修课和选修课模块,在不同模块下,设立不同课程,突出不同教学目标和教学内容。按照模块比重的不同,在教学过程上也存在出入,从而满足于学生多元、个性的学习需求,逐渐提升教学中文化教学以及非语言技能教学的内容,让学生的英语学习更为突出个性、专业。例如,教师可以在学生第一、二学年开设必修课程,即基础阶段的大学英语课程,课程可以包括读写模块、听说模块等,使大部分学生达到《大学英语课程教学要求》的一般要求。在第三、四学年,教师还可以开设选修课程,包括技能类课程模块和文化类课程模块,让部分学生达到《大学英语课程教学要求》的较高要求和更高要求。技能类课程模块包括"英语实用写作""大学高级英语""英汉互译""英语高级口语""英语视听说",可以使学生有机会进一步发展自己的强项,弥补弱项;而文化类课程模块可以包括"英美文学赏析""英美文化""英语电影赏析"等,使学生对目的语文化有更进一步的了解和认识,有助于丰富他们的知识结构和人文素养。

精读加听力,这是以往大学英语课程设置的主要模式,而今正逐渐地走向综合英语加视听说再加网络自主学习模式的转变。随着个性化教学要求的突出,该模式进一步升级,实现了精读、视听说、专业用途英语、网络自主学习的综合性模式。精读与视听说的课程模块,强调英语语言技能,可以必修课的形式出现,保证其在大学英语教学中的核心地位。根据学生的个性差异,可以适当调整前两个课程模块的比重,相继引入专门用途英语课程模块,可以选修课的形式,供学有余力和有专业需求的学生考虑。网络教学给学生增加了更多的选择空间,学生能够从自身在语言上的感兴趣之处出发,利用语言学习上的优势,从而实现专业需求和时间上的配合,找到最符合个体成长的学习材料和学习内容,不断监控自己的学习进程,及时调整学习内容和方法。作为教师则应当实现教学方式的转变,转变过去以教师为中心的模式,逐渐强调"以学生为中心"的自主性学习。

网络教学平台下,在课程安排上应当更多地纳入学生个性因素的考虑,给学生提供更为具有实际意义的材料、价值资源等,扩大材料范围、涉及层面,实现资源的充分性,如此才可以满足学生各种不同的学习需要。

(四)"通用英语+专门用途英语+X"模式的构建

目前国内各个高校的大学英语教学与英语专业教学间的区别日渐模糊,英语专业和非英语专业学生间的入校英语成绩和基础差距也在逐渐缩小,教学中课程设置、教学内容、教学手段以及考核方式与难度也逐渐接近。英语专业教学目标是在完成一二年级基础阶段的技能培养后,逐渐将英语语言技能同英语语言文学专业知识结合起来,甚至与社会需求较大的部分相关专业结合起来,形成了复合式和应用型的人才培养模式。

在英语专业与非英语专业英语教学内容逐渐趋同的大背景下,大学英语教学如果还坚持通用英语的教学部分,延续中学英语的教学内容,即强调英语基本技能的培养,不与学生的相关专业结合,不转向专门用途英语的教学,那么将会使得一些学生的兴趣和动力受到打击。专门用途英语可以满足英语学习者的学习需求,也可以满足社会对大学英语的职业需求。因此,大学英语教学需要在坚持原有的通用英语教学效率的同时,引入专门用途英语课程,并将其占据大学英语教学的较大比重。

X因素是指某种特殊需求下的英语听、说、读、写、译五项基本技能中某一或几项。社会不断发展,不同职业对大学英语基本技能的需求偏好不同,有些职业偏重英语学习者的听说能力,比如外事部门和驻外企业等。

"通用英语+专门用途英语+X"模式的课程设置,可以考虑做以下教学内容的安排:第一、二两个学年采取通用英语教学,英语语言基础是教学重点,培养英语日常口语交际能力,为未来的大学英语学习打下坚实的基础;第三学年以专门用途英语词汇为主,重点提供各个学科相关的专门用途英语课程,借助课程教学,帮助学生掌握本学科本专业的核心词汇和主要表达方式;第四学年以专门用途英语与X因素结合,读写或听说帮助学生学习本专业领域内的口笔头英语交际能力,甚至学术交流能力。该课程模式下,可分别设立大学英语必修课和选修课。必修课以通用英语课程为主,遵循由易到难、循序渐进的教学内容分配原则,辅以部分专门用途英语的前期辅助课程,可以按学科大类,设立如科技英语、农林英语、商务英语的阅读课程。选修课以专门用途英语课程为主,主要考虑学生的专业特点和学习需求,尽量安排到第三或第四学年进行,这样学生已经在本专业的基础阶段学习中,对本专业的基本概念和知识有了一定的认知基础。

选修课程是最能反映个性化教学特点,满足学生个性化需求的课程类别。目前,国内高校纷纷设立选修英语版块,即不只是基本课程的建立,还在学术、文化、专项技能等英语模块上进行设置。英语专项技能课程包括诸如口语类、写作类、听说类、翻译类课程,这类课程重在提高学生的听、说、写、译等基本语言技能,属于X因素的范畴。

英语文化类选修课程,如英美文化概况、英美文字作品赏析等,这类英语课程偏重对大学生人文素养和国际视野的培养。学术用途英语课程,按照学科领域设立学术英语阅读、写作和国际学术交流英语课程,旨在培养学生在专业领域继续研究和深造所需的语言能力,已属于专门用途英语课程范畴。除了学术英语外,开设的专门用途英语多与学生专业结合,以专业英语或双语课程形式出现,但这部分课程多由学科专业教师承担,以专业选修课的形式提供,已脱离大学英语教学范畴。

三、大学英语个性化的教学方法

(一)分级分类的英语教学方法

"以学生为中心的"教学是对个性化教学的重要体现。近年来各高校教师在不同级别和类别的大学英语教学中,不断在教学中尝试各种不同新的方法。教师可以在低级别的大学英语课堂上采取情景教学方法,使英语教学贴近生活,启发学生的分析问题和解决问题的能力,培养学生的批判性和创造性思维,鼓励学生探究式学习,积极主动思考,在语言实践活动中提高英语语言应用能力。

在高级别的大学英语课堂上,教师采取任务型和研究性教学方法,组织和开展课堂小组讨论,建立课题研究小组,提交课程报告等教学活动,在教学中积极引导学生参与,把英语的工具性作为第一因素,充分考虑英语学习者的个性需要,培养学生英语语言技能,完成研究性任务,进而提升专业水平和能力。例如,在读写课堂上,教师采用任务型教学方法,根据每个单元的具体内容,提前一到两周给学生布置课前任务,让学生查阅收集课文的背景知识介绍、作者生平、重点难点词汇、课文篇章结构等,要求每位学生精心准备,届时在课上就一任务讲述 5~8 分钟;教师对学生陈述进行评价并给出作业成绩,从而促使学生参与到教学任务中来。

这种教学方法也可以在课中和课后使用,如课中让学生分析课文,给出篇章的字面意思课文讲述阶段,课后布置相关作业。每次任务完成后,教师都应该给出评价,做好成绩记录。

通过分级分类的方法将会使得大学教学环境获得有效的改善,既能够帮助学生实现外语教学的实践过程,还能够重点考虑课堂中教师所具有的辅助性作用和不引导性作用。在分级分类教学方法不仅体现在教学方法的差异性上,同时也体现在课程内容的呈现方式和教学手段的个性化上。不同类别级别的大学英语教学,对教材、课堂教学语言的使用频率、师生互动方式、任务形式难度都有所区别。难易多寡不是评价不同大学英语教学优劣的唯一标准,是否实现了个性化教学形式,满足了学生个性化需求,才是重要的判断标准。

(二)教学方法的多样化

教学目标对教学系统起着根本性的制约作用,它既是教学活动的出发点,又是教学活动的归宿。教学目标中的多维结构决定教师教学的多维功能,即传授知识、发展能力、教书育人。功能的不同,实施的方法必然不同。所以,教学目标的多维性决定了教学方法的多样化。同理,个性化教学目标的多维性决定了大学英语教学方式的多样化和灵活化。为了适应学生不同的学习风格和需求,教师要采用多种知识呈现与传达方式,让学生有更多的选择方式和接受空间,充分调动他们学习的积极性,促进他们更好地掌握所学知识。

常见的教学方法形式,可以归纳为以下四种形式。

1. 传统的讲—演—练的教学方法

在课堂上,教师讲解教学重点和语言知识点,通过实例演练,开展多种教学活动,给学生练习的机会,通过重复和重现,加深学生的认知和记忆,把语言知识概念化。

2. 以视听说为主的教学方法

由于生理因素的差异,不同学生对视觉、听觉和表达有不同程度的偏好,因此对外部环境的刺激会产生不同的反应。应着重激发学生的视听说潜力,采用各种刺激手段和教学策略,按照不同偏好组合,适当配比,充分利用感官刺激效果,提高教学效率。

3. 自主学习和合作学习形式

对不同学习特点的学生采取不同的教学形式,对偏好独立、喜欢安静学习环境的自主型英语学习者,可采用自主学习和教学方法;而合作型学习者则更偏好教师采取小组学习和教学方式,学生与学生之间、学生与教师之间合作学习,教师采取有针对性的指导。

4. 选择合适的教学方式

在大学英语教学中,教师根据学生的学习特点和教学条件,采取与之相匹配和合适的教学方法。可大班集中讲练,也可小班合作研讨,可以采用听说法,也可采取传统语法翻译法,可以采用面授式,也可采用启发式、探究式和参与式的教学形式,既注重教法,还要重视学法和元认知策略教学,有效选择和组合教学手段和方法,才能帮助学生学会主动接受知识、有效掌握知识,更好地促进课堂教学效率,教会学生"如何学";尊重学生学习上所具有的主体位置,满足学生个体化需要,以及突出学生情感需求,实现因材施教的目的。

四、推动"新工科"大学英语 ESP 教学改革,打造"金课"

(一)更新重构师资队伍和知识结构

我国的英语教师大部分是以语言学为基础的,从高考开始划分,招收的是以文科为基底,在大学时依据听、说、读、写四大技能来划分能力,接收的是类似于 EGP(English for General Porpose)的训练,缺乏类似于数、理、化强化逻辑思维的训练。当从 EGP 教学向 ESP 教学转变时,英语教师面临的主要挑战就是弥合课堂 ESP 和工作领域 ESP 之间的差距,理解 ESP 课堂话语、专业话语和专业实践之间的关系。目前,拥有英语专业硕士学位的教师补充使师资队伍结构发生变化。长期发展考虑,扩大英语专业硕士的生源,尤其是理工科专业毕业的生源;另一方面本科英语专业可以录取更多理科的学生,而不是仅限于商务英语。经过一定时期的发展,优化师资队伍的知识结构,最终实现理想的 ESP 教学模式。

(二)融会贯通英语教学和专业教学

我国高等教育已经从精英教育转向大众教育。在精英教育年代,EGP 英语教学发挥了重要的作用。精英学子本身能够把英语知识和专业知识相融合。但随着科学技术的进步和经济的发展,社会需要大量的具备各种各样专业背景的人才,精英教育无法满足社会需求。高等教育的大众化拓宽了高等教育的办学规模和专业范围。英语教育是培养专业领域应用型人才的关键环节之一,EGP 教学毫无疑问是无法适应当今社会的需求。

推进英语 ESP 教学模式,英语教学和专业教学相融合,不但符合新工科的要求,也符合新农科、新医科和新文科的要求。ESP 教学在英语和专业学科之间建立起联系,体现出学习英语的实用性,不仅做到学以致用,还激发了学生的学习动机。ESP 教学实际是跨学科教学,为了弥补教师和学生之间学有所长的差异,教学过程中强化师生互动,在互动过程中相互推动专业知识、技能知识和英语知识训练融合,在这种融合过程中不但实现了师生教学相长,也形成了教师与学生共生发展学习共同体,也增进了师生友谊;在互动过程中也充分发挥了英语的工具性和人文性。语言本身就是一种工具,这里强调的工具性是为学生所学的专业开启一扇大门,让他们在更宽广的领域更新专业理论、应用专业知识。对理工科的大学生来说,人文性体现在大学英语是整个大学阶段少有的几门文科课程中的一门,对大学生的形象思维、思想理念起着至关重要的作用。

用阅读作为简单的例子来说明 EGP 教学和 ESP 教学的区别,EGP 教学阅读材料注重趣味性、通俗性和可读性,主要选择名人轶事、散文杂谈、报刊文章、名胜古迹、小说节选等,文章长度一般在一千个单词以内,方便教师在有限的时间内能够从单词、单句到句段、语法、修辞把整个文章来给学生解释清楚。而 ESP 教学主要挑选具备专业知识特点的英语真实材料作为教学材料,如学术报告、技术报告、研究论文等。

(三)有机融合英语教学和专业发展

从对 ESP 的共识(针对具有特定目标和目的的学习者进行英语教学)中可知:学生的学习行为除了语言本身,更主要的是语言的使用,其着重点在于开发学生参与语言学习的情境性与应用性,教学目标强调语言和特定专业相结合。随着科学技术的进步,科技成果日新月异,这就要求教师在 ESP 教学的教学内容、教学组织、教学形式、教学方法上都必须与时俱进、追求创新、不断发展。教师对教学内容的重点、难点要放在如何和专业相融合上，对教学的组织和形式要放在如何开发学习的情境上，对教学方法的应用要放在切实提高学生的专业英语知识和直接使用英语从事专业工作和科研究的能力上。如果学生没有用英语进行专业学习和研究的能力，不能直接阅读英语专业文献，不能听懂英语授课或讲座，就很难实现这个目标。在创新中谋发展，情景教学的真实性为语言功能提供丰富的实例，强化了英语教学和专业发展相结合，生动了学习过程，提高了学习效率。

（四）强化提高教材建设和教学质量

教材建设是课程建设的核心。教材是体现教学内容和教学方法的知识载体，是进行教学的基本工具，是开展教学工作、稳定教学秩序和提高教学质量的重要保证。ESP教学是英语教学和专业教学的融合，而专业是多元化的，例如从大的方面简单划分有新工科、新农科、新医科、新文科；从小的方面划分，工科有化工、材料、机械、电子、建筑等。专业的多元化导致ESP教学展现多元化的教学特征，ESP教学的多元化导致教材的多元化。目前我国许多专业的英文材料很不成熟，这将直接影响到ESP教学质量和教学延续性。所以强化教材建设是当务之急。教材建设又是一个连续工程，随着新技术、新工艺、新材料、新设备的不断涌现，专业教材更新周期大幅缩短，ESP教材势必也要缩短。ESP教材应以统一教材为辅，自编教材为主。自编教材的灵活性和多变性和工科快速发展相适应。

ESP教学的多元化也导致教学方法的多元化。在ESP的英语教学和专业教学中，传统的EGP英语教学方法中以语言形式获得间接经验的如讲授法和读书指导法在ESP英语教学中同样适用，教学方法的精髓需要保留，而专业教学中的以直观形式获得的经验教学方法如演示法和参观法以及以实际训练形式形成技能、技巧的教学方法如实验法和实习法需要恰当地引入到英语教学中，在此基础上体现不同专业的教学特点，形成百花齐放的多元化ESP英语教学新格局。多元化是相对的，是相对一个学期或一个学年全部教学过程而言，对某一节课或某一知识点来说相对单一的教学方法可能起到事半功倍的教学效果，更有利于提高教学质量。

（五）优化设计打造大学英语"金课"

1.明确教学目标、优化教学设计

众所周知，教学目标有三个维度：知识与技能目标、过程与方法目标和情感态度与价值观目标。

前两个维度随课程属性的不同产生不同的具体内容。也就是说，教学目标决定了教学内容，根据教学内容优化教学设计。新工科背景下的ESP教学的知识与技能目标就是"专业知识与专业表达的融合"。专业知识是专业领域内的专门知识，专业表达是专业领域内的话语方式，目标是把二者融合。如果想要实现真正融合，只有优化教学设计，在过程与方法中下功夫，因为过程与方法是贯穿知识与技能和情感态度价值观的全过程。具体地说，根据专业学科的实际应用，针对学生的学情分析，设计学习技能课程，重组传统英语教学中的听、说、读、写、译课程，并将专业方向的专业词汇、专业写作、专业阅读、专业翻译、专业实验等关于应用英语的核心技巧安排到教学中。同时根据专业特点、真实需求和学校导向选取适合专业发展和未来职业规划的学习内容，切实提高基于专业需求的英语交际能力。

2. 教学内容的前沿性和时代性

任何一个专业设置的出发点和依据是社会需求,专业只有适应社会需求才能生存和发展,而社会需求是与科学技术进步和社会经济发展息息相关的,英语专业也不例外。所以ESP英语教学内容要有时代性和前沿性。这不但要求英语内容的时代性和前沿性,也要求专业内容的时代性和前沿性。例如,学生已能够在语言训练中心或其他地方获得美英电影资源,在VOA、TED或BBC等地方获得英语听力材料,而教师所开设的美英电影欣赏和英语听力等课程依然单纯侧重文化知识的变更和听力的训练,那么这样的课程毋庸置疑就是"水课"。在融合的专业知识方面,增加国内外专业知识的最新研究动态、当今学术界的研究前沿,从专业知识的角度提高课程的高度;新工科背景下如果能将实际工程案例引入课程,启发学生分析实际工程中的问题,那么势必培养学生解决复杂问题的综合能力和创新思维。由此打造出具有高阶性、创新性、前沿性和时代性的大学英语"金课"。

3. 教学形式的先进性和互动性

"新工科"本身就是当今世界以信息技术为核心的产物,随着5G时代的到来,人工智能、大数据、云计算、云服务等"互联网+"的全面应用,大学的教学形式必将发生大的变化。大多数的大学生有超强的接受新生事物的能力,对视频、微课、慕课和翻转课堂等多媒体教学的接受程度很高。利用多媒体教学丰富了传统教学形式,拓宽了传统的课堂教学时间和空间,构建了"身临其境"的情景模式,强化了教师和学生之间的互动性。尤其是翻转课堂具有以下鲜明的特点:

(1)教学视频要言不烦,因为每一个视频都针对一个特定的问题,针对性强,视频的长度可控;

(2)教学内容明确清晰,在视频中唯一能够看到的是不断书写数字符号的手,这和教学录像不同,教学录像中出现教师的头像以及教室里其他的物品;

(3)教学流程完全翻转,内容传递是在课前通过教师和学生、学生和学生之间的互动来实现,消化吸收是课后或课中再通过教师和学生或学生和学生之间的相互交流来解决的;

(4)学习结果可探可检,学生通过质疑发现问题,通过调查研究和分析讨论解决问题,学习结果具有探究性。

学生观看视频之后,对自己是否理解了学习内容及时进行检测,并对自己的学习情况做出判断。除此之外,通过平台汇总可以帮助教师了解学生的学习状况,对学生的知识点掌握情况进行即时诊断。总之,利用类似于翻转课堂这样具有鲜明先进性和互动性的教学形式是打造"金课"的必然手段。

英语专业设置的出发点和依据是社会需求,ESP教学具有的专业性和实用性与"新工科"战略人才培养的目标具有极高的契合度,大学英语教学从EGP教学转向ESP教学是一种必然趋势。ESP教学与专业教学和专业发展融会贯通,以ESP为导向地推进和完善大学英语ESP教学的基本思路和改革路径,提高大学英语教学的科学性、针对性、前沿性、时代性、先进性和互动性,实现具有高阶性、创新性和挑战度的大学英语"金课"课堂,最终培养出具有国际视野、通晓国际规则、能够参与国际竞争的专业领域国际化的合格人才。

第四节 大学英语个性化教学的基本要求

一、对英语教师的基本要求

(一) 应具备正确的理想信念

自古以来,教师的天职就是教书育人,为人师表。教师是培养下一代人才的关键。教师的一言一行都将直接或间接地影响着学生的发展。所以,教师是否具有正确合理的理想信念会直接影响着学生能否健康地成长与发展。显然,大学阶段是我国教育事业发挥社会经济效能的关键时期,因为大学阶段正是培养将来从事我国社会主义经济建设所需要的各级各类人才的主要途径。因此,作为大学英语教师,在进行大学英语个性化教学时,必须具备正确合理的理想信念。拥护中国共产党,坚持走社会主义和谐发展道路的理想信念,看起来似乎是所有教师都必须具备的共性,而非大学英语教师从事个性化教学所具备的理想信念,其实不然,大学英语教师所涉及的从事个性化教学的理想信念实质上是指大学英语教师应以其个性化的方式,拥有和表达其正确、合理的理想信念。大学英语教师的正确理想信念包括其对大学英语教学的合理认识、对大学英语课程的社会价值的合理认识、对大学生学习英语课程适应中国特色社会主义经济建设的价值的合理认识以及对中国共产党领导下的具有中国特色的社会背景下的中国高校开设英语课程的必要性的合理认识等。这些都将直接影响着大学生能否有效学好大学英语课程以及能否将大学英语课程合理地应用于社会主义建设中的最终效果。

(二) 应具备高尚的道德情操

"师者,人之模范也。"可见,教师的职业特点决定了教师必须具备高尚的道德情操。教育的"立德树人"这个根本任务,进一步强调了道德在教育教学中的核心地位。这是教师在教育教学活动中必须具备的基本素质和确立的基本认识。

然而,高尚的道德情操何以成为大学英语教师从事个性化教学的必备条件呢?这要基于教学的主体性角度而做出具体的分析。教学活动不仅需要尊重学生主体性的充分发挥,更要尊重教师主体性的充分展现。从教师角度来说,教学活动是教师教的主体性活动,在这主体性活动中少不了教师个体人格魅力的彰显。其中,教师的主体性发挥是实现教师个体人格魅力的基础,而教师个体的人格魅力引领着教师主体的积极发挥。与此同时,道德情操又是体现教师个体人格魅力的核心要素。大学英语教学活动作为大学英语教师的一种必须彰显人格魅力的主体性活动,其少不了高尚道德情操的积极引领。因此,高尚的道德情操似乎是所有教师从事教学活动的必备的共性因素,但是每个教师个体作为教学活动主体性因素,其所具有的"高尚"的道德情操又是个体性的,具有个体差异性和独特性。这正是体现大学英语教师在从事大学英语教学活动中凸显其个性特征的具体表现,因为大学英语教师在从事大学英语教学活动,其思维模式和行为表现在很大程度上均融入了英语语言领域特有的道德因素。

（三）应具备扎实的专业知识

教师应有扎实的知识功底、过硬的教学能力、勤勉的教学态度和科学的教学方法等基本素质，而其中的专业知识是教师从事教学活动最为根本的基础性条件。也就是说，作为教师必须储备好丰富扎实的专业知识，以便教学之需。尤其是在当今信息时代，随着学生获取知识信息的途径的多样化发展，曾经奉行的"要给学生一碗水，教师要有一桶水"的观点似乎也不足以满足现实的教学需求，而应该是"教师应有一潭水"。

显然，这里所谓的"扎实的专业知识"所涉及的"扎实"不仅体现在教师对知识的量的上积累，也不仅体现在教师对知识的质上的深度把握，更是体现在教师对知识的个性化的理解和解读，这正是突显个性教学中教师主体性的深刻体现。大学英语教师在从事大学英语教学过程中，不仅要对大学英语课程所关涉的知识内容知其然，还要知其所以然，更要知其"未然"，即理解别人所未理解之处，或者说是对其进行个性化地、创造性地理解。比如，在大学英语教学中，教师不仅要知道其所教授内容在英语文化中的含义，还要知道在汉语文化中与之对应的含义，更要知道其在英语文化和汉语文化中的理解差异。显然，在大学英语个性化教学中，大学教师最需要的是引领学生对教学内容进行个性化的理解，因为这正是通过大学英语教学培养大学生个性化地认知"未来"的关键所在。

（四）应具备科学的教学观念

在哲学意义上，观念是客观事物在人脑中的反映，观念指引着人们的行为。因此，为了适应个性化教学行为的需要，在个性化教学过程中要求教师必须具备科学合理的教学观念，以便科学合理地指导教师从事个性化教学活动。在个性化教学理念指导下的教学过程中，教师应该积极反思，提高认识，实现其教学观念的及时转变，以便更好地实施个性化教学，引领学生进行个性化学习。因此，在大学英语个性化教学中，大学英语教师可从以下几个方面实现其教学观念的转变，从而形成科学合理且适应现代多样化人才需求的个性化教学观念。首先，从教学态度上来说，为了实现个性化的教学，大学英语教师应实现从会教，到乐教，再到创造性地教的飞跃，以便更好地突显教师的教学主体性，因为在现实的调查中发现，大多数学生反映大学英语课堂乏味，缺乏活力和吸引力；其次，从教学认识上来说，大学英语教师应转变过去的以教为中心、知识为中心、课程为中心且只重教学结果的认识，应该树立以学为中心、学生为中心且兼顾教学结果和教学过程的科学认识，因为从现实的大学英语教学现状来看，大多数大学英语课堂都还仍是关注结果，如教师的目的是把课程内容讲完，而学生的目的是该门课程能获得 60 分；最后，从教学情感上来说，大学英语教师要有仁爱之心，要关注学生、尊重学生、理解学生和宽容学生。

二、对学生的基本要求

（一）对大学生思想意识的要求

个性化教学要求大学生在学习大学英语这门课程时，必须提高学习的觉悟、增强学习的意识。通常情况下，大学生学习英语的思想意识大致包括伦理意识、政治意识、社会意识、公共意识、专业意识、健康意识和发展意识等。其中，个性化教学对大学生学习英语课程的伦理意识的要求，即要求大学生在学习大学英语这门课程时必须具备遵循一定的伦理规则,如以正确途径获取知识和信息,以正当的方式获取个体的学习成绩,在学习过程中处理好个体与群体、个体与个体的关系等;个性化教学对大学生学习英语课程的政治意识的要求,即要求大学生虽然学习的是一种外来语言,但是必须坚定拥护中国共产党的政治立场,且以个体独特的方式表达对党和国家的忠诚和热爱;个性化教学对大学生学习大学英语课程的社会意识的要求,即要求大学生必须意识到大学英语课程与社会发展的关系,且学好大学英语课程后应以自己独特的方式服务于社会;个性化教学对大学生学习英语课程的公共意识,即要求大学生在通过学习英语彰显个性的同时,也应意识到大学英语课程是一门公共课程,是所有专业都必须研修的课程;个性化教学对大学生学习英语课程的专业意识,即要求大学生在学习英语课程时必须结合自身的专业特点,比如在学习英语写作时,要结合自己的专业特点,尝试用英语撰写专业领域的学术论文等,这也是大学英语个性化教学对大学生"专业个性"的充分观照的真正体现;个性化教学对大学生学习英语的身体意识,即要求大学生在学习大学英语课程时应充分尊重个体的身心健康规律,如选择最适合个体的时间记诵单词,不能超强度地学习等;个性化教学对大学生学习英语课程的发展意识,即要求大学生学习英语不仅需要掌握一定的英语语言知识,还应将所学英语知识内化为个体素养和能力,使其所学英语知识能以"属我"形式存在于脑海之中,丰富学生个体的"经验",以供在将来的生活和学习中能以"属我"形式表达出来。

(二)对大学生学习观念的要求

前文在探讨教师的教学观念时,已经明确了观念是客观事物在人脑中的反映,观念指引着人们的行为。同样的,为了对大学生有效地实施个性化教学,必须要求大学生在学习大学英语问题上所持有的学习观念发生切实的转变。因为,在过去的学习中,大学生学习大学英语大多是为了完成学分,能够应付过去即可了事。那么,现如今的大学生学习英语,一方面,不能仅仅停留于完成学分,而应该充分理解英语的文化意蕴,吸收英语的文化精髓,结合自身所学专业进行发挥和创造;另一方面,充分利用英语语言作为一种获取英语信息的工具性价值,为自身的学习获得更多的信息资源。鉴于此,本书认为,在个性化教学理念的指导下,大学生的学习观念需要实现如下几个方面的转变:

(1)对学习大学英语的目的认知上的转变。即通过个性化教学必须帮助学生认识到学习大学英语不能仅是为了获得学分,而且是要通过学习获得更多有关英语语言的知识和信息以及渗透其中的文化内涵;

(2)对大学英语这门课程本身认识的转变。英语语言既是一种文化,又是一种工具,而且每个人学习英语的目的是不同的,以致每个人对英语本身的认识也是有差异,而对大多数大学生来说,学习英语更多的是视其为一种辅助本专业学习的工具;

(3)对大学英语学习态度上的转变。由于个性化教学是一种充分彰显师生主体性的教学,因此在实施个性化教学过程中,必须要求学生主动积极地参与其中;

(4)在学习大学英语过程中个体角色的转变。个性化教学要求大学英语教学必须结合学生的个性特点,突显学生的主体性和独特性,让学生通过学习成为学生自己,如结合学生的专业特点、兴趣爱好、理想追求等。

(三)对大学生思维能力的要求

思维是借助语言、表象或动作实现的、对客观事物概括的和间接的认识,是认识的高级形式。人们在思维过程中,需要运用存储在长时记忆中的知识经验,对外界输入的信息进行分析、综合、比较、抽象和概括等。根据不同的标准,思维可以划分为直观动作思维、形象思维和逻辑思维,经验思维和理论思路,直觉思维和分析思维,辐射思维和发散思维,常规思维和创造思维等。根据人们对思维本身的认识,结合个性化教学的本质特征,大学英语个性化教学对大学生学习英语课程的思维能力提出了两方面的要求:首先,在大学英语个性化教学过程中必须重点启发学生的思维活动。根据思维的间接性(即人们借助于一定的媒介和一定的知识经验对客观事物进行间接的认识)的特点,学生的思维活动需要基于个体通过感知觉和记忆所获取的个体化的经验。这在一定程度上反映了思维活动的个体独特性和差异性,其与个性化教学中突显学生的个性特点和个体差异性是一致的。因此,在大学英语个性化教学过程中必须以充分激发学生的思维活动为基础条件。其次,在大学英语个性化教学过程中激发学生的思维活动时,又要重点激发学生经验思维、直觉思维、发散思维和创造性思维等思维活动。因为,在学生的思维活动中,最能体现学生个性特征的是其经验思维、直觉思维、发散思维和创造性思维。比如,其中的创造思维活动,就是做他人没做过的、想他人没想过的、说他人没说过的。

事实上,在大学英语教学中实施个性化教学,培养学生的创造性思维能力是很有必要的。有心理学家曾开展过类似实验:用钢笔在白纸上画下一个小圆点,然后问班上的每位学生:大家都看到了什么? 学生们的回答基本相同———个小黑点。但是,他将白纸拿去幼儿园,却得到了不一样的结果。孩子们踊跃举手,有人说是"墨西哥帽子",有人说是"烧焦了的牛肉饼",有些甚至比作"被压扁的臭虫"。这说明学生的创造性思维活动会随着学生个性的遮蔽而严重受到限制。因为,幼儿园孩子敢于发表自己与众不同的看法,而高年级的学生或许正是他们的认知理性限制了他们对说"不"的畏惧。这就是大学英语个性化教学过程中,在学生的思维能力方面必须受到关注的前提条件。

(四)对大学生学习方式的要求

马克思在揭示人类社会发展的基本规律时,认为生产力和生产关系之间的矛盾关系是诱发社会发展的基本动力。其中,生产力包括劳动力、劳动工具和劳动对象,而每一个时代的进步与发展,又总是基于一定的生产工具的变革为前提的。同样的,教学的改革和发展也是基于教学方式的变革而发生变化的。大学英语的个性化教学的改革与发展必须基于个性化的教的方式和个性化的学的方式得以发展。大学式的学习方式的变化自然也是大学英语个性化教学得以有效实施的基本条件,或者说大学英语个性化教学要求大学生必须具备个性化的学习方式。大学英语个性化教学对大学生在学习方式方面提出的基本要求主要体现在两个方面:一是从学习方式所涉及的学生个体的主观能动性地发挥效用的程度方面来看,大学英语个性化教学要求大学生必须做到会学、乐学、创造性地学。会学,即是要求大学生要懂得一定的学习方法,能合理有效地进行学习;乐学,即是指大学生在学习英语课程时,除了需要掌握一定的有效学习方式外,还需要学生的情感投入,只有当学生乐学时,才有学好的可能;创造性地学习,是最能体现学生个性化学习的因素,因为创造性地学习需要学生结合个体实际实现与众不同的学习。而且,通过创造性地学习,学生能够获得与众不同的"属我"的学习结果。显然,学生的这种创造性的学习也是学生的主动而非被动的学习。二是从学习方式的具体内容来看,大学英语个性化教学需要倡导自主、探究、合作等先进的学习方式。这就要求大学生在学习英语课程时,必须充分发挥个体的自主性和独立性,要求学生处理好个体学习与合作学习的辩证统一关系,需要学生在积极主动地探索新知识的过程中,彰显自己的个性特点。

三、对课程资源的基本要求

(一)存在价值

根据马克思关于价值的阐述,价值是客观事物能够满足人们需要的程度。大学英语课程资源的存在价值实质是指大学英语课程资源能够满足师生从事大学英语教学的需要程度。课程资源(包括教材承载的知识信息)只是供师生教学时利用的参考资料,而不是教学内容的全部。只有明确了这个基本立场,教师才能正确合理地理解课程资源的存在价值。从课程资源的存在价值来看,一方面,课程资源必须服务于教学,供教学所用;另一方面,所有课程资源都必须能满足一个根本条件,既要有助于教师的教,又要有助于学生的学。

然而,根据大学英语个性化教学所具有的特殊性,除了一般通用课程资源所具备的基本价值以外,个性化教学要求大学英语课程资源还必须在"个性"二字上要有特别的突显,即必须要实现如下几方面的价值:

(1)实现对学生主体性的观照,因为突显学生的主体性是个性化教学的基本要求之一,很难想象一个连自己在学习中的主体性都没有得到很好发挥的学生,其个性何在;

(2)兼顾学生的个体差异性,因为个性在某种意义上是个体独特性的总称,一个有个性的人,必有其独特之处,因此个性化教学要求大学英语课程资源必须有助于兼顾学生的个体差异性;

(3)激发学生的求异思维,因为求异思维实质就是追求与众不同;

(4)方便教师实施个性化教学,个性化教学要求大学英语课程资源不仅需要方便学生进行个性化地学习,也要方便教师进行个性化地教。

(二)实现多样化

自1986年起,我国开始实施编审分离的多样化课程资源。所谓多样化,是指课程资源必须要在内容上体现出特色化,在形式上体现多个版本的同时存在。显然,无论是在内容上的特色化,还是在形式上的多个版本的同时存在,其核心思想就是要让不同的课程资源能适应不同需要的学生。显然,多样化课程资源的编写与开发思想与个性化教学思想在内涵上具有一致性。也就是说,多样化课程资源的编写与开发为个性化教学的实施提供了基本性的条件。我们认为,个性化教学指导下的多样化课程资源的开发,必须兼顾下列几个方面的内容。

(1)体例上要灵活多样,要体现出灵活性和多样性。所谓灵活性,一方面是指课程资源内容的组织上应体现灵活性,即大学英语课程资源的编写要留给教师足够的二次开发空间;另一方面是形式上要体现灵活性,或者说是要具有启发性,要能培养师生独立思考问题的意识,不能僵化了师生教与学的思维;所谓多样性,应存在体现不同特色的课程资源版本同时存在,如可编写语言技能型、实用型、知识型、学术型(包括一般学术英语和特殊学术英语)等。

(2)在内容选择上要体现专业切实性和层次性。所谓专业切实性,就是大学英语课程资源必须考虑学校类型和专业类型,为不同学校、不同专业、不同学习目的的学生选用不同的课程资源;所谓层次性,是指不同水平的学生应选用难易程度不同的课程资源,如打基础课程资源(EGP),培养交际能力的课程资源,专门用途英语(ESP)课程资源等。

(三)给教师二次开发的空间

根据现有的课程资源开发,流程是由部分开发者根据教学需要组织编写和开发课程资源,然后再将课程资源投入使用。当然,也有个别教师为了教学的需要自己开发课程资源供自己教学使用。这样一来,或许因为时间和精力的限制,或许因为考虑课程资源的销售销量等,课程资源开发者在开发课程资源时,只能开发出能够照顾绝大多数实施使用的课程资源。这就必然存在着一种编写课程资源的统一性与教学需要的个体差异性之间的矛盾。为了调和这个必然性的矛盾,课程资源开发者在开发课程资源时,必须留给教师二次开发课程资源的空间。此外,从教师教学的基本流程来看,教师在进行教学之前,必须要先钻研课程资源。因为,只有当教师对课程资源有了足够深入的理解时,才能有的放矢地引导学生学习课程资源。从这个角度来说,教学也需要对课程资源进行二次开发。实际上,自校本课程开发理念的提出,就已经昭示着课程资源的开发必须留给教师二次开发的空间。显然,由于大学英语个性化教学正是需要教师在充分理解课程资源的基础上,根据学生的个体需要进行教学,以便于更好地突显学生的个性特征。因此,个性化教学要求大学英语教师必须对课程资源进行二次开发。也就是说,只有教师对课程资源进行二次开发——基于个体理解地深入钻研课程资源,才能有助于教师基于个体教学风格而进行个性化地教学,也才能在兼顾学生个体差异的基础上,引领学生进行个性化的学习。

第五节　大学英语个性化教学的效果评价

一、评价的取向与基本标准

一般而言,价值具有两层含义:一是事物的有用性和正当性;二是事物满足主体需求的程度,是一个关系概念。人们经常将价值界定为客体对主体的意义或有用的功能。在社科领域,价值属于相对严谨的哲学定义。19世纪后,价值论和从前的认识论、本体论,共同成为哲学领域中比较主流的研究方向。在这之后,不少哲学流派或是哲学家陆续对价值问题做出了多层次、不同维度的系统研究。马克思主义表示:作为一般性的定义,价值的产生往往是以人类对适应他们需求的外界物的态度来基础,代表"物为人存在"。这说明,马克思主义对价值的认知,着眼于人的需求和物的属性潜在的相关性,即从主客体关系的角度来认识价值概念。

综观关于教学评价的相关研究,可以发现主要呈现以下三种不同的价值取向。

(1)静态的评价取向,也就是对评价对象当下状态的测量、评估与诊断。与动态评价相比较而言,静态评价主要是考察特定时间、空间和情境中评价对象的现实状况、发展水平和存在的问题。

(2)以结果为主导的评价取向。相较于过程性评价,结果导向性评价是教学活动完毕或是某个阶段的教学完成后,对教学效果的总结性评价。结果性教学评价将学生日常的学习成效作为主导,而对习得的过程及其方法、技能的掌握等则相对关注较少,从而促使学生的思维缺乏足够的训练,未能了解合理的学习方法。很多学生将大量的时间、精力用于应对考试,目的是拿到高分。庆幸的是,结果导向性评价也存在自身的优势,如简便易行,操作迅速。过程性评价相对来说比较复杂,操作难度小,且耗时长。

(3)以知识为主导的教学评价取向。该种评价取向太过关注学生对教师讲授知识的掌握情况,能够为学生获得系统的知识提供有效的反馈信息,也能够促进教学的改进。但是,从促进学生均衡发展的总体目标上看,仍有较多的弊端,不利于学生情感、态度、价值观的培养。

据此,提升大学英语个性化教学评价的科学性、教育性,充分发挥教学评价的激励功能、促进作用和反馈效果,需要以发展取向、过程取向以及思维品质和能力取向作为大学英语个性化教学评价的主流取向。

(一)评价的取向

有个人买下了有院子的一栋房子。搬进去后,他便对院子做了彻底整顿,清除了所有的杂草树木,种上自己买来的花卉。有一天,原屋主来家做客,进门便非常吃惊地问:"昂贵的牡丹上哪儿了?"此时,户主才意识到他早已错将牡丹当作杂草,铲除了。不久后,他重新买了一座房子。院子非常杂乱,但他这次没有做任何的整顿。原本看似杂乱的植物,到春天开启了繁花;原本认为是野草的,到了夏天却早已锦簇。半年毫无动静的小树,到了秋天满是红叶。到了暮秋,他才真正懂得哪些植物有用,哪些无用,并留下了珍贵的草木。

由以上的故事可知,学生就如同院子里的花草树木,各形各色、大不相同,在学习成果的呈现上无法同一时间绽放。教学评价也不例外,其不仅是对某个阶段的教学成果做出诊断,同时也是持续的过程,教师须做出总结和反馈;不仅是对现实问题做出的检视,同时也是发展性评价。教学评价,并非是让全体被评价者均完成既定的某个目标。相反,它以原有基础为前提,对被评价者的进步情况进行综合评价。

1. 发展取向

随着全球化时代的到来和信息社会的快速发展,人的存在与价值、生活的旨趣、教育的意蕴等均发生了较大的变化,尤其是随着社会生活节奏和环境的快速变革,人的社会地位和价值越来越受到高度重视。为此,教育应当以人的均衡发展作为行动的指导。教学评价,须坚持以人为本的相关原则,建构对教学质量有帮助、促进教师专业、尊重学生的差异性、构建学生发展和社会建设匹配的教学评价体系。大学英语个性化教学评价的发展取向包括以下两个方面的内涵。

(1)大学英语个性化教学内含着发展的旨趣。大学英语个性化教学不同于一般意义上的大学英语教学,它旨在通过个性化的教学活动促进师生的进步与发展,培养学生的创新精神和独特个性。

(2)大学英语个性化教学评价的目的在于提升大学英语的教学质量,进而促进学生个性化发展,因而其目的蕴含着发展的含义。总之,大学英语个性化教学评价旨在通过内蕴发展性的教学评价,推动大学英语教学,以及师生的个性化发展。

2. 过程取向

评价,即主体对特定的评价对象做出量化分析,或是价值判断。评价过程中,须正确看待评价客体。教学评价包含三个关键部分:一是输入质量;二是过程质量;三是输出质量。教学输入质量,大致分成条件设备、学生基础以及师资配备等项目的评价。教学过程质量,也就是对教学目标的完成情况、对教学内容的部署情况、对教学结构进行设计、对教学方法进行运用以及教学能力的大小等分项目进行评价。教学结果质量,即对教学既定目标的执行状况、学生对课堂内容的熟练状况等做出评价。

教学过程,很多情况下对教学质量的优劣起决定性的作用。所以,对教学过程进行评价相当关键,关系到教学评价的科学性,以及教学评价结果解释的内在逻辑性。因而,在教学评价过程中,需要重视对教学过程的评价与考量。据此,大学英语个性化教学评价需要高度关注大学英语个性化教学的整个过程,如对教学目标进行设置、对教学内容进行安排、挑选适当的教学方式以及教学管理等。教学活动中,学生在课堂上的表现或是思维品质,以及师生关系的变革等。这些因素关系到个性化教学最终的品质。所以,个性化教学评价需坚持以过程为导向。不仅要注重结果评价,同时还需要对个性化教学过程做好评估,保障教学评价的实效性、可靠性。

3. 综合取向

在大数据充斥的现代社会,提升大学英语个性化教学的质量,应当挣脱单一性手段的教学评价,做到综合型评价。综合型评价,立足于多元视角以及全局,倡导从不同维度来对教学活动做出整体评价。评价目的上,综合型评价的要点在于教学过程。特别是对学业成就做出诊断,旨在为改进教学品质提供有效的反馈信息,提升学生个人的综合素养,尊重学生的个性化。评价对象上,综合型评价除了注重对知识、技能的了解程度进行评价外,同时也更关注学生日常的协作和创新能力,对批判性思维或是情感水平等素养进行诊断。究其实质,属于综合素质评价,评价对象为"全体学生",它并非对不同素质进行机械组合,而是找出素质潜在的相关性,促进融合,使其成为真正的个性整体。尊重教育的功能和价值,倡导学生的均衡、个性发展,主张相互交往、共同对话,确保评价的有效性。

评价主体上,综合型评价倾向于结合外部和内部评价。除了对英语教师自身的教学水平进行鉴定外,还包括对学生的学业质量或是综合素质做出诊断。教育管理部、家长或是社会评价机构等,均可对其做出合理的评定。同时,教师、学生同样也能够对教学过程或是结果做出最终评价。将教师、学生评价列为主体,扭转师生长时间被视作评价客体的非正常现象。评价方法上,综合型评价倾向于对教学过程做出整体性评价。所以,有必要从不同的方面来对参评数据进行收集,做好系统分析,相当于循证性评价。

(二)评价的标准

1. 引领学生进步

教学目标某种程度上反映了培养目标,是教学中的核心要素。对教学目标来说,导向是最为首要的功能,应当推动学生取得更好的发展。《大学英语教学指南》提出高等学校大学英语教学改革应建设多层次多元化的教学目标体系,满足学生个性化的学习需求;并进一步指出大学英语教学目标的三级体系:基础、提高和发展三个等级,旨在通过个性化的教学活动促进学生的个性化发展。

(1)《大学英语教学指南》率先对基础级别教学必须具备的能力做了详细的描述:可以适应日常生活、今后工作以及学习,同时和自身紧密挂钩的信息交流;可以引入具体的学习策略;和文化背景不同的人进行交流时,可以了解双方的文化形式,尊重他们的价值观差异;同时,结合交际需求,对交际策略进行运用。

(2)有关提高级别要求的能力,描述如下:在平时生活或是学习中可以用英语来对某些比较常见的话题进行交流、讨论;可以运用有效的学习策略;和文化背景不同的人进行交流时,可以应对文化、价值观等诸多差异;同时,结合实际的交际需求,对交际策略进行运用。

(3)针对发展级别教学要求,可以将其描述为:在平时生活或是学习中可以用英语做出流畅的交流;可以熟练行使学习策略;和文化背景不同的人进行交流时,可以应对在文化背景或是价值观等诸多层面上的差异;结合具体的交际情况、场合及交际对象,引入恰当的交际策略。

为满足大学英语学科建设对学生个性化发展的需求,《大学英语教学指南》从学生实际水平和实际情况出发,要求教学单位结合现代化教学手段,按上述三个级别分类、分层次组织教学,注重学生英语实际运用能力的培养,满足学生个性化发展的需求。实现了上述三个级别教学目标的教学即实现了大学英语个性化教学的目标,能够立足学生实际引领学生发展。

2. 引导教师高度关注大学英语个性化教学全过程

大学英语个性化教学全过程包括设置教学目标、内容,选择教学方式,展开教学管理等。与此同时还需要关注学生在教学过程中的具体表现、思维品质变化,以及师生关系的变革等。

评价个性化教学过程,首先教学目标的设置要照顾到不同学生的理论基础不同,需要充分考虑理论基础较差的学生、理论基础较好的学生,尽量做到既能够对基础较差的学生给予更多的学习机会,又能够给予基础较好的学生成长空间。通过技能学习有利于促使学生对语言基础、综合应用能力的增强;不仅能够确保学生在大学英语学习过程中英语水平不断提高,而且也有利于学生趋于个性化方向发展,从而满足学生自身发展需求,其中体现出充满个性化的大学英语教学。此外,首先,要看教师在设计整个课堂教学时是否体现合理性,学生是否了解教学目标,教学结构是否完整清晰,设置的问题是否具备合理的梯度与效度,学生认知过程是否达到预期目标,教学任务是否得以落实;其次,教师课堂中是否能够对师生互动过程、信息交流过程予以主导,是否能够在教学中存在的各种问题进行有效解决,学生是否有积极参与到课堂学习,课堂教学是否体现出高质量;再次,教师在教学期间是否引用多媒体等辅助工具展开教学;最后,课堂教学质量是否达到预期目标,学生持有何种反馈意见。

在课堂活动中学生若具备较高的学习积极主动性,是促使教学活动有效性充分体现的关键所在。而参与是学生主体实践活动开展、生命体验的基础,其中基础课程教育发展道路上,引导学生自主学习、探究学习也需要学生主动参与。若学生在课堂学习上不参与或者参与不具备积极主动性,教学有效性便无法体现。在基础教学中,为提高学生参与课堂学习积极性,具体可采取下列方法:激发学生学习兴趣;为学生提供充足学习空间;设计具有挑战性问题等。

3. 促使打破单一性教学评价,实施多维度、立体化的综合性教学评价

《大学英语教学指南》要求个性化大学英语课程评价以学校内部开展的自我评价为主,其他多样化的外部课程评价为辅,在课程体系的评价上,必须确保客观公正性,为课堂教学开展提供信息反馈,继而推动课程深入建设发展。评价是检验教学质量、推动大学英语课程建设与发展的重要手段。学校教学管理部门根据本校的教学需求和现状,制定适合本校的评价标准,建立常态化的评价数据库,并定期更新和公布数据,以利于自我监督,并通过有效分析和反馈评价信息,促进自我改进和提高;多样化评价是校内评价的必要补充和延伸。大学英语课程多样化评价应根据学校类型、地区特点和学生需求,开展分层分类的课

程评价。教学管理部门负责制定评价标准和实施评价;在评价活动上,师生们应积极参与,其中评价活动主要包括教学过程的评价、学习过程的评价;另外评价活动的开展还须了解外部环境做出评价,为课程建设与发展提供更多指导性建议。

大学英语个性化教学评价的科学体系建立,有助于通过多维度分析,了解大学英语个性化教学的开展是否达到最终教学目的。

二、评价的基本原则及方法

(一)系统性原则

大学英语个性化教学评价是一个多维度、立体化的评价系统,系统内部存在着特定的结构,在该结构中,各个构成要素形成一个密切联系的有机整体。系统性原则认为事物是由具有内在逻辑关系的要素组成的整体,各个要素之间是一种有机的存在形式,作为整体的一部分,各个要素对整体功能的发挥具有重要的作用。系统性原则是大学英语个性化教学评价首要原则。首先,从共时性的角度而言,大学英语个性化教学评价是一个整体性的评价,不仅涉及对教师教学质量的评价、学生学习效果的评价,而且还涉及对整个教学过程的评价。它是对大学英语个性化教学活动的整体性评价。只有遵循系统性原则,才能确保对大学英语个性化教学评价的科学性和全面性。其次,从历时性的角度来说,大学英语个性化教学评价不仅是特定时间或者特定情境中的教学评价,还是注重对大学英语个性化教学活动的全程性评价,不仅涉及教学活动的导入、教学过程的实施、教学结果的评定,而且还包括对每一环节各个要素发展的整体性诊断,因而大学英语个性化教学评价是一种系统性的、全面性的教学评价。

(二)可操作性原则

可操作性是教学评价能否实施,并获得预期效果的关键因素。大学英语个性化教学评价能否实现对大学英语教学的精准诊断,核心在于各项指标是否在教学过程中落实,确保没有流于形式。为此各项指标必须要切实体现教学主体行为、教学进度、教学效果等。这就需要对大学英语个性化教学活动进行维度分析,并根据各个维度制定二级指标、三级指标等指标体系,以及各类各级指标的权重分配。为此,通过可操作性的指标体系,有助于实现对大学英语个性化教学的可视化评价,并提升大学英语个性化教学评价的科学性和操作性。

(三)灵活性原则

灵活性原则主张根据评价对象的客观情况进行适时合理的评价,而非采取统一的评价标准、评价程序进行机械评价。大学英语个性化教学是一种富有文化特色、个性色彩的教学活动,其个性化的特征意味着大学英语教学不同于一般的日常教学,而具有自身的独特之处。据此,大学英语个性化教学评价需要遵循灵活性原则。一是根据不同的评价对象,实施差异性评价,尤其是针对不同类型的教学活动,需要开展针对性的教学评价;二是对于不同情境中教学对象,需要实施因时因地的教学评价,而非同一式的整体评价。大学英语个性化教学评价的灵活性原则尽管增强了大学英语个性化教学评价的难度和复杂性,但却大大提高了大学英语个性化教学评价的针对性和实效性。

（四）发展性原则

结果导向性的教学评价往往是静态的,它将系统、完整并具有变化性和发展性的教学评价简化为一次性的终结性评价,不利于从整体上认识事物的发展过程及其成效。发展性原则主张从动态、变化的视角看待事物,认为事物是处于不断的发展和演变过程之中的。发展性原则是大学英语个性化教学评价的重要原则之一,它主张打破静止、封闭的眼光看待大学英语个性化教学,从发展层面出发,加深对大学英语个性化教学的认识。发展性原则要求对大学英语个性教学评价不能就评价而评价,对教学评价所具有的价值予以挖掘,促使教学评价实际作用得以充分发挥。为此,大学英语个性化教学评价除以上所述以外,还需考虑学校、教师与学生可持续发展,促使三者发展实现协调统一。从而有效促进学校、教师和学生的未来可持续发展。

三、评价的基本操作程序

（一）准备阶段

1. 社会背景分析

社会背景分析的重点在于确定社会对大学英语个性化教学发展的要求,但背景分析会因作为评价对象的教师所具有的不同特点而有所侧重。

2. 大学英语个性化

教学发展阶段的重要问题是指曾经或正在对大学英语个性化教学全局产生深远影响的问题。分析这些问题,主要是弄清问题的起因、性质、影响层面及后果等。《大学英语教学指南》中明确规定,大学英语教学目标在制定过程中,必须要对学生英语基础考虑,同时还需要对学生的英语需求加以考虑。自进入 21 世纪后,我国各大高校均在扩展,招生规模逐年快速增长。由于我国各个地区经济发展水平各有高低,东西部地区经济发展极度不平衡,因此高校本科分数录取线设置也有所不同,新入学学生在所掌握的英语水平也有所不同。《大学英语教学指南》随着发展也做出了相应的修订,明确地将大学英语教学目标划分为三个等级:第一个等级为基础等级;第二个等级为提高等级;第三个等级为发展等级。其中第一个等级主要面向的学生为非英语专业学生展开的教学,主要满足学生对英语的基本需求;第二等级主要面向新入学便拥有较好英语基础的学生,并且该类学生对英语拥有较高需求;第三等级主要面向学校人才培养计划学生或者是有多元需求、有能力的学生。通过将大学英语划分为三个等级目标,在教学上能够更好地针对不同英语需求、不同英语基础学生展开相应英语教学,与此同时也能够更好地满足学生个性化发展需求。

3. 分析评价对象的心理

分析评价对象的心理,首先,了解作为评价对象有无心理准备、对评价持何种态度和预期等。例如,在教学活动开始之前,通过学生的自我介绍及教师的综合考察,采用描述性报告以文字形式确定学生已有的发展(情感、态度、动机、能力倾向、技能等)水平以及未来发展的方向,分析学生对评价所持的态度和预期,然后施以与其心理预期相适应的个性化教学。

其次,设计大学英语个性化教学评价方案。大学英语个性化教学评价方案是一种规定评价内容、范围、手段与程序的基本文件,它的形成是大学英语个性化教学评价顺利进行的重要前提。

（二）实施阶段

教学评价活动的核心在于评价的实施环节,实施质量的好坏将决定评价工作的成效,以及教学评价工作能否在教学过程中发挥积极作用,因而对教学评价实施的正确把握成为评价活动的重点。

（1）大学英语个性化教学前期运行。在展开正式评价活动之前,需要进行预评价,也可谓是试点工作,通过预评价有利于累计相关经验,健全评价方案。与此同时可以通过自我评价展开预评价活动,能够帮助被评价者了解自身的不足继而做出优化。

（2）大学英语个性化教学评价具体施行。该阶段中,正式评价属于不可或缺的组成部分,在评价活动开展期间,评价者与被评价者之间通过相互配合,促使评价活动的有效性得以正常发挥。其中存在两点要求：

①评价对象所提供的各项信息数据资料必须保持真实、有效；

②评价活动中,评价对象为评价者提供良好的工作条件,其中所须突出的是,评价者必须要不断提高监督力度,确保能够将舞弊现象扼杀在摇篮中。

该种评价方式在展开之前,需要实现信息的收集和处理。

（三）反思阶段

评价的目的不是仅在于就"事"或就"人"而评价,也不是为"评价"而"评价",关键在于通过评价让被评价者对自己目前的行为和效果有较为清醒的认识。相比于其他领域上水平较高者,学生学习新知识时,往往不会轻松同化或顺应,其中需要对心理资源以及图式进行利用、重组,重新组成知识结构,从而掌握新知识。另外,学生的认知水平往往是有限的,并且不具备或欠缺对学习环境与学习过程的监控能力、评价能力等。很多时候教师在面向学生授课期间,即使通过师生互动,学生对新知识的理解与吸收仍然需要一定时间。因此学生对知识的掌握并不系统,没有沟通系统的知识结构图。对此,学生必须要充分认识自我,进行反思并制定规划：结合自身的学习特点,长期反思、不断反思、循环反思,总结出适合自己的、与他人不同的学习经验和方法,提高学习效率和效果；在教学临近结束之际,教师可规律地进行提升,让学生进入反思中：在课堂上授课内容是什么？需要掌握的是什么？课后需要如何展开复习？在课堂学习上为什么会产生消极心理？如何将课堂学习过程中产生的消极心理进行消除、控制？采取何种学习方法能够提高课堂学习能力,促使学习质量提高？以上所述问题中,涉及学生对课堂学习的认知、对自身学习情绪的了解,与此同时还能够了解到各项学习环境因素对自身存在的影响。而教师可从教学活动中针对这些问题引入到教学案例分析、思维导图指导等,让学生能够从中意识到、存在的问题,从而明确反思活动中所需注意的问题,提高反思质量。在课堂教学过程中,教师还需要针对教学进度的管理上指导学生构建知识结构,具体可通过思维导图、概念图等图标工具。在获得学生同意的情况下,教师可以与学生一同探讨存在的反思资料,其中探讨的资料必须具备代表性方可体现效用,同时也是在为反思学习做出示范,让更多的学生能够引起反思。最后,通过自我对话、师生互动等方面,均有利于学生掌握课堂知识,认识到自身问题,从而推动社会文化建设工作落实到位。

教师反思源于教学实践,而教学实践又是检验反思效果的具体方式。在回顾、记录课堂教学经历的反思过程中。通过展开教学过程反思活动,能够了解到教学过程及教学思路是否存在不足,继而为优化教学方案、提高教学质量提出更具可行性的方法。很多时候教师都会将反思内容记录在日记中,反思的内容一般趋于多元化发展,其中主要在课堂教学层面、学生层面予以集中,所反思的内容与日常教学也存在紧密联系。教师在反思活动中,能够将访谈表明、课堂观察相结合展开。另外很多教师都明确指出,为推动反思互动开展,发现并了解其中存在问题,结合已有的教学经验,对教学课堂做出优化,促使教学质量得以有效提高。

通过课堂观察,教师能够有效了解到自身在教学过程中存在的不足之处,有利于对往后教学工作开展做出适当调整,促使教学工作得以有效开展,逐步完善教学课堂规定,促使教学质量提高。

关于大学生英语个性化教学评价方面,其中涉及的内容理应包括教学目标、主体,教学条件与结果等。基于此,可以分别从六个方面对大学英语个性化教学评价进行反思。

1. 教学目标

教学目标可以理解为,在特定的教学情景下,学生通过课堂学习后,学习行为发生改变的预期结果。也可以理解为,在特性学习环境下,学生通过参与课堂学习,预期变化便因此而形成,学生此时的行为将会趋于预期目标或标准。例如面向学生展开某教学活动时,学生对学习内容中的语言知识掌握程度,语言水平处于何种程度,运动技能是否得到一定程度增强等多方面,对于学生而言,以上所述都属于课堂学习的预期目标,其中关于学生的学习活动变化,所指的便是学习目标。教学目标的内涵中,具有的特点主要有两个,具体为:

(1)教学目标属于教学主体的预期,其中还能够对学校教育目的予以体现,虽然全部教学目标并不均是预设的,但仍然具有较高地位;

(2)在教学目标的制定方面,制定者是教师,教学目标所指对象是学生,是学生在接受各种变化环境带来的改变后的规定,其中也可以理解为就教学目标的实现必须能够对学生的身心发展存在正向影响。

在此环境下,在具体的教学目标评估层面上,大学英语个性化教学预期目标相比于最终教学结果的比较更具优势,并且判断大学英语个性化教学目标是否有效实现;关于课堂可行性化教学目标是否具备系统性,是否均具备层次性和可操作性进行评价,观其是否涵盖了教学预期达到的结果,视其是否层次清晰而不相互交叉重叠,看起是否能够在教学实践中实施。总之,对大学英语个性化教学目标进行评价,需要秉持综合性的思维,从教学目标的系统性、层次性、完整性、可操作性等方面进行全面的评价。

2. 教学主体

一般而言,在大学英语个性化教学过程中,教学行为的发起者是教师,但由于大学英语个性化教学不同于传统教学,具体教学活动上学生也需要积极参与到教学活动中来。因此,大学英语个性化教学的主体是指大学英语个性化教学期间的师生。从广义层面上分析,大学英语个性化教学的完成不可能仅是教师,也不可能仅是学生,而是师生与相关人员共同完成的,其中相关人员所指的主要有教学管理者、研发者以及评价者。但在研究上,对大学英语个性化教学主体的评价可以分别从教师与学生两个方面实施。就教师这一主体而言,至少可以从如下五个方面进行评价:

(1)教师在教学期间是否拥有个性化意识;

(2)教师在教学期间是否体现出个性化意识;

(3)教师在持续教学上是否具备创新能力;

(4)教学在教学中是否具备个性化教学经验或基础知识;

(5)教师所展开的教学活动是否充满信心。

从学生层面出发展开评价,主要有以下五方面:

(1)学生针对教学信息反馈是否具备相关意识;

(2)学生在课堂学习上是否拥有学习兴趣;

(3)学生是否具备英语基础知识;

(4)关于英语个性化教学学生是否存在期待心理;

(5)学生对当前所展开的教学活动是否满意。

3. 教学对象

大学英语个性化教学中,涉及的对象内容并不少,通过概括主要划分为三方面,分别为教师教育行为、学生学习行为、教学活动构成要素。教学活动构成要素中教材要素、教学方式、教学环境均属于不可或缺的主要构成要素。

关于教师教学行为方面的评价具体为下列几点内容:

(1)在大学英语个性化教学过程中,学生做出的个性化回应教师是否给予尊重以及重视;

(2)在教学活动开展之前,教师是否做好各项准备工作;

(3)教师是否给予了学生应有的自学时间;

(4)教师是否在开展课堂教学后进行自我反思、自我总结;

(5)针对教学过程中存在的种种问题,教师是否及时做出处理;

(6)教师在教学之前,是否会收集大量教学资料丰富教学内容;

(7)针对学生提出的学习问题教师是否会做出反馈,反馈是否具备及时性。

关于教师教学行为方面的评价具体为下列几点内容:

(1)学生在课堂学习过程中是否会提问;

(2)学生是否会对课堂学习情况自行反思;

(3)学生在课堂学习中是否会与教师互动;

(4)学生在进行课堂学习之前是否做好预习;

(5)学生在参与课堂学习后是否愿意在课余时间复习。

关于教学活动构成要素的评价主要从如下几个方面进行评价:

(1)选用的教材是否具备合理性;

(2)教学手段是否单一;

(3)选用的教学方式是否结合教学内容实际并且能够满足学生的发展特点与需求;

(4)教学中介是否发挥了连接性作用;

(5)教学环境是否有助于学生轻松愉快地学习等。

4. 教学条件

大学英语个性化教学在开展上,除了要具备物质、精神层面上的准备以外,还需要拥有保障性条件,确保教学互动得以顺利开展的关键所在。其中保障性条件可以理解为学生在课堂上学习具备可操作性、适用性。除了教学目标需要明确以外,还提出了在课堂中,必须体现出可操作性、适用性,确保课堂教学中学生的积极性能被激发,形成课堂学习的动力。因此可以得出,大学英语个性化教学保障条件评价上可从三个方面着手展开评价互动:

（1）保障条件；

（2）物质条件；

（3）精神条件。

5.教学过程

教学过程是一个包括认识和实践两个方面的活动过程，是认识与实践相统一的过程，是人类认识全过程的一种特殊形式。正如有学者认为：面向学生展开课堂教学期间，在教师的引导下，学生根据已有的知识经验与对活动的认识，实现对主观世界的改造，促使学生得以趋于和谐、个性化发展。

教学过程具有如下特征：

（1）教学过程是教师教学生认识和实践的过程，在教师的教授活动中实践活动是主要的，认识活动从属于实践活动，学生学的活动中，主要是认识活动过程；

（2）教学过程是一种特殊的交往过程，在课堂教学过程中，必须要重视师生活动、交流，理应采取合作的模式，确保教学过程中能够实现文化传承、文化创新等方面工作；

（3）教学过程是教养和教育的统一，教学永远具有教育性；

（4）在课堂教学期间，学生需要在掌握知识、提高发展能力的同时，在思想层面上形成较高的品德素质，同时树立正确的价值观。

基于此，可以从如下四个方面对大学英语个性化教学过程进行评价：

（1）在教学过程中是否发现了有价值的问题；

（2）结合目前课堂教学中存在的问题，落实相应的举措，对存在的问题予以有效解决；

（3）通过评价活动得出的内容中关于教学过程中存在的问题，问题的解决措施是否落实到位，是否能够对教学进度做出相应调整；

（4）教学过程中是否出现师生之间的有效互动。

6.教学结果

关于大学英语个性化教学所展开的评价活动，其中评价活动主要涉及三方面内容：

（1）教学评价最终得出结果与大学英语个性化教学成效存在直接影响；

（2）教学评价的结果可能已经反映于具体教学问题上，也可能是发生概率较大的课堂教学问题；

（3）教学评价结果并非同一个目标，其中具备针对性特征。

为此，关于大学英语个性化教学发展上，针对英语个性化教学课堂评价方面，具体可从下列四点展开：

（1）教学的结果是否达到预期效果；

（2）教学评价活动的开展是否由于教育素养提高；

（3）是否明确教学评价过程中存在的问题；

（4）通过课堂教学评价互动，是否存在问题、是否具备解决方法。

第六章　互联网背景下的大学英语新型教学模式

第一节　慕课教学模式

慕课(massive open online courses,MOOC)即大型开放式网络课程,是一种新型在线学习模式,它已经渐渐渗入到学生的日常学习、生活中。线下课堂中不懂的问题可以通过再一次学习网上课程得到解答,便捷而快速的学习模式获得了广大学生的追捧。随着信息技术的发展和互联网的普及,在世界知名高校的引领下,慕课在全球如火如荼地开展起来。慕课是一种新的教育模式和教学模式,与以往的网络开放课程相比具有更强的规模性、开放性、共享性、互动性。随着北京大学、清华大学、上海交通大学、复旦大学等一批名牌大学先后加入国际慕课平台,在我国迅速掀起了"慕课风暴"。慕课的兴起不仅深刻地影响了我国高等教育,也对大学生学习方式提出了挑战,转变学习方式对提高大学生学习能力和综合素质至关重要。学生学习方式的转变在学生培养模式改革中占有首要地位,有助于大学生学会学习,形成终身学习所必需的学习能力。大学生学习方式转变并不是用新的方式代替旧的方式,而是在继承传统学习方式的基础上,由单一的被动接受知识的学习方式向以自主、探究、合作为主要特征的多样化学习方式转变。

一、慕课背景下转变大学生学习方式的途径

(一)共享教学资源

大学生学习方式的转变需要各种教学资源的大力支持,只有合理搭建优质教学资源共享平台,多渠道、多模式共享优质教学资源,才能为大学生提供更多的学习机会,更好地转变大学生学习方式。

1. 全球共享教学资源

目前,越来越多的世界知名高校加入慕课平台,并在慕课平台上共享自己最优秀的课程,为广大学习者提供涵盖各种文化背景和不同语言的丰富课程资源。全世界的优秀教师和专家也从不同角度提供相应的学习素材和教学指导,使世界上任何人都可以免费学习自己感兴趣的课程,使优质教学资源全球共享和全民共享。

2. 学校之间共享教学资源

要真正实现校际资源共享需要充分发挥名校、名课、名师的作用,开放教学资源,将一校大学生受益变为多校大学生受益。重点高校在学科建设上具有自己的特色,可以利用重点高校的这一优势,发挥其对普通高校的拉动和辐射作用,在慕课平台上共享各自的优质课程,充分利用资源优势,加强学校之间的优势互补;高校优秀教师应在慕课平台上共享自

己的优质教学设计,加强教师之间的业务交流,取长补短,共同提高教育教学水平,促进专业发展。

3.校内共享教学资源

高校应创造各种条件,在校内开放教学资源,更新、完善教学设施,开辟渠道公开优质课程,使全校学生都有机会使用学校最优质的教学资源。

(二)引导学生转变学习观念

学生是学习的主体,他们的学习观念直接影响学习方式转变的效果。因此,高校教师要引导学生树立自主学习和终身学习的观念。首先,教师要指导学生充分利用网络学习资源。教师可以向学生重点推荐以慕课为主的网络课程,使学生对学习媒介和学习环境持有认同感。学生积极主动应用学习策略,充分利用学习资源,才能取得良好的学习效果。其次,教师要指导大学生明确学习动机。教师在教学过程中要激发学生的好奇心,使其主动进行探究、学习。同时,教师应引导学生形成较高的学业成就动机,慕课学习中学生有更多提问和交流机会,比传统学习面临更大的挑战,学生只有具有较高的成就动机,付出更多努力,才能完成更高的学习任务。最后,教师要引导学生成为学习的主人。教师应为学生提供有效支持,以提高学生的自主学习和自我管理能力,使学生真正成为学习的主人。

(三)创新教学方式

因为学生的学习方式与教师的教学方式和教学观念密切相关,所以在学生学习方式转变的过程中,教师起着举足轻重的作用。教师可以采取以下策略创新教学方式。

1.转变教学观念

教师应树立科学的、与时俱进的现代教育教学观,充分认识到教学不仅要传授给学生知识,而且要培养学生发现问题、分析问题、解决问题的能力,使学生形成正确的价值观,促进学生全面发展。

2.提升自己的教学能力

教师要提高教学认知能力、教学操作能力和教学监控能力。提高教学认知能力需要教师具有敏锐的观察力、丰富的想象力、良好的创造力;提高教学操作能力需要教师掌握确定教学目标、编制课程计划、分析教材、选择与运用教学策略、实施教学评价等能力;提高教学监控能力需要教师有意识地对教学活动进行监察、调节、校正、评价和反馈。

3.选择适当的教学方法

教学方法有多种多样,常用的主要包括以语言形式获得间接经验的教学方法、以直观形式获得直接经验的教学方法、以实践训练形式形成技能技巧的教学方法等。教学方法的运用要根据实际情况,选择最适合的教学方法,并加以创造性地发挥。教师可以将学生慕课的在线学习与学校的课堂教学有机结合,做到先学后教。

4.使用丰富教学手段

教师应在充分利用教科书、粉笔、黑板、挂图等传统教学手段的基础上,灵活运用各种现代化的教学手段,特别是在慕课迅速发展的背景下,教师更应将投影仪、幻灯机、计算机等现代教育器材作为直观教具丰富课堂教学,通过现代教学技术的应用使每个学生都能得到足够的指导。

（四）重建师生关系

师生关系对学生学习方式具有重要影响,在传统的师生关系中,学生处于被动地位,这压抑了大学生学习的积极性、主动性和创造性。在慕课背景下转变大学生的学习方式需要建立民主平等的新型师生关系。

1. 教师要转变角色定位

教师要由管理者转为指导者,特别是在网络教学中,教师不是一个简单的知识传授者,而是一个联结已知世界与未知世界展开多样探究的"触媒者",或是联结课堂内外世界的桥梁——"介入者",教师作为一个"触媒者"或"介入者",就要把学习的自主权交还给学生,培养学生学习的能力,淡化自己作为"判决者"的角色。

2. 创设民主的学习氛围

在高校课堂教学和学习中需要形成互通、互促的和谐氛围,教师要热爱、关心、尊重和信任学生,充分发扬教学民主,以自己的学识、才能、人格魅力去感染、影响学生。学生要在学习的过程中理解和尊重教师,主动参与学习。

3. 转变交往方式

师生间的交往方式应由单向式向交互式转变,教师和学生以各自的情感、经验、知识和能力投入到教育和学习活动中,以民主、平等、合作的方式进行交往,师生相互影响和促进。只有在民主平等的师生关系中,学生的个性才能得到张扬,创造性才能得到发挥,学习方式才能得到优化和创新。

二、慕课技术对学习模式的影响

（一）从 OCW 到慕课

说到互联网技术改变学习,不得不提慕课的前辈——几年前红极一时的"网络公开课"。其实在大家熟知的网易公开课、新浪公开课出现之前,21 世纪初美国麻省理工学院率先开设了网络开放课程(Open Course Ware,OCW)。当时,大多数学校认为麻省理工学院在网络上完全公开课程内容和课件的方式太过激进,因此仅有少数学校跟进,而且由于技术局限,很多课程的课件还是以音频和文字为主。

但这一开创性的公益分享行为并没有销声匿迹,特别是在 2007 年苹果的 iTunes U 上线之后,OCW 运动带来了惊人的传播效果。在 OCW 取得一定成功后,有人开始思考如何运用技术,使在线课程能够真正地运转起来。

不久,有 OCW 制作经验的斯坦福计算机教授 Andrew Ng 在网络上开设了一门叫"机器学习"的慕课课程,有超过 10 万人报名。几乎同时,斯坦福大学的另一名教授 Sebastian Thrun 开设了"人工智能"的慕课课程,也得到了很好的响应。这两门课程奠定了慕课模式的基础。此后,两位教授分别创建了两大慕课平台 Coursera 和 Udacity。麻省理工学院和哈佛大学成立了非营利性质的 edX(大规模开放在线课堂平台),也加入慕课行列。

（二）慕课创新应用五大技术

催生慕课的技术并不新鲜,只是慕课在整合这些技术时做到了"因地制宜",为达到"打破教育资源不平等,制作世界上最好的课程"这一目的做了很多优化。

1. 慕课改进了网络视频技术

早在 2004 年，You Tube 就将广泛的视频应用带到互联网上，早期公开课视频也随着 iTunes U、网易公开课等平台得到了广泛的传播，但很少有人能真正坚持学习下来。为此，慕课在技术上做了很大的调整，不再是简单录制线下的实体课程，而是直接为网络课程准备内容。每节课都由几分钟的视频片段组成，每个视频之间还穿插了很多小测验，用户可以通过随堂测验检验知识掌握情况。最重要的是，当视频出现在慕课上时，不再只是单向地播放，而是被安插了大量的统计代码，以研究每个用户的使用情况。

2. 慕课优化了论坛讨论

课后的网络论坛已经司空见惯，但慕课将网络论坛运用到每节课上。例如，在 edX 上，每个视频都有一个对应的讨论区，结合了 Quora 的顶踩机制，通过学生投票，可以方便找出优质问题和优质答案。并且，标签机制使讨论区的内容更结构化、模块化，很多教师都乐于采用第三方论坛作为讨论工具。

3. 慕课结合运用机器判分和同学互评

机器判分在理工科类课程中得到大量运用，机器甚至能够指出编程类作业中编码的不当之处。而在人文社科类的课程中，学生之间需要遵守一定的标准来互相评价。虽然互评者是系统随机匹配的，但利用这种方法得到的评分和教师对学生评分的相关系数可以达到 0.8。

4. 机器学习跟踪分析慕课数据

由于慕课课程参与人数极多，机器学习机制能够对大量数据进行分析，比如一个人看过多少次视频，一个题目有多少人答对。对于教师而言，通过这些反馈能分析出课程设置的问题，整个网络课程成了一个可以反复修正的"电子课本"。对学生而言，通过这些数据能分析自己知识的薄弱环节，更有针对性地学习。

5. 借力社交网络

社交网络作为课程传播的渠道和师生交流的辅助平台，也在慕课学习中起到了不小的作用。在传统的线下课程中，师生关系很难得到很好的平衡，教师也很难真正和学生"打成一片"，但社交网络和社会化学习有助于达到这一目标。生活化的教育方式比课堂更轻松，传播效果更好。除了在文化上和学生贴近之外，在授课过程中，当学生提出一些较尖锐的问题时，教师也能马上予以回复。这样的教学相长，即使在线下也未必常见。

（三）高新技术创造最好的学习时代

除了慕课，许多其他的高新技术也正在改变我们的学习方式。iPad 刚发布的时候，乔布斯和默多克一致认为，纸质教科书将会被数字学习材料淘汰。之后，美国的一家创业公司推出一款将编程学习和格斗类游戏结合的 App。在游戏中，玩家不能通过触摸板或者控制器来控制机器人，而必须通过输入命令才能让机器人往前走、往后走、转身等。过去人们认为教育是学校的事情，而如今不论身处何方，都可以足不出户地获取全球最好的教育资源。技术变革了学习方式，人类迎来了一个最好的学习时代。

三、慕课在改变大学生学习方式上的优势

(一)学习时空界限被打破

传统学习在时间上是有限的,有固定的上课时间;传统学习在空间上是狭小的,局限在学校教室内。慕课打破了学习时空的界限,在全球任何一个角落,无论白天还是深夜,只要学生拥有联网电脑,并有学习意愿,就可以根据个人情况进行在线学习。慕课使学生的学习内容由高校所规定的固定内容扩展到大学生感兴趣的灵活内容,进一步拓展了学生学习的时间和空间,有利于学生主动学习,促进其全面发展。

(二)学习成为乐趣

传统课堂学习以教师讲授为主,所有学生面对的都是统一的学习内容和固定的学习进度,造成部分大学生对学习不感兴趣、不爱学习。慕课打破了传统课堂学习的局限性,通过动画、图形、影像、声音等多种信息载体呈现教学资源,为学生提供思考、探究、合作和交流的平台,学生可以按照自己擅长的学习方式根据个人的兴趣、能力、需要选择学习内容。慕课学习能充分调动学生兴趣、挖掘学生潜能、活跃学生思维,使学习成为一种乐趣,学生会以一种轻松、快乐、享受的心态主动投入到学习中,牢固掌握知识,不断提高学习能力。

(三)自主学习成为主流

自主性是影响学生学习效果的重要因素。在传统的大学课堂中,教师是绝对的权威,学生是被动的听课者和课程进度的跟随者。慕课学习中,学生可以真正成为学习的主人,他们掌握着学习目标、学习内容、学习方法和学习材料的选择权和支配权。他们可以自主设计符合个人需要的学习目标,可以按照学习目标以及各自的情况自主设计、合理安排学习活动,可以自由决定学习的时间和内容,可以选择灵活、多样、合作的学习方式,可以在学习中对自己的学习结果进行反思和评估,可以根据反思和评估的结果不断调整、控制学习活动的进程。慕课学习不仅能提高学生自我约束、时间管理、独立学习、合作学习等能力,而且能使学生真正成为学习主体,变被动学习为主动学习,使自主学习成为学习主流。

(四)合作学习成为必然

在传统的大学课堂学习中,并不是所有学生都能与教师进行充分的交流,与同学进行良好的合作学习。慕课为学生合作学习提供了机会,在慕课平台上,学生不仅能听到优秀教师的讲课,而且可以邀请教师和学习伙伴对课堂上学习的知识进行讨论。另外,学生可以在平台上直接提出自己在学习中遇到的困难,寻求他人的帮助。这种完全平等的线上合作学习与交流,增强了师生互动、生生互动,真正体现了以"学生为中心"的学习理念,使合作学习成为必然趋势。

(五)学生参与学习成为可能

以往的视频公开课等在线开放课程一节课长达四五十分钟,整堂课少有任何师生的互动交流,学生只能被动地听课。而慕课平台上都是十分钟左右的微课程,甚至有些微课程时间更短,这样能使学生注意力高度集中。慕课在课程之间设置了进阶作业或小测验,学

生只有全部通过进阶测试才能继续学习。如果没有通过进阶小测试就要重新学习前面的内容,直到全部通过为止。慕课学习需要学生全程参与,能充分调动学生学习的积极性和主动性。

四、慕课在大学英语 ESP 教学中的应用

当今互联网和智能移动终端的迅猛发展给教育领域带来了前所未有的机遇和挑战。在大学英语教学领域,通识英语向专门用途英语(ESP)的教学转变一直是当今外语教学改革的研究热点,然而它的过渡存在不小的阻力。在这样的背景下,全球慕课在教育领域的快速崛起,为大学英语 ESP 教学乃至学术研究等多个环节都带来了崭新的探索空间。

慕课这种大规模、开放式的网络课程,已为人所熟知。首先,慕课为学习者提供了一种全新的互联网在线学习方法。伴随着它的兴起,国内外顶尖大学都相继开发出一系列独具特色的开放式网络课程。它有较强时效性和交互性,可以提供学员学习档案。当学习者完成相应课程的学习并且成绩合格时,可以获得相应的证书。与其他在线教育模式相比,慕课获取途径便捷,优质的教育资源大量免费开放给学习者。对于要求低的学习者,只需要注册便可听课。其次,慕课可以很好地实现教学上的互动。学习者可以通过该平台与其他学习者、教师交流自己的学习经验和学习方法。最后,慕课教学平台拥有国内外一流大学的精品课程,不管学习者在什么地区,都可以帮助他们及时学习到许多前沿的理论知识。大学英语 ESP 实际教学过程中可以从慕课平台课程中选择适合的课程作为辅助教学,是将慕课引入 ESP 教学的一条有效捷径。

大学英语课程作为高校教学中的基础课程之一,目前备受争议,蔡基刚通过调查认为目前大学生在基础英语课上普遍存在厌学情绪。这其中主要原因是当前的英语教学无法很好地满足学生专业需求和就业需求。在经济全球化和高等教育国际化的背景下,调查显示当今学生更渴望学习和自己日后发展息息相关的英语知识。而大学英语 ESP 教学改革作为当前研究热点,顺应时代发展潮流。这里提出的 ESP 是指通用学术英语,不针对具体的某一领域或行业,而是跨学科的语言共性的东西,旨在提高学生学习语言的技能和方法。它作为一种英语教学方法,强调语言交流能力和学术应用技能。对于大学英语 ESP 教学,主要采用以内容为依托(Content-based Instruction,CBI)的外语教学方法。这种教学方法指的是围绕学生即将学习的学科内容或信息来组织教学。该理论强调学习者若将语言学习同内容学习结合起来,将语言作为了解信息的途径而不是为了学习语言本身时,学习效率会大大提高。该研究提出的大学英语 ESP 教学是采用以内容为依托的教学法,即将语言教学建立在基于某个学科或主题内容的教学之上,把语言学习与学科知识学习相结合,在提高学生学科知识的同时,促进其语言水平的提高。通过这种方法,把适当的慕课资源与语言教学相融合,使学生在获得学科知识并且习得语言的同时提高交际能力。

(一)慕课给大学英语 ESP 教学带来的机遇和挑战

慕课是人人可享用的学习资源,它的快速兴起和发展,给大学英语 ESP 教学带来了机遇也带来了挑战。慕课具有传统课堂完备的教学模式、课程体系。要想完成慕课课程的学习,学习者不仅要听课,还需同教师和其他学习者进行分享和交流,以有要通过学习社群进行互动和讨论,这就相当于让学习者体验一个完全的英语学习氛围。学习者没有一定的努力,无法达到良好的预期学习效果。另外,慕课课程中涵盖国际一流大学的前沿课程,大多

数教师使用英语授课,那些全英的课程无疑给学习者带来了一定的语言障碍。果壳网慕课学院曾做过一份网上问卷调查,结果显示半数以上学习者认为语言障碍极大地妨碍了他们完成慕课的学习。面对这种现状,为了能够更好地学习名校课程,大学英语教学改革也倾于逐步提高学生的英语学术能力,这为我国专门用途英语 ESP 教学提供了新的发展机遇。

大学通识英语向大学英语 ESP 教学的过渡存在着不小的阻力。其中一个重要因素是英语教师们没有学术英语的研究的背景,独立开展 ESP 教学存在困难。而慕课的发展客观上为 ESP 教学改革提供了新的突破口,首先,教师可以先通过慕课平台中丰富的网络资源提高自身的 ESP 教学能力,补充自身专业研究背景知识,帮助自己在最短的时间内实现角色的转变,为大学英语 ESP 教学打下基础。其次,很多研究显示将慕课引入课堂满足个性化和特色化的学习需求,能够体现出大学英语 ESP 教学效果,符合大学英语 ESP 教学目的。总之,在慕课教学平台上,学习者摆脱传统课堂的弊端,从兴趣或自身需求出发,有针对性地进行反复学习,在相对自由的条件下,随时随地展开学习,不断提高自身发展需要的能力。这正好切合 ESP 教学的出发点。

(二)基于慕课的翻转课堂教学模式在大学英语 ESP 教学的应用

利用慕课推进大学英语 ESP 教学的开展,翻转课堂的模式可以实现慕课与传统课堂的结合。这里欲建构借助网络慕课以及其他形式的网络资源进行翻转课堂教学来推进大学英语 ESP 教学。这种教学模式既有语言驱动又涵盖内容驱动,具备内容依托式 ESP 教学的特点,又有其自身独特的教学特色。

教学内容影响教学效果。首先,要选用真实的学术英语内容作为教学内容,有利于营造真实的立体化的语境,如果选取不同学科中共性内容作为核心内容更加有利于教学效果的实现。只有在学生具备一定的基础和学习兴趣后,才可以更好地理解,并帮助自己提高语言能力。其次,采用翻转课堂的教学模式,学生在课前预习是重要环节,但是否能够更好地吸收所学知识还要取决于教师角色的转变,以及线上线下课堂活动的设计。该理论的基础是通过人机协作活动让学生在一定情境下实现意义的建构,这一原则被称为基于项目的学习。这种方法不仅能有效培养学生的语言综合能力,还能让学生在自主学习、沟通交流和团队合作方面得到能力提升。基于以上理论基础,该教学模式借用慕课平台中的优质大学精品课程,完备的教学体系,利用翻转课堂的教学模式,为学生营造真实的语言氛围,提高学生发展所需的综合能力,满足学生的学习与未来发展需求。

具体教学实践过程中,教师先要注册账号,学习慕课课程中先进的理论知识,提升自身的专业素养,完善自身知识结构。在教师自身专业能力提高的基础上,选取一两门与所教学生学科专业相关并且符合教学目标的专业基础课程,结合其他网络资源引入到大学英语 ESP 课堂中。但是,因材施教尤其重要,选取慕课资源时,除了学生的专业背景外,还要考虑到学习者的发展兴趣以及课程的难易程度等因素。很多慕课课程对学习者的专业背景没有特殊要求,在入门阶段可以将学科共性内容作为学习核心内容,例如,教学重点可以是不同行业领域的交际、写作等策略或技能。考虑到学生的整体英语水平比较差的时候,要重点提高学生的基础能力,选择慕课通用学术英语课程,例如杜克大学的《英语写作Ⅰ:获取专业知识》等;当学生们的整体英语水平较高的时候,重点考虑提高学生的学术英语能力,选择专业性强的学术英语课程,了解不同的学科或行业在国内外发展现状,为专业英语的学习和后续其他专业课程的学习打下坚实的基础。

教学内容选定后,整个授课过程采用翻转课堂教学模式。对比于传统课堂,教师的角色发生了巨大的转变,教学内容的讲授者变成了导入者。在慕课开始之前,教师须向学生提供必要的学习资源,例如慕课内容相关知识讲解的教学课件,讲义或其他辅助的网络资源等,以便于学生对学习的主题内容有较充分的了解。在这个过程中,教师要为学生提供一个便利通道,协助学生完成获取、利用资源、处理信息,应用知识到真实情境的过程,使个性化学习的优势得以很好地体现,学生把握自己的学习情况,利用自己碎片化的时间,反复观看视频,记录学习过程中的疑点和难点。

经过课前充分准备后,课堂上更多的时间是留给学生的。课下的"预习时间"很大程度上延长了教与学时间,最大可能地实现知识的内化,学习效率得以提高。学生在课下对慕课或与其专业相关的网络资源进行深度学习后,在课堂上主要的任务就是提问,教师给予解答并和学生之间进行探讨等活动。课堂上的教学内容变成了师生相互配合,学生参与讨论,教师梳理学习内容的重点、难点,师生共同完成教学任务的过程。讨论时学生以小组为单位,每位成员都有相应的职责和任务,共同探究问题,解决不了的问题向教师寻求帮助。在学生、教师合作式探究问题的基础上,就主题内容写成类似文献回顾的报告,或准备陈述演示。也可以让学生主持主题研讨,全班共同讨论,鼓励学生能够写出小论文或研究报告。这是体现了基于项目学习的教学理念。不同于传统的大学英语教学,教学内容是基于主题的、真实的,活动是探究的,语言水平也随之提高。学科知识只是语言的载体,用来培养学生的学术英语能力。学生是主体,教师是指导者,在相互协作中实现高效学习。

首先,基于慕课的大学英语 ESP 课堂促进了个体学习能力的培养,使之朝着个性化和自主学习的方向发展。其次,培养学生的协作能力,这是未来获取知识的一条重要策略。值得注意的是,要注重提升教师和学生的信息技术素养。只有这样,在课堂中,教师才能够引导学生更好地熟练掌握各类信息技术操作,有效地获取知识信息,在网络教学平台中互动交流。最后,整个教学过程中,重在鼓励学生自主学习和思考,在探索完成学习任务中,综合提高听、说、读、写、译等语言技能。

教育信息化的时代背景下,传统大学英语教学方式受到了极大的挑战,处于"转型期",面临着"生存危机"。将大学英语与 ESP 教学相结合,可以扭转被动的传统教学局面,更好地满足学生的学习需求,培养复合型人才的教学要求。要培养学生的自主学习能力,使学生朝着个性化学习的方向前进,前提是要注重提升教师和学生的信息技术素养,学会更好地掌握信息技术操作,才能实现学生高效学习,满足学生的职业发展需求。

第二节　翻转课堂教学模式

一、翻转课堂的教育理论基础

(一)布卢姆的掌握学习理论

1. 基本含义

布卢姆的掌握学习理论的基本含义是给予学生足够的学习时间和个别帮助以及注意教学的主要变量,学生就能够在掌握一个单元的学习之后顺利进入下一单元的学习,从而达到课程目标。掌握学习,即在"所有学生都能学好"的思想指导下,以集体教学(班级授课制)为基础,辅之以经常、及时的反馈,为学生提供所需要的个别化帮助以及所需要的额外学习时间,从而使大多数学生达到课程目标所规定的掌握标准。

掌握学习要求学生能够按照自己的节奏学习课程。学生完成了一个单元的学习后,必须以80%~100%的掌握水平证明他们自己已经学会了内容。证明学生是否已经掌握了学习内容的方法是"退出评估"包括实验室和书面测试。倘若学生在评估中得分低于85%,那么他们需要返回再次学习自己理解有偏差的学习内容,并重新进行测试。这样,学生的学习情况是由他们已经掌握的学习内容的多少来决定的。布卢姆认为,在教学中注意影响学习的主要变量,就能够使绝大多数学生掌握绝大部分的学习内容。

2. 核心思想和重要变量

掌握学习理论的核心思想是让每个学生都有足够多的学习时间。卡罗尔认为"一个学生的能力倾向是指其掌握一项学习任务所需要的时间量"。这句话可以概括为一个公式——卡罗尔公式:能力倾向=f(学习速度)。卡罗尔公式向我们展示了这样的理念:只要有足够多的时间,每个学生都能够掌握一项学习任务。

根据卡罗尔公式,布卢姆建立了他的学习模型:学业达成度=f(实际学习时间/需要学习时间)。布卢姆认为,有三个变量影响实际学习的时间量:

(1)机会,即允许学生学习的时间;

(2)毅力,即学生自觉自愿进行学习的时间;

(3)能力倾向,即在一般情况下,掌握某种学习任务需要花费的时间。

布卢姆和卡罗尔都主张,如果有足够多的学习时间,那么绝大多数的学生都能够达到要求掌握的标准。学生自愿投入在学习上的时间受学习态度和学习兴趣的影响。教学的艺术在于让学生花费合适的时间就可以掌握学习内容。

布卢姆认为,在掌握学习过程中,应该注意把握三个重要变量,即学生的认知准备状态(学生为了完成新的学习任务需要具备的知识和技能的水平)、情感准备状态(学生趋向学习的动机强度)、教学质量(教学适合学生的程度)。具体内容如下。

(1)学生的认知准备状态方面,需要关注学生进行学习之前已具备的知识和技能水平的差异。

(2)学生之前的经历和学生对学习结果的期望都会影响学习任务的完成情况。学生对学习任务所持有的情感状态会决定学生为完成此项学习任务付出的努力以及克服困难、面对挫折的勇气。学生完成某一学习任务的成败经验会在很大程度上影响学生之后完成类似学习任务的结果。因此,教师应该多给予学生积极的强化,比如多鼓励和表扬学生、给予学生更多展示自我的机会等。

(3)教学质量涵盖教师如何提供学习线索或指导、学生参与学习的程度、教师如何强化学生学习三个方面。

3. 教学要素和教学策略

教学包含线索、参与、强化、反馈、纠正四个基本要素。

(1)学习线索是指,学生需要掌握什么内容和教师需要在学习过程中做哪些具体的指导。由于学生领悟学习线索的能力存在差异,因此教师应该针对不同的学生提供不同类型的线索呈现方式。

(2)学生结合教师提供的、针对学习线索的学习提示和学习内容,做出相应的反应或者训练。就是说,学生需要积极参与到学习活动中来。

（3）强化的类型很多，如物质奖励或者精神鼓励等。实施强化的主体可以是教师，也可以是同伴，还可以是学生自己。强化的效果也存在着差异。因此，教师在教学过程中可以视具体情况而采取不同的强化方式以达到较高的强化效果。

（4）教师能够适时根据学生的学习情况给予恰当的指导，给学生提供适合的学习线索和适当的练习机会，并及时做出强化和反馈。这样，学生能够明了自己的学习任务，得到高效的训练强化，知晓自己学习的结果，使整个学习过程始终处于一种可监控和可调节的张弛有度的状态。

掌握学习理论的教学策略分为三个步骤：

（1）说明学习需要的先决条件；

（2）制订实施的程序；

（3）评价这种策略所产生的结果。

教师需要向学生清楚、详细地说明学习目标以及如何确定已经达到掌握标准。布卢姆认为，不是制订相对标准来评价学生的学习情况，而是制订一个绝对的掌握标准，促使大多数学生经过努力之后都能够达到它，这样可以促使学生的自我发展和进步。

4. 翻转课堂视域下掌握英语学习理论的教育意义

（1）有助于全体学生实现学习目标

掌握学习理论强调面向全体学生，教师不希望任何一个学生在学习过程中没有完成应完成的学习任务，突出了满足每个学生的学习需要。

（2）关注学生的个别差异

在制订英语学习目标时，教师应充分考虑学生原本存在的个别差异。教师应为不同的学生选择不同的英语学习材料，采用不同的教学方法，并对学生进行个别化的指导和帮助。

（3）对学生的心理健康有促进作用

在掌握学习过程中，英语教师对每个学生都持有积极的态度，相信每个学生都能够学好。教师对学生的学习能力充满信心，学生也因为教师的期望而获得自信，慢慢激发起学习的内部动机，学习逐渐获得成功。在整个学习过程中，学生对学习内容产生兴趣，享受到学习的快乐，获得学习的成就感和幸福感，学生的自我观念也获得更深层次发展。

（4）主张学生之间的相互合作学习以及师生的交流

在掌握学习中过程，教师与学生之间的交流与讨论增多，师生情感加深；学生之间互帮互助，培养了合作精神，改善了学生之间的关系。

（二）建构主义学习理论

1. 建构主义知识观

建构主义知识观认为，知识不是对现实的纯粹、客观的反映，而是人们对客观现实的一种解释、推测或者假设。知识不是关于问题的最终结论，它会随着人们认识的深入而出现新的解释或者假设。知识是基于某一具体情境而产生的，真正的知识是学习者根据自身的生活经验和实践经历主动在头脑中积极建构的。知识所含有的意义是由个体赋予的。知识在被个体接受之前，它对个体来说是毫无权威可言的，不能把知识作为预先决定了的东西教给学生，不能用科学家、教师、课本的权威来压服学生，学生对知识的"接受"只能依靠自己的建构来完成。因此，知识具有针对性、情境性、个体性、相对性、动态性、发展性等特点。

2. 建构主义学生观

建构主义学生观如下：

（1）学生是发展中的人，具有很大的发展可能性和潜能；

（2）学生是独特的人，拥有自己的独特想法；

（3）学生是独立的人，每个学生独立于教师的头脑之外，学习是学生自己的事情；

（4）学生是具有主体性的人，具有较强的自学能力；

（5）学生是时代中的人，当前学生所处的时代是知识经济和信息化时代，教育理论应考虑学生的时代特征和发展新要求。

学生不是被动地接收信息，而是主动地运用已有知识、经验对新知识、新信息的意义进行建构，这意味着学习是主动的，学生要主动地对外部信息进行选择和加工，教学应以学生为中心。

3. 建构主义学习观

建构主义学习观认为，学习不是由教师把知识简单地传授给学生，而是由学生自己建构知识的过程。学生不是简单、被动地接收信息，而是在教师的指导和帮助下自己主动地建构知识的意义。这种建构无法由他人来代替，需要学生亲自完成。学习过程包含两个方面的建构：建构知识的意义和改组原有的经验。皮亚杰认为，儿童的发展是儿童主动建构知识意义的过程。建构主义者更加关心学习者原有的认知结构，认为学习是学习者在自己原有的知识、经验的基础上对新接触的材料重新认识，整合知识结构，主动建构自己独特的理解。知识实际上不是由他人"教会"而习得的，本质上是学习者本身在头脑中主动地形成自己对于知识的领会，建构属于自己的理解。

4. 建构主义教学观

在教学观上，建构主义者特别强调学习的主动性、社会性和情境性。同时，十分重视合作学习。建构主义强调的合作学习与维果斯基强调的社会交往在儿童发展中具有重要作用的思想具有一致性。教学要关注学生原有的知识、经验，教学要重视学生对知识内容的个性化理解和独特思考。教学以学生为中心，强调学生的主体作用。建构主义者认为，教师是意义建构的帮助者和促进者，而不是知识的提供者和灌输者；学生是学习信息加工的主体，是意义建构的主动者。

5. 建构主义教学模式

建构主义学习理论提倡的学习是在教师指导下的、以学生为中心的学习。建构主义教学模式可以概括为"以学生为中心，在整个教学过程中由教师起组织者、指导者、帮助者和促进者的作用，利用问题情境、协作、会话等学习环境要素，充分发挥学生的主动性、积极性和首创精神，最终达到使学生有效地实现对当前所学知识的意义建构的目的"。建构主义学习环境包含情境、协作、会话和意义建构等四大要素。创设的情境必须有利于学生对所学知识意义的建构。协作贯穿于学习活动的始终，包括师生之间、生生之间的相互合作和协助。对话是学习过程中的基本方式，师生或者生生之间需要通过对话来沟通思想。意义建构是学习要达到的最终目标。教师要为学生提供解决问题的原型，以促进学生顺利地解决问题，同时还应指导学生进行试探性的探索。教师要提供意义建构所需要的相关材料，同时要给予学生自主建构的充分空间。在教学设计中，建构主义者主张向学生呈现整体性的学习任务，然而要想完成整体性学习任务首先需要完成一系列的子任务。

6. 翻转课堂视域下的建构主义学习理论的教育意义

首先,在教育理念上具有一致性,即强调学生的主动性和建构性。建构主义者在吸收维果斯基、加涅、皮亚杰、布鲁纳等的思想基础上提出了许多富有创见的教学思想,如强调学习过程中学习者的主动性和建构性。

其次,强调小组合作学习和情境化学习的重要性。建构主义对于学习做了初级学习和高级学习的区分,批评传统教学中把初级学习的教学策略不合理地运用到高级学习中的做法;提出合作学习、情境教学等,对深化当前的教育教学改革具有深远的意义。

最后,重视技术在教学中的实际应用。多媒体计算机和网络通信技术可以作为建构主义学习环境下的理想认知工具,这样能有效地促进学生的认知发展。所以随着多媒体计算机和互联网教育应用的飞速发展,建构主义学习理论正愈来愈显示出其强大的生命力,并在世界范围内日益扩大其影响。

(三)斯金纳的程序教学法

1. 程序教学法的基本含义

程序教学法是指依靠教学机器和程序教材呈现学习程序,包括问题的显示、学生的反应和将反应的正误情况反馈给学生等过程,它是使学生进行个别学习的方法。其基本思想是把学生掌握知识、技能的过程程序化,使学生按程序进行独立的、个性化的学习。在整个学习过程中,教师的作用是充当监督者或者中间人的角色,根据学生学习反应的速度、效率、效果等给予相应的反应,即时强化学生的积极学习行为,使得学生的学习效果能够得到及时的反馈,以此加强学生的学习动力。

2. 程序教学法的五大原则

斯金纳的程序教学法包含五个原则:小步子原则、积极反应原则、即时强化原则、自定步调原则、低错误率原则。

(1)小步子原则

即循序渐进原则,是指将学习内容分割成许多小的学习单位,这些学习单位是相互联系、难度逐级增加的学习内容。使学生面对的是一个个难度较小的学习任务,而不是一个很大很难理解的知识网络。每一个学习单位对于学生来说,通过努力都能够逐步掌握。提高学生学习的积极性。

(2)积极反应原则

教师即时给予学生相应的学习反馈和指导,学生拥有更多的回答问题、交流互动的机会。不再像传统教学模式下教师单纯地讲授,学生只是听讲做笔记,师生之间缺乏必要的交流与反馈。

(3)即时强化原则

斯金纳把他创立的操作性条件反射理论和强化理论应用于学习,强调了强化的作用,斯金纳认为,学生的行为受行为结果的影响。如果想让学生做出预期的行为反应,那就必须在行为之后进行强化,若是一种行为得不到强化,它就会消失。教师的奖励和肯定会在一定程度上调动学生的学习积极性。强化与学习行为之间的间隔时间不宜过长,否则强化效果将会大大降低。

(4)自定步调原则

学生根据自己的实际情况量体裁衣、循序渐进,按照自己的学习效率和能力水平来合理安排自己的学习进度。

（5）低错误率原则

在教学中应由浅入深，由已知到未知，使学生尽可能做出正确反应，将学习的错误率降到最低限度，提高学习效率。

学生自己制订学习计划，在学习每一个小的学习单位时，都能够基本掌握学习内容。因此，学生学会了正确的东西，得到了来自教师的积极强化，从而保持较高的学习兴趣和较强的学习积极性。久而久之，会激发出学生学习的内在动力和潜能，使他们热爱学习。

3. 程序教学法给予翻转课堂的启示意义

程序教学法思想体现了如何调动学生学习的积极性和主动性并保持学生学习的兴趣，使学生按照自己的步调组织学习。这对于英语翻转课堂的实施和操作，给予了一定的启示意义。

二、翻转课堂的心理学理论基础

（一）维果斯基的最近发展区理论

1. 学生的发展有两种水平

学生的发展有两种水平，一种是学生现在已有的发展水平，另一种是学生可能达到的发展水平。这两种水平之间的差距就是最近发展区。按照维果斯基的解释，最近发展区是指学生的实际发展水平与潜在发展水平之间的差距。前者由学生独立解决问题的能力而定，后者则是指在教师或家长的指导下或是与能力较强的同伴合作时，学生表现出来的解决问题的能力。最近发展区阐明了学生在近期内将有可能达到的发展水平，包含着学生的发展潜能，表明了学生发展的方向和趋势。

维果斯基认为，教学应该着眼于学生的最近发展区，这样可以发挥教学的积极作用。教师应该为学生提供带有一定难度的学习内容，以调动学生的学习积极性，发掘其内在潜能，促使其超越自己的最近发展区而达到难度较高的发展水平，然后在此基础上进行下一个发展区的发展。

2. 最近发展区理论的三层基本含义

第一层基本含义是，教学对发展起着积极促进的作用。维果斯基认为，良好的教学应该走在学生发展的前面。维果斯基的最近发展区理论能够指导学生向更高一级的水平发展，有效促进学生的发展，让学生能够"跳一跳，摘桃子"。教学的目的是促使学生的最近发展区转化为学生的现有发展区，由"不能"变为"能"，由"可能"变为"现实"，即立足于学生现有发展水平并突破其限制，循序渐进地推动学生向更高层次发展，追求学生自身发展的最大可能性。

第二层基本含义是，学生是自身发展的主体，学生需要在社会交往中获得发展。学生是一个独立的社会存在，对自身发展起着主要作用，拥有自我发展的主动权。学生应勇于承担自己的发展责任。同时，在社会交往互动中，学生拥有与成人同样的平等地位，能够独立自主地表达自己的思想和情感。教师应该给予学生表达自我、展示自我的机会，鼓励其积极主动追求发展并为其提供平等对话的社会环境，二者形成合力，促进学生发展，主动的学生与积极的社会环境合作产生发展。

第三层基本含义是，揭示了教学促进学生发展的条件、途径与机制。首先，教学促进学生发展的条件是,教学必须走在学生发展的前面。教师要为学生提供较高层次的、较高难度的学习内容和学习指导。其次,要想教学促进学生发展得到真正的实现,需要的途径和机制是教师通过在合作式地解决问题过程中帮助学生搭建最近发展区,为学生提供恰当的支持以帮助学生成功跨越最近发展区,实现其潜在的发展能力转变为现实的真实具备的能力。简而言之,在英语教学中,教师应帮助学生不断地创造和超越最近发展区。因此,学生能否跨越最近发展区,往往取决于教师的帮助和支持是否恰当以及教师和学生之间的交流互动质量。

3. 最近发展区理论在教学中的应用

维果斯基的社会文化理论提出了一个重要的概念——"搭建脚手架",即围绕当前的学习主题,按照学生最近发展区的要求,把复杂的学习任务加以分解,建立概念框架。教师一方面要为学生提供促进其发展的、富有挑战性的学习任务(问题情境),推进学生向更高的智力水平和提出问题的方向发展;另一方面还要在恰当的时机以适宜的方式和方法为学生提供解决这些学习任务的帮助和平台,促使学生发现自身存在的不足,激发出学生解决问题的能力。

(1)建立新型的因材施教观

原有的因材施教观是教师根据学生现有的发展水平和实际情况,给予学生相应的差异化教育。维果斯基的最近发展区理论要求教师不能仅仅局限于关注学生现有的发展水平,还应该为学生提供一个经过努力就可达到的发展水平,推动学生向前发展,超越目前自身已有的发展水平。新型的因材施教观既要立足于学生现有发展水平的基础之上,又要为学生创设经过努力可以达到的发展水平;不再囿于学生已有的发展水平,而是追求学生发展的各种可能性。因此,在实际教学活动中,教师不仅应该明了学生现有的发展水平,而且需要掌握学生的潜在发展水平,并且能够根据学生现有的发展水平与可能达到的潜在发展水平,寻找其最近发展区,把握"教学最佳期",以引导学生向着潜在的、最高的水平发展,引导学生全面而又超越发展。

(2)鼓励学生在问题解决中学习

在维果斯基看来,在真实的问题解决情境中进行学习能更有效地掌握知识和技能;教学应该为学生提供问题情境,给予学生更多的思考问题、解决问题的机会。学生在解决问题的过程中成为学习的真正主人,激发好奇心,调动积极性,学会思考,学会探索,学会自我学习,学会通过解决问题来建构知识。美国知名教育心理学家加涅在学习分类中认为,问题解决是最高级的学习活动。

(3)重视交往在教学中的作用

维果斯基的社会文化历史理论提出,儿童在与社会环境(包括成人和同伴)的相互交往中获得社会生存所需要的高级心理智能。建构主义教学流派认为,教学的过程实际上是一种交往的过程。正如尼采所说:"一个人总会犯错误的,两个人就开始认识真知了。"交往的双方通过信息的交换和意见的沟通,能够彼此获得提升。德国著名哲学家雅斯贝尔斯认为,在谈话中形成真正的交往,同时交往需要双方彼此的理解。在教学中,师生之间、生生之间通过相互交往、互动、交流、沟通,共同完成学习目标,思想摩擦、碰撞,有助于师生的共同成长与提高。在交往中,学生才能感受到自己存在的现实性和知识的真实性。总之,教育的目的需要通过师生、生生之间的交往实践得以实现。与行为主义者不同的是,维果斯基认为,教学不是单纯的外在知识灌输与被动接受,而是学生积极主动转化吸收知识的过程。

因此,教学需要重视学生的主动性和发展的独特性,关注学生发展的心理需求,注意学生心理发展所需要的中介。学生在交往过程中,能够发现自我,增强主体性,学会与他人交流沟通、共处共事,有利于其健康完整的人格的塑造。当前我国开展的素质教育改革非常重视交往在教学中的重要作用。

4.最近发展区理论在翻转课堂中的重要体现

翻转课堂实施的目的在于促使学生的个性化学习的真正实现,发掘学生的潜能和创新能力。翻转课堂专注于学生的个性化发展,注重基于最近发展区理论的新型因材施教观。最近发展区理论着眼于发现学生的最近发展区,帮助学生跨越最近发展区向具有可能性的更高水平发展。除此之外,与传统课堂相比,翻转课堂更加关注每个学生的现有发展水平,制订符合每个学生自身实际情况的学习方案。翻转课堂注重学生的问题意识的培养,让学生学会自主学习,学会发现问题,善于提出问题,体验"发现问题—分析问题—解决问题"的思维过程,锻炼逻辑思维,提升思维品质。翻转课堂也非常关注学生的社会交往能力和自我表达能力的提升。最近发展区理论强调的教育思想和理念在翻转课堂中得到了充分的体现。

(二)皮亚杰的相互作用理论

皮亚杰的相互作用理论认为,先天的平衡过程是发展的最高原则。平衡过程保证了"同化"和"顺应"之间保持着相对平衡的状态,使发展具有连续性,使成熟因素和经验及社会影响有机地结合在一起,使个体以确定的步伐和顺序向着更高水平的平衡状态发展。

同化原本是一个生物学概念,指生物体把从外界环境中获取的营养物质转变成自身的组成物质,并且储存能量的变化过程。皮亚杰把这一名词借鉴到心理学中,用于描述"把外界元素整合到一个正在形成或已经形成的结构中"。顺应是指"同化性的图式或结构受到它所同化的元素的影响而发生的改变",也就是改变主体动作以适应客观变化,也可以说改变认知结构以处理新的信息。顺应是与同化伴随而行的。当个体不能用原有图式来同化新的刺激时,个体便要对原有图式加以修改或重建,以适应环境,这就是顺应的过程。

在本质上,"同化"指个体对环境的作用,"顺应"指环境对个体的作用。"同化"是认知结构数量的扩充(图式扩充),而"顺应"则是认知结构性质的改变(图式改变)。认知个体就是通过"同化"与"顺应"这两种形式来达到与周围环境的平衡:当认知个体用现有图式去"同化"新信息时,他/她就处于一种平衡的认知状态;而当现有图式不能"同化"新信息时,平衡即被破坏,而修改或创造新图式(即"顺应")的过程就是寻找新的平衡的过程。个体的认知结构就是通过"同化"与"顺应"过程逐步建构起来的,这是皮亚杰建构主义认识论的基本观点。

翻转课堂试图以皮亚杰的相互作用理论为根基,以学生已有的知识水平(即已有的认知结构)为教学前提,通过向学生提供合适的新的学习材料(例如导学案和微课),使学生体验到一种平衡或者不平衡的学习状态;学生为了学习新知识需要改变自己已有的认知结构(即需要"同化"和"顺应"),尽力达到学习目标(即获得认知结构上的平衡)。

(三)奥苏贝尔的认知同化学习理论

奥苏贝尔创设了"有意义学习理论",这一学习迁移理论是建立在他的认知同化学习理论基础之上的。同化指新旧知识的相互作用。"同化"最初由皮亚杰提出,奥苏贝尔赋予"同化"概念新的内涵,认为学生能否获得新知识,主要取决于学生个体的认知结构中是否已有了有关的概念。奥苏贝尔强调影响学生学习的首要因素是已有的知识。

奥苏贝尔认为,认知结构中对新知识的获得和保持的影响因素主要有三个:认知结构中对新知识起固定作用的旧知识的可利用性,新知识与旧知识之间的可辨别性,认知结构中旧知识的稳定性和清晰性。认知结构中的这三个因素称为认知结构的三个变量。这三个变量影响着新知识的获得和保持,同时也影响着知识学习的迁移。奥苏贝尔认为,有意义学习的心理机制是同化,而同化理论的核心是学生能否习得新信息,主要取决于他们认知结构中已有的有关概念;有意义学习是通过新信息与学生认知结构中已有的有关概念的相互作用才得以发生的。这种相互作用的结果,导致了新旧知识意义的同化。总之,可以看出奥苏贝尔非常重视学生已有的认知结构。

为了促进学生更好地进行有效的学习迁移,根据认知同化学习理论,奥苏贝尔提出了"先行组织者"(先行材料)这一概念。"先行组织者"就是教师在向学生传授新知识之前,给学生呈现一个短暂的、具有概括性和引导性的说明。

根据奥苏贝尔的学习迁移理论,在翻转课堂实施中,应试图把握学生已有的知识结构,为学生提供具有引导性的导学案和教学视频,以促进学生搭建起新知识与旧知识之间的内在联系,重新建构新一级的知识结构。为学生提供的具有引导性的导学案和教学视频,在一定程度上起到"先行组织者"的作用,促进学生理解已有知识和新知识存在的内在关联,从而进行有意义学习和高效学习。

三、慕课视域下的英语翻转课堂实践模式探索

(一)大学英语 O2O 教学模式建构

经济的全球化和社会生活的信息化,使英语成为最重要的信息载体之一。大学生若能掌握英语,就能开启世界之门,实现多元学习与价值的目标。英语扮演着如此重要的角色,但高校英语教学的日常现状却不容乐观:相当一部分大学生英语基础薄弱、兴趣低下,而传统的 3P 英语教学模式导致大部分学生被动学习乃至厌学。英语教师的教学任务繁重,人均每周大约 12~20 节课,与学生只是在课堂见面,疏于管理与交流。长此以往,英语教学质量将每况愈下。如何处理这一问题呢?苏格拉底曾说过:"教育不是灌输,而是点燃火焰。"因此尽力培养大学生的自主学习能力是解决问题的根本途径。若能开发一种新型的英语教学模式,充分发挥英语教师的主导作用,把建构主义学习理论运用到英语教学实践之中,突出大学生的中心地位和主体性,培养其英语自主学习能力,便可帮助大学生掌握必要的英语语言知识,为其未来的可持续发展及终身学习奠定基础,点燃英语学习的信心之火。

目前慕课多应用于高等教育体系,它的发展标志着优质教育资源共享时代的到来,为大学英语教学改革和教育管理提供了千载难逢的良机,而翻转课堂是直接讲授与建构主义学习理论的混合体,多用于基础教育领域,若能找到契合点使二者相结合,则可相互促进。若能凭借慕课先进的学习平台、优质的课程内容和新型的评价方式,便可尝试将翻转课堂模式推广至高等教育领域。基于慕课的翻转课堂有利于提高学习资源的利用率,在宏观上节约高校英语教师的时间与精力,达到最优化的教学效果。

大学英语O2O(Online to Offine)教学模式的优势:

1. 有利于学习者知识的建构与内化

建构主义理论强调:知识是学习者通过意义建构的方式获得,而非教师传授获得。大学英语O2O教学模式通过慕课平台,将英语知识传递放在课前完成,课内主要开展师生互动和生生协作等教学活动。英语教师应把课堂的舞台交予学生,承担指导者和协调者的角色,力求更好地体现学生的主体地位,充分调动学生的主观能动性,激发其学习的活力,促使学生能更好地完成知识的建构和内化。

2. 有利于实现分层次教学

学生入校时英语水平参差不齐,在大学英语O2O教学模式中,要为学生提供层次不同的慕课视频和学习资源,学生可根据自身的基础,灵活安排学习时间、选择学习资源,不需要担心是否影响他人的学习进程,并可反复观摩课程视频而不必担忧知识重难点的遗漏,实现真正的个性化学习与分层教育。

3. 有利于学习者对学习的掌控

美国心理学家布卢姆的掌握学习理论认为:只要提供最适合的教学模式并予以充足的学习时间,所有学习者都能学好。因此在大学英语O2O教学模式中,要为学生创造一个舒适的信息化自主学习环境,使得学生不需要像在传统英语课堂上那样神经紧绷地听讲,从而摆脱群体教学模式中教学进度的困扰,英语学习不再受时空限制,使得学生可按自己的节奏学习,直至掌握所要求的知识。

(二)大学英语O2O教学平台模块及功能描述

1. 大学英语O2O教学平台模块

基于慕课的大学英语O2O教学平台将是学生提高学习自主性、获取训练反馈、自我提升的一个重要平台。由于教育技术学把教育过程中的"信息—人—机器"看成了一个整体,运用系统方法对教与学的全过程进行设计、开发、管理与评价,该平台被设计成为一个封闭、可循环提升的自主训练执行系统平台,必须具备教学、提供资源、监控和评价功能。它包含自主学习系统、资源管理系统、教学管理系统、评价反馈系统和等级认证系统,这五个系统形成一个闭合循环的大学英语教学平台,学生可以依托该平台进行自主学习,实现英语听、说、读、写、译等五项技能的自我认证,克服单纯慕课模式坚持率低以及传统课堂教学自主性差的不足。

2. 大学英语O2O教学平台模块功能

(1)自主学习系统

自主学习该系统分为选课和自学两部分。系统包含各项英语技能教学视频,重点展示单项英语技能的知识重点和应用技巧。学生可根据自己的具体情况,选择自己最需要的听、说、读、写、译单项知识技能进行学习,可以自己决定进度,无须按传统英语教师的授课计划顺序来学习。

(2)资源管理系统

资源管理系统是课程管理系统。平台上提供各项英语技能资源,如将大学英语精品课程的听、说、语法部分按照难易阶梯进行视频拍摄或者采集名家视频,并导入平台,学生可根据需要自选与选课系统中对应的课程内容进行学习。平台可鼓励拓展学习,链接其他教学资源。

（3）教学管理系统

教学管理系统具有监控功能，可记录学生登录平台后的所有操作过程；具备导航功能，引导学生做下一步的测试和选择；要求学生在线学习，可根据教师后台设定的参考答案进行机器评分，学生查阅或使用平台所提供的资源可加分。监控系统旨在促进学生的学习主动性，根据在线记录的实际情况给学生分值，在线时间长短、是否阅读平台资源、是否完成课堂随测等在线行为都可以作为奖励依据。学生可根据分值通过教师设定的比率换算成期末总成绩从而获得学分，此过程报告可称之为过程评价（Formative Assessment Report，FA Report）。

（4）评价反馈系统

评价反馈系统主要是为了方便大学生对自我的学习活动进行监控、调节、激励和强化。首先是课堂随测。学生每看完一次课程教学的短视频，系统就弹出课堂随测题，重点考查学生对重点和难点的理解，结果可生成成绩报告单（Instant Test Report，IT Report）。其次是过程反馈。系统可生成学生所有在线学习过程及在线时长报告单（Process and Time Report，PT Report），如看了哪门课程视频，进行过哪些阅读，访问过哪种教学资源，是否做过测试，等等。最后是过关测试。过关测试指在完成一项英语技能的学习后进行的一次整体测试，主要以在线笔试为主，考查学生是否具备进入更高一阶学习的条件。可使用选择题或 TF（True or False）题，利于机器及时打分出成绩。可生成单元测试成绩报告单（Teaching Steps Test，TST Report）。

（5）等级认证系统

为了拓展学习，给学生一个明确自己英语技能水平高低的依据，可将各级英语标准化考试的真题或模拟题试卷导入等级认证系统，并按听、说、读、写、译等模块分类设置，使学生既可以选择单项技能认证也可以进行综合技能认证。因此，设计一套行之有效的技能认证系统是首要任务。本系统中应将大学英语四、六级考试及高等学校英语应用能力考试 A、B 级考试的考查点作为认证系统的一个重要组成部分，细化考核知识点，规范考核评价标准，形成英语技能认证报告。

在平台上学生可通过自主选择课程，在线提交各种学习过程报告来申请获得学分。上述提到的 IT Report、FA Report、PT Report 和 TST Report 都要通过在线提供给后台，由英语教师进行综合评定。这四种评价报告主要是形成性评价，有利于激活大学生把控学习过程的能力，激发他们逐步实现目标，实现成就感，只有这样，才能避免单纯慕课模式中报名学习的人多而坚持学习的人少的情况发生。形成性评价与总结性评价的结合是比较合理的方式，因此在大学英语 O2O 教学平台的评价系统中，大学生的总结性评价表现为在线上传的学生口语演讲或对话视频，每位学生自己拍摄上传的口语视频与四项形成性评价报告经由在线答疑教师考核后可以获得该门课程的 2/3 学分（2/3 为线上自主学习部分的总学分，另1/3 学分需通过课堂面授获得）。获得学分之后学有余力的学生可进入认证系统进行拓展学习，参加英语单项技能合格认证，所有英语单项技能通过后可进行综合技能等级认证，以明确自己的实际英语水平。

（三）大学英语 O2O 教学模式的建构

1.教学管理

作为一种课堂形式，大学英语 O2O 教学模式构成一条完整的线上+线下混合学习链：在大学英语 O2O 教学平台上完成线上慕课视频授课+论坛互动作业互评,同时还要确保每门课程都有充足的线下交流时间,让教师与学生面对面,帮助学生加深对自学内容的理解。每门课程的学分将通过线上自主学习和线下课堂教学两个部分组合获取:学分分配为 2:1(线上:线下),学时分配为 2:1(线上:线下)。具体为每周 6 学时,4 学时大学英语 O2O 教学平台自主学习+2 学时纸质教材课堂教学。

对于英语教师而言,慕课的兴起是变革自我的一次契机,它会促进师资强者愈来愈强,教师必须适应新形势下的在线教学模式。大学英语 O2O 教学模式所采用的是线上+线下混合教学模式,因此英语教师必须以团队作战方式参与课程建设,教师应当依据自身所擅长的工作如教务、讲课或者答疑进行分工协作。教学团队由慕课视频主讲教师+班级责任教师+在线答疑教师组成,并需要 1 名负责人统筹指导教学团队,确定系统设计结果的形成性评价和总结性评价。而慕课视频主讲教师负责慕课课程内容的设计及制作;班级责任教师则负责管理小班并开展面授,管理所属小班讨论课并做出课堂评价;在线答疑教师负责在线回答学生提问,与学生互动并统计学生在线学习成果。

2. 教学流程

对学生而言,要想完成一门英语课程学习并拿到相应的学分,并不轻松。按照大学英语 O2O 教学过程设计,每周会有教师面授 1 次(1 学时),开展 1 次小班讨论课(1 学时),就课程单元内容进行讨论,其余时间为大学生自行观看视频教学。每门英语课程均由学生自主选课组班,每班大约 25 人,按要求定期参加课堂讨论。而在考核中,课堂讨论和成果展示的质量是重要参考,这意味着学生不仅得认真地在大学英语 O2O 教学平台自主学习,还得用心准备线下的课堂讨论。

(1)课前知识传授

英语教师应制作或选择合适的课程资源。在选择课程资源之前,英语教师要先行分析单元教学目标和学习者的特征而后分解知识点,制作或选择与教学目标和教学内容最为契合的慕课课程。课程应为 5~15 分钟的微视频,有利于学生集中注意力。在设计安排作业与测试题环节中,测试题难度要适宜,数量要合理,太难会打击学生的积极性,而太简单又缺乏挑战性,难以激发他们的学习兴趣。

学生自主观看慕课视频。大学英语 O2O 教学平台提供的是慕课短视频,并在课程中穿插小测试,以确保学生的注意力更加集中,同时激发学生自主学习思考,以便对知识点达成更好的理解和记忆。学生可自主选择在线学习的地点,宿舍或者学校机房,也可自行决定在线学习的时间,可以选择自身学习效率较高的时间点,并在观看慕课视频过程中随时将不理解之处记录下来。

学生自主完成随堂测试。学生在看完慕课视频后,要完成英语教师设计好的作业与测试题以巩固所学知识。测试以客观题为主,由大学英语 O2O 课程系统完成评价,学生可针对做错的题目重新观看视频;作业以主观题为主,系统对学生进行随机分组,并按组互相评价对方的作业。学生在评价同学作业的过程中将会对之前所学的知识产生新的理解。

互动交流。学生通过大学英语 O2O 教学平台提供的社交媒体可与本校的教师及同学互动交流,还可以与外界的学习者进行交流,以拓宽眼界,感受不同的思维方式。在利用平台进行交互的过程中,应当充分发挥社会临场感的作用,努力增强在线学习者的凝聚力与归属感,使学习者快乐、不孤单地学习。学生通过平台与教师及同学分享自身的学习心得,从而对所学知识达到更好的理解。

（2）课堂知识内化

该教学环节的英语课堂学习采用的是任务驱动的方式。任务驱动法是一种建立在建构主义教学理论基础上的教学法。任务驱动法的特点是以任务为主线，以教师为主导，以学生为主体，能够激发学生的兴趣，有助于提高学生自主探究与协作学习的能力，最终完成对知识的建构。

教师补充讲授。由于大学英语 O2O 教学平台上的视频不可能与教学目标、教学内容完全相符，因此英语教师在上课时，必须针对慕课视频中与教学目标、教学内容的不符之处做补充讲解。

确定任务。英语教师综合单元教学目标、教学重难点以及学生平台自主学习的实际情况在课前设计出具有挑战性和探究性的任务。在课堂内，根据学生的特点及其自身的意愿，将全班分为若干学习小组，每组人数 4~6 人。各小组成员共同商讨决定要探究的任务，若有不同的小组选择了同一任务，则小组之间通过互相协商来分配各自要完成的任务。

任务探究。各学习小组内部合理分工，针对任务进行讨论分析。如果任务整体牵涉面较广，就将其分解为若干任务，每个组员独立负责一部分进行探究。如果任务不易划分，那么每个组员都对任务整体进行独立探究。这样既体现了大学生学习的主体地位，亦有利于培养大学生的独立思考、分析并解决问题的能力。独立探究之后，进一步通过对话、商议、争论等形式进行任务协作探究。协作探究活动有益于开拓大学生的创新性思维和批判性思维，对增强学生之间的沟通能力和包容能力都有显著的作用。

成果展示。经过课前的自主学习和课内的任务探究，学生要在课堂上进行成果汇报和展示。每个学习小组采用合作的形式由各成员轮流汇报，或者推选出一名代表进行集中汇报。

评价反馈。大学英语 O2O 教学模式中，教学评价由英语教师和学生共同完成。评价内容包括课前自主学习情况、在课堂任务探究过程中的表现以及小组的探究成果等方面。在评价的过程中，学生与英语教师和同学不断地进行交流碰撞，逐步完成个体知识内化过程。课堂评价结果与大学英语 O2O 自主学习平台评价结果相结合，构成该门课程的总结性评价。

（3）课后知识巩固与拓展

经过前两个阶段的学习，学生基本掌握了知识要点，完成了课程目标的学习。若能进一步在教学平台上完成技能测试和过关测试，即可获得该门课程自主学习部分的学分。英语教师根据学生的学习情况进行点评后，可把优秀的学习作品以视频或者 PPT 的形式在教学平台上展示；还可收集与教学内容相关的拓展学习资源以设置拓展任务，鼓励学有余力的学生挑战拓展任务，实现大学生对知识（技能）的巩固与拓展。

（四）基于慕课的 O2O 大学英语教学实验

1. 主要特点

（1）教学目标自主化

大学英语 O2O 教学模式要求学生在线上和线下的学习过程中整体地接触语言，通过听、说、读、写、译的方式对语言进行积极的认知加工，从而体会语言形式所承载的内涵。通过反复在线观看视频进行自主学习，学生可在反复实践中掌握知识；通过培养学生创造性地在课堂上运用英语的能力，帮助他们将已掌握的语言知识外化呈现。

（2）教学形式情境化

大学英语O2O教学模式的课堂情境预设使学生仿若置身于真实的场景之中，以达到真实运用英语语言知识和技能的目的，从而能够解决具体的问题。这种参与、实践、交流与合作的学习方式开拓了学生的眼界，并使他们的学习动机、精神交流、情感投入以及课堂文化也随之产生积极的动态变化，这切实符合《大学英语课程教学要求》的精神实质。

（3）教学评价多样化

大学英语O2O教学模式以形成性评价为主，通过在线建立学习档案、学生自评与互评，以及教师课堂观察与评价等多种方式，注重学生英语语言运用的综合能力和健全人格的发展。学生的在线自主学习以及在课堂教学活动中独立探究或协作完成任务，不仅强调了对自身英语语言技能的运用，同时削弱了英语教师的主观评价或单一考试结果造成的外部影响。如此一来，学生的自我满足便主要来自对自身能力的内部肯定，从而强化了他们对语言学习过程的投入与关注，有利于形成良好、持久的学习层次递进和自主学习能力的提升。

该模式的优势主要包括以下几点。首先，它的核心理念是"先学后教、以学定教"，这有利于提高课堂教学效率；其次，它强调以学生为中心，激发学生学习动机，进而提高学生的有效参与度；再次，它有助于学生自主学习能力的培养，对于知识和技能的学习由被动转为主动，从而优化学习方式；最后，学习活动主要以表达意义为主，避免学生因过分注重语言点的学习而忽视了整个学习过程。当然，该模式的实施也存在着以下现实问题。

①需要院校的支持。该模式是英语教学的教改成果，关系到学生的学分认定、教师工作分配与工作量认定、教学大纲的修订以及后台信息部门的配合等复杂因素，牵涉面极广，目前只能在试点班实验。

②在教学设计的过程中，慕课视频的制作是个难点，必须充分考虑到课程类型的可操作性、视频讲解的难易程度以及跨文化交际的影响等因素。

③必须对课堂教材进行适度加工以保证慕课视频与教材内容的匹配。

④缺乏参考实例，目前针对O2O教学模式适用对象情况分析的相关研究较少。

2. 与传统3P英语教学模式的差异性

传统的3P英语教学模式是20世纪70年代在行为主义心理学和结构主义语言学的基础上发展而来的一种交际语言教学模式，3P教学把语言分以下三个阶段：演示（presentation）→操作（practice）→成果（productian）。在英语教学过程中，教师先通过讲授呈现语言知识，然后让学生在操练中掌握语言知识，最后在控制或者半控制状态之下，让学生进行假设交际并实现语言的输出，从而完成教学过程。

该模式的教学目标是学生在一堂课内必须掌握一种英语语言形式。该模式认为，学生只要通过英语教师对某个独立的语言项目的详细讲解及课堂操练，便能一步到位地掌握课堂所教授的内容并加以运用，而事实上这种目标是难以达到的。其课堂教学形式的重点在于语言的输入，强调语言知识的机械操练与积累。这种简单粗暴的知识灌输加上单调枯燥的语言操练容易对学生的学习兴趣和积极性产生负面影响。在教学评价上，教师一般采用终结性评价（考试测验等），通常只关注学习结果。

该模式的优势主要包括以下三点：

①保证教师的主导性，便于教师进行课堂组织管理，提高课堂教学的有效性；

②强调教学的可控性，能有效保障系统性的语言结构形式教学；

③重视学生的参与性，学生的操练是经过教师的精心设计，有利于达到最好的教学

效果。

但这种模式也伴随着以下四种缺陷：

①3P 模式是以"教"为中心，"先教后学"的知识单向传递的教学模式，它忽视了学生的真实需求和学习地位；

②3P 模式受时间和空间的限制，师生互动以及教学进度难以进行个性化设定；

③3P 模式偏重英语语言形式，而非语言内容，易导致二者失衡；

④由于偏重语言形式，教学大纲的编写主要以语法为纲领，难以顾及二语习得者的语法习得规律，无法内化二语习得者的中介语语法发展体系。

第三节　混合式教学模式

一、大学英语混合式教学分析

（一）教学对象

首先，培养大学生解决问题的能力至关重要，正如独立、辩证的思考有助于解决个人和家庭问题，解决问题的能力可以帮助学生解决未来工作中遇到的很多问题。教师的最终目标是帮助学生提升各种生活技能。在多样化的课堂中，学生的适应性首先始于对教师的适应。很早就有学者建议教师在设计教学课堂和学习策略时，考虑到学生的因素，如他们的需求、能力兴趣、已有的学习体验、不同课程与学习风格之间的关联等。

其次，有必要培养学生的思辨能力和质疑能力。受到十几年应试教育模式的影响，教学中几乎忽略了学生思辨能力的培养，而学生习惯靠背诵和机械记忆来应付各类英语考试。当前，几乎各行各业都在呼吁学生能成为善于辩证思考的人。

进入 21 世纪后，随着中国社会经济文化的发展，英语逐渐走进大众生活，成为继续学习、工作就业和出国交流的重要条件。《大学英语教学指南》不仅提出英语学习必须满足学生学习、工作和社会交往的需求，同时还体现了英语应用能力发展的现实性和英语学习现实需求的重要性，因为《大学英语教学指南》在描述英语学习的个人需求时去掉了"今后"二字，变为"使他们在学习、生活、社会交往和未来工作中能够有效地使用英语"，可以说，学生在校期间英语应用能力的培养是当前学生发展的现实需求。当前大学英语的学习者，涉及的专业领域广泛，他们具有一定的通用英语能力，但学术英语和专业英语能力低下。一方面，英语作为交流媒介的作用日益突出，学生迫切需要使用英语来满足他们进行学术、专业交流和写作的需求；另一方面，他们普遍认为自身的英语能力远不能适应当前目标环境提出的要求，如撰写毕业论文摘要、学术报告或是学术论文。

（二）教学内容

英语作为高校的一门学科，不少大学英语教师却仍延续初、高中的应试教学法，知识的灌输、死板的单词记忆、句型语法的操练、基于经典范文的背诵写作等构成了大学英语教学中的重要内容。为了满足学生"找一份好工作、考研、顺利通过 CET4 和 CET6、出国留学"等需求，在当今的大学英语课堂教学中，不少教师侧重英语的实际运用，但考试内容浅显，忽略了学生真正的学习兴趣。所以，在信息化教学环境下，教师应适当增加考查学生思辨能力的教学内容,让学生在英语学习的过程中能探讨、分析、推理或评价学习中的各种问题。此外,当前的教学太过目的化,缺乏对学生学习兴趣的培养。而兴趣又是最好的教学内容。在积极训练学生发散性思维的过程中,教师可进一步挖掘问题背后的深层次内容,让学生体验课本之外的学习乐趣。

高校的大学英语教学改革应以培养学生的专业水平和国际化交流能力为主要内容。对于以理工科专业学生为主的学校,大学英语教学尤其需要在基础英语中融入简单的专业知识,以提高理工科学生英语学习的知识性、趣味性和实用性。结合当前的教学内容,便可发现,教学内容与学生的学习需求严重失调。当前很多高校仍使用陈旧的教学素材,因为技术的引入,教师只是单纯地改变了授课内容的环境而已,并未实现真正意义上技术与课程的整合。

(三)教学环境

教学环境是指一个"教与学"发生和发展的环境系统,受各种因素的制约。在信息化时代,教学环境被赋予了新的内涵和特征。能否创设有效的教学环境直接关系到学生的整个学习活动,因为有效的学习环境可激发、推动、强化学生的各种教学行为,有利于学生知识的掌握、学习成果的巩固、个性和才能的施展及多种技能的提升。

教学环境需要教师考虑具体学情和其他教学要素的影响,需要服务于多种教学目的,如情感目的、实用知识目的、行为变化认知目的等。信息技术在英语教育中被广泛应用后,计算机网络学习环境已经成为影响学生发展的一种重要学习环境。但是,由于在环境建设和维护运行方面存在诸多问题,这些花费巨资建立起来的网络环境、投入大量精力开发的网络课程、费尽心思构建的网络学习社区等的应用效果并不理想。

外语学习所需的环境,应该是一种综合、动态、平衡的环境,它需要具有兼容系统内部各要素的功能,这取自生态环境的特点;也需要具有制约学习活动,使要素互相作用、互相依赖、互相转换的功能,这取自系统论的环境特征;还需要具有影响个体发展的功能,这取自环境心理学的环境观;更需要具有文化促进的功能,这取自教育环境的文化特征。所以理想的外语学习环境应该注重两条基本原则:一是能稳定学习结构,兼容学习要素;二是能制约学习运转,促进个体发展。同时,外语教学环境本身又是一个系统,因为它是由许多互相联系和互相作用的部分(要素)按照一定层次和结构组成并具有特定功能的有机整体。在这个系统中,各教学要素都具有其特定的功能,相互竞争、相互作用、相互依存,呈现健康有序的状态。

二、大学英语混合式教学的优化

(一)教学内容

如何设计有趣、吸引学生注意力的课程?偏离常规的教学内容往往会在学生的心里占据突出位置,给他们留下较为深刻的印象。有超过80%的学生不满意他们已有的教材内容,很多教师也表示有类似的体会。如果让学生学习教材文本以外的知识,学生的兴趣度和掌握度都会大大提高。有趣且吸引学生的课程首先应基于学生所处的环境与生活,或者是,学生所学课程的知识应具有一定的实用性。大学英语教学中呈现的知识也必须具有其校园价值和生活价值。因此,教师有必要为学生创设一些灵活的变式内容,真正让学生做到"愿意学、有所学"。

学生对当前的混合式学习内容表现出诸多的不满。从一定意义上讲，对当前教学内容的优化可通过在线学习平台来实现，在培养学生人文素养的同时，大幅度加入学术和专业英语内容，探索以培养"专业型英语人才"为目标的教学创新改革方案。与专业有关的大学英语课程既不是单纯的语言课，也不是单纯的专业课，而是一门将语言应用与专业知识紧密结合的课程。专业英语不仅涉及科技英语的一般特征，还涉及一定的专业内容及信息交流，两者相辅相成。专业英语与基础英语的最大不同之处是长句多、专业术语多。因此，教师应围绕专业交流的实际需要，要求学生掌握一定的专业英语词汇、语言特点，培养他们综合运用英语知识和专业知识解决具体问题的能力。

（二）教学平台

混合式教学资源与平台建设可有效促进线上与线下学习的融合。然而，目前很多院校没有专门的混合式学习平台，大多只是在数字化资源的基础上改造而成，这使得线上课程与线下课程资源的整合缺乏全方位的技术支撑，导致教学效果不佳。当然，很多学校会使用适用性较强的专门网络课程平台。随着科技的更新与发展，学习平台的搭建与应用也逐渐呈现多样化。近年来，基于微信公共平台的混合式学习研究也逐渐受到关注。这些新型的学习平台为学生创设了新型的混合式学习环境，使得学生的混合式学习更加灵活化、多样化、生活化。

学生对当前的学习管理系统仍有很多的质疑。因此，为保证混合式教学的质量，有必要为学生提供一个多元的混合式学习平台，克服已有学习平台的不足。多元化的混合式学习平台应根据学生的学习进度和特点，能够实现灵活的同步和异步学习。教师和学生也可自主开发异步学习的方式，如自建在线平台、微信、微博等互动性较强的在线辅助教学手段。

通过自建网络平台，可实现"按需选择"的自主学习方式，克服已有学习管理系统的一些不足和不便之处。针对大学英语教学中专业英语与文化传授的缺乏而设计出的自主学习系列课件，将专业英语素养与文化素养培养相结合，做到让不同专业的学生可以各取所需，点击自己喜欢的专业文章进行自主学习，克服已有教学网络平台未从学生实际需要出发的弊端。

（三）教学主体

教学主体的角色、定位等各个环节存在较多问题。在整个外语学习系统中，学生和教师是关键群体，代表校方的教学管理人员和技术支持人员应积极给予支持和服务，使学生和教师发挥最大的潜能，产出最大的学习效率。可以说，有效的混合式教学环境应包括教师、学生、学校和技术员在内的各个教学主体。只有最大限度地发挥四大教学主体的作用，建立四位（四大教学主体）一体（混合式教学体系）的教学管理，才能提高学生的学习效率，各个教学主体之间才能互相合作、动态共存。

首先，学生的能力应该与计算机功能相匹配，计算机网络和信息技术应成为学生学习过程中不可或缺的有机组成部分。这就需要给学生提供更多的合作学习机会，让学生之间通过交流协商共同完成小组学习任务。因为学生之间的交流、互动和意见综合，既可以丰富他们的语言学习环境，而且可以相互激励，在学生之间形成良性竞争。大多数的学生利用移动工具进行聊天、基本信息的查询等，很少有学生用其进行实质性的学习。那么，如何加强学生的信息化素养就成为优化学生这一教学主体的重大突破口。

学生对于自己的学习目标也趋于一致。大部分学生都认为思辨能力、解决问题的能力、决策力、社会交际能力、独立学习能力、建立正确的价值观等是最重要的学习目标,知识和信息的获取为次要目标。因此问题式检查、技能操练、团队调查、导向性练习和独立练习、合作式学习等间接教学活动对学生的学习有重要影响。此外,如果能有效设计混合式课程,学生的很多技能都可迁移到终身学习中。在混合式教学中,时间的管理、辩证的思维、正确的表达、有效的交际等一系列实用技能都在学生的职业发展中发挥着重要作用。

其次,在混合式教学环境下,教师应注重发挥学生的主动性、积极性,培养学生的自主学习能力。教师需经常布置任务,组织学生自学,并且检查效果。没有这一管理环节,学生会因为惰性而使线上学习效果大打折扣,因此教师要特别注重对学生的考察、监督、激励。

再次,对于代表校方的教学管理人员,应懂得如何使该体系的各个层次上下一致,诸多因素互相协调,多种形态协调配合。针对教师的教学,教学管理人员应健全教师管理和培训体制,加强大学英语教师队伍的培养和建设。师资的培养和提高可以通过对教师的培训或加强业务学习和经验交流得以实现。例如,混合式教改实施以来,学校通过不同渠道,采用学术沙龙、教学促进会、信息化课堂观摩等多种途径提升教师的业务素质和专业教学能力。这些培训与交流活动将有力地促使大学英语教师更新已有的教学理念,学习新的教学模式,运用新的教学方法,掌握信息化教学手段,提高教学能力和水平。管理人员还应加强混合式学习网络平台的建设,保证学生、教师与技术员之间的有效沟通。教学管理虽然繁杂、牵涉面广,但作为管理人员必须持有一个整体观念,既要充分发挥不同层次管理机构和职能部门的作用,又要充分调动教师、学生、技术人员三方面的主动性。

最后,技术员的首要任务是确保混合式学习系统的稳定。如果系统不稳定,出现学生无法登录、测试系统打不开、学习记录有误差、语音识别不灵敏等问题,都会影响学生自主学习的积极性,并给在线教学管理带来麻烦。次要任务是教学设备信息应数字化,通过建立网络的方式,为教师提供一种非实时解决设备维修通道。

(四)教学策略

每个学生都是独特的,都有着独特的需求。不同的社会经济地位、生活经历、文化、民族、语言、学习风格等都是造成学生差异性的因素。多数课堂中可能存在以下五类学生:成功型学生,他们任务明确、成绩突出、合作力强;社会型学生,他们多以实现个人目标为中心;依赖型学生,他们经常向教师求助,受到教师的激励,同时经常寻求其他渠道的帮助;不合群型学生,他们不愿意学习,有潜在的辍学倾向;幻想型学生,他们逐渐消失在大环境中,因为教师很少关注或倾听他们的声音。

生活在信息化时代的学生,被科技重重包围,各个方面几乎都离不开科技。为了更好地优化教学策略,教师有必要了解当前学生常用的学习方法。虽然多数以上的学生都能进行自主学习、依托信息技术进行学习或选择其他资料自主学习,但是学生对选择性学习、课堂之外的延伸学习以及小组讨论式学习仍很欠缺。为此,教师可通过提供"真实世界的学习"方式,挖掘学生的学习特点,激发学生的学习兴趣。大学英语是各高校本科学生的必修课,且英语教学质量直接影响国际化人才的培养。为了适应社会发展和高等教育国际化的需要,教师需要适时地调整教学目标,改革教学内容与方法,针对不同学生的学习心理和特点制定相应的教学策略。

第七章　基于网络多媒体的大学英语教学评价

第一节　大学英语教学评价简述

《大学英语课程教学要求》指出,教学评估是大学英语课程教学的一个重要环节。全面、客观、科学、准确的评估体系对于实现课程目标至关重要。它既是教师获取教学反馈信息、改进教学管理、保证教学质量的重要依据,又是学生调整学习策略、改进学习方法、提高学习效率的有效手段。

对于普通大学英语教学而言,教学评价是其重要的组成部分,这对于基于网络多媒体的大学英语教学也不例外。在网络多媒体环境下,大学英语教学评价的重要目标除了要了解学生的学习情况,以便为下一阶段的学习做出调整和改善外,还有一个重要目的是判断学生的学习能力,以便教师对学生的未来状况进行评价。

一、教学评价

(一)内涵

要想了解教学评价,首先需要对评价有一个基本的了解。"评价"这一术语是由美国著名学者、教育家泰勒提出的。对于其定义,不同的学者有不同的观点。但是从提出之日起,学者们就认为与测试有着明显的区别,并且评价被认为是一种价值判断。在很多学者看来,评价不仅是一种认知活动,更是认知活动中的一种特殊情况,因为它能够将整个世界的价值揭示出来,并且对这一价值进行创新和建构。

将评价应用到教学中就成了教学评价,对于教学评价,国内外学者给过四种观点:

(1)教学评价等同于教学测益;

(2)教学评价等同于专业判断;

(3)教学评价是一种将实际表现与理想目标进行比较的历程;

(4)教学评价是一种有系统性地去搜寻资料,以便帮助使用者恰当地选择可行的途径的历程。

对于上述四种观点,不得不说对教学评价研究产生了一定的意义,但是其中有些观点是失之偏颇的,存在一定的片面性。

对于教学评价与教学测验等同的观点,其主要源于在当前的教学评价过程中往往需要借助教学测验这一认识。但是,教学评价与教学测验事实上是存在本质上的区别的,因此将二者等同是存在片面性的。注要有以下两个层面的原因。

(1)教学测验倾向于数量的统计,因而注重具体教学事实的数量化,而那些不能做数量化处理的教学事实往往被排除在教学评价之外。然而,教学评价不仅包含数量分析,还包含确定事物性质,即实现主观评价与客观实际的结合。

(2)教学测验倾向于描写教学现状,从而获取客观事实,而教学评价倾向于对教学情况的判断和解释。

教学评价与专业判断等同的观点,其主要源于教学评价中确实包含评价人员的主观因素这一认识,认为教学评价的目的是分清优劣、明辨是非。但是,这一观点也存在片面性,因为教学评价不仅是分清优劣、明辨是非,更是从众多的评价因素中找到适合的、具有指导性的评价因素,并做出选择。因此,教学评价与专业判断并不等同。

教学评价是一种将实际表现与理想目标进行比较的历程的说法,较前面两个观点来说具有一定的理性成分。持有这一观点的学者认为,教学评价的基本方法和内容就是对现实与构想进行比较。事实上,这一观点只侧重于对教学效果(已经完成的教学行为)的评价,而未包含对形成教学效果的过程的评价。另外,在评价的操作性上来说,这一说法使得教学评价的概念过于宽泛,导致评价者很难把握评价内容的主次。因此,这一说法也具有片面性,也是不可取的。

教学评价是一种有系统性地去搜寻资料,以便帮助使用者恰当地选择可行的途径的历程的说法,其仍旧存在利弊。其优点在于强调了教学评价在做出决策层面的意义,但是却容易让人产生教学评价与教学研究等同的认识。事实上,教学评价与教学研究也存在着明显区别。

(1)二者研讨的目的不同,教学研究是为了获得某种结论,目的在于揭示出教学的本质和客观性;教学评价是为了获得某种指导和决策的依据,目的在于指导人们下一步的行动和认识。

(2)二者所侧重的价值不同,教学研究是通过对一种教学活动的研究获得某种结论;而教学评价是为了获取某种教学现象的价值。

(二)特点

1. 以教师为主导

众所周知,教学评价是围绕学生进行的,评价的目的是为了能够提高学生的学习效率,但是教学评价离不开教师这一因素。因为在教学评价中,教师具有很高的自主权,如确定评价内容、选择评价方式、处理反馈信息等,这些情况都可以由教师自主决定。从很大程度上来讲,教学评价是在教师的指导和监督下进行的。

2. 以学生为中心

如前文所述,教学评价是通过教师和学生提供的反馈信息来观察学生的学习情况,了解学生某段时间或者某一学期的学习水平,从而在下一阶段的教学和学习中进行改进,不断促进学生的进步。从教学评价的目的来看,整个评价都是围绕学生进行的,体现了以学生为中心。因此,以学生为中心也是教学评价的特点之一。

3. 特定性

教学评价针对的是具体的教师、学生及教学内容,对一个班级适用的教学评价并不一定适用于其他的班级,对一种课程适用的教学评价并不一定适用于其他课程。这也就体现了教学评价具有特定性。因此,在进行教学评价时,应该根据课堂内容、学生特点、学生参与等客观条件进行设定。

4. 连续性

教学评价并不是一次性的、间断的,它是具有连续性的。这是因为,为了检测教学内容、方法等是否有效,教师往往进行一次评价之后还会重复进行评价,有时候甚至是三、四次评价,形成一个"反馈链"。通过对多次评价的结果进行总结,进而调整教学,必然会提升教师的教学水平与学生的学习效率。

此外,教学评价的连续性还体现在一系列连续的步骤上。一般来说,教学评价包含了以下七个步骤:

(1)确定评价对象、评价类型;

(2)明确评价目标、评价内容;

(3)制定评价指标;

(4)实施评价、收集评价资料;

(5)处理评价资料;

(6)做出评价结论;

(7)制定改善对策。

这七个步骤是按照顺序进行的,是具有连续性的,缺少了其中任何一个步骤,教学评价都很难完成。并且,完成这七个步骤后,评价会在更高目标层次上进行循环。

5.选择性

教学评价实际上是一个选择的过程,在评价的过程中要对优劣进行区分,优秀的层面要鼓励,劣势的层面要研究,并进行改进。这样的优劣评定就是一种选择。此外,在评价方式上,教学评价也具有选择性,要根据具体的情况、学生的特点进行选择,避免评价失误。

6.统一性

在教学评价活动中,评价者与被评价者之间是统一的关系。首先,评价者与被评价者在目标上是统一的;其次,他们在教学活动过程中也是统一的。也就是说,我们不能将二者对立与区分开来,二者应该协同工作。

(三)内容

1.教师评价

在教学过程中,教师占据着主导地位。教师素质的高低对教学的效果、学生的健康成长等有着直接的影响。因此,对教师素质的评价就成了教学评价的基本内容之一。具体而言,对教师素质的评价主要包含以下几点:

(1)对教师工作素质的评价,包含教学质量、教学成果、教学研究、教学经验等;

(2)对教师能力素质的评价,包括独立进行教学活动的能力、独立完成教学工作量的能力等;

(3)对教师政治素质的评价,包含工作态度、遵纪守法、为人师表、教书育人、政治理论水平、参与民主管理、良好的文明行为、正确的价值观、人生观和世界观;

(4)对教师可持续发展素质的评价,包含教师发展的潜能、自觉追求发展的能力、接受新方法与新理论的能力、本身的自学能力等。

2.学生评价

(1)学业评价

学业评价是最基本、最传统的学生评价,是指从课程标准所规定的学习目标、学习内容出发,对学生的学习过程、学习成果进行评价。一般来说,学业评价的基础是测量,因为测量能够反映学生的学习过程和学习效果,从而对学生进行价值判断。

为了确保评价状况和评价结果的准确性,学业评价可以采用多重手段,如诊断性评价、形成性评价、安置性评价等,其适用的测量工具也有很多,如自我报告清单、预备性测验、成就性测验等。

但是,就当前的学业评价来说,存在着许多矛盾和困惑,主要体现在评价理念和评价方法上。因此,为了提升学业评价的质量,应该对学业评价的四种模式有一个清晰的了解。

①目标模式。该模式将学业评价看成学生学习结果与预期目标相比较的过程,强调课程目标的价值,因此通常会选用终结性评价。

②主体模式。该模式将学业评价看成评价者与被评价者之间意义构建的过程,强调学生的主体价值,即学业评价的目的在于为学生的自主发展服务,因此通常会选用自参照评价。

③诊断模式。该模式将学业评价看成诊断与改进教学和学习的过程,强调教学诊断的价值,即学业评价的目的在于改进教学服务,因此通常选用诊断性评价。

④过程模式。该模式将学业评价看成评价学生的全部学习过程,强调教学过程的价值,即学业评价的目的在于为学生的社会化发展服务,因此通常会选用过程性评价。

(2)学力评价

学力评价也是学生评价的一项重要层面,是指学生在学业上达到的程度,如通过学习学生所达到的知识水平、所获取的技能水平、所具备的学习潜力。

对学生进行学力评价的目的主要包含以下三点:一是了解学生的学习能力及个体差异;二是为教师实现既定教育目标提供资料;三是为培养学生的综合能力服务。

可见,开展学力评价不仅对于教师的教、学生的学有重要作用,而且有助于学生进行元认知监控。一般来说,学力评价的手段有很多,如实验法、观察法、评定法等,最常用的手段就是智力测验与标准学力测验。

(3)品德与人格评价

除了学业评价、学力评价,学生的品德与人格也是学生评价的重要内容。在教学中,教师的责任不仅是传授知识,还需要对学生的品德与人格进行教育。因此,对品德与人格的评价就成了学生的评价的一部分。这一评价主要侧重于教学内容的思想性和科学性对学生的品德与人格产生的影响和变化的测定。

3. 课程评价

科学、有效、合理的课程设置有助于提高教与学的质量,因此对课程进行评价也必然是教学评价的重要部分。课程评价主要是评价课程的价值与功能,但为了提升课程评价的质量,需要对以下三种评价模式有所了解。

(1)行为目标评价模式是由学者泰勒提出的。该模式将确定目标作为中心来组织教学活动和评价。在泰勒看来,预定目标对教学活动起决定作用,而教学评价就是对实际教学活动所达到的目标进行判定,进而通过信息反馈来改进教学,使其更接近于预定目标。

(2)决策导向评价模式,又可以称为"CIPP 评估模型",它由四项评估活动的首字母组成:背景评估(Context evaluation)、输入评估(Input evaluation)、过程评估(Process evaluation)、成果评估(Product evaluation),是由著名学者斯塔弗尔比姆提出的。该模式以决策作为中心,将"背景-输入-过程-结果"相结合的一种评价模式。在斯塔弗尔比姆看来,泰勒的行为目标模式也应该将目标本身作为评价对象。

(3)目标游离评价模式,又可以称为"无目标模式",是由学者斯克里文在对行为目标模式进行批判的基础上提出的。在斯克里文看来,为了尽量降低评价中主观因素的影响,不能在方案制订和设计中将活动目的告诉评价者,使评价不受预定活动目标的影响。

4. 教学过程评价

(1)对教学过程的系统性评价

对教学过程的系统性评价是以某一课时、某一章节的教学目标和内容为单位,对课前学习、课堂教学、课后练习等一个完整的教学过程的系统性分析和整体性评价。也就是说,这一评价虽然将教学环节、教学活动等囊括在内,但是更强调教学过程的系统性与整体性。

(2)对教学过程各个环节的评价

对教学过程各个环节的评价是对教学过程中的课前学习、课堂教学、课后练习、课外学习等各个环节进行观测和评价,目的在于引导教师对各个环节的教学活动都有一个精心的设计和把握,使各个环节的教学活动都更有意义。

5. 教学管理评价

教学管理评价对于教学工作来说也有着重要意义,为教学管理工作指明了方向。要想恰当、准确地对教学管理进行评价,首先就需要了解教学管理的概念。所谓教学管理,是指以教学的规律和特点为依据,对教学工作进行计划、组织、控制和监督的过程。而教学管理评价就是对这一过程和结果进行评价。通过教学管理评价,评价者可以发现教学管理中的问题,并及时对当前的教学管理工作进行改进和加强。

在进行教学管理评价时,需要明确两个层面的内容。

(1)评价的内容

教学管理评价包含对教学课堂的管理评价、对学校及下属单位教务管理的评价。

(2)评价的指标

教学管理评价的指标应该是科学的、合理的。一般来说,评价指标包含教学计划、教学规章、教学检查、教学实施、教务工作等。

二、网络多媒体教学评价

(一)网络多媒体教学评价的理念

理念不同,其评价的出发点也不一样,必然会对教学评价标准的建立产生影响。基于网络多媒体教学评价是建立在建构主义理论的基础上,因此其出发点首先是学生,着重点在于过程评价和全方位评价。基于网络多媒体教学评价的一切活动都是围绕是否有利于学生这一问题展开的。简单来说,其评价的理念就是以学生为中心,这是该评价首先需要遵循的原则。

(二)网络多媒体教学评价与传统教学评价的不同

与传统教学评价相比,网络多媒体教学评价具有两个方面的特点。首先,评价的方法不同,主要表现在信息收集和处理的手段不同。由于网络多媒体技术的融入,其评价的信息更具有全面性和便捷性,各种新型的评价方法为评价活动注入了新的活力。其次,网络多媒体教学评价更具有及时性和灵活性。网络多媒体教学系统可以根据评价结果来进行及时的更新,对教学调整也更具有灵活性。但是,由于网络多媒体教学的师资力量不足,因此其实际的效果并不能让人非常满意。

(三)在英语教学评价中,网络多媒体技术发挥到何种程度的作用才能被称为网络多媒体教学评价

当前,开设网络多媒体英语教学平台一般不包含教学评价这一层面,而教学评价仍旧由教师来进行,这一点与传统英语教学评价并没有多大区别,导致网络多媒体技术在大学英语教学评价中并没有充分发挥作用,因此也就不能算是网络多媒体英语教学的有效评价。

一般情况下,理想状态下的网络多媒体教学评价应该以计算机、网络作为支撑,其信息处理与收集等环节都应该由计算机完成。但是,就当前的网络多媒体教学评价来说,其仍旧以教师为主体,因此只能看作是网络多媒体教学评价的初级阶段。随着需求的增长以及英语教学的发展,基于网络多媒体的大学英语教学评价已经是教学评价的必然趋势。

综上所述,可以将网络多媒体教学评价定义为:以计算机、网络等技术作为支撑,为了促进学生的学习,对与网络多媒体教学相关的一切要素进行收集与处理,并根据一定的教学目标、教学评价标准,对收集和处理结果进行科学评判的一项活动。

三、基于网络多媒体的大学英语教学评价的意义

网络多媒体教学是网络多媒体技术与现代教育理论相结合的产物。而为了使网络多媒体技术能够更好地为大学英语教学服务,必须要了解如下几个问题:

(1)解决网络多媒体教学的信息资源问题;

(2)解决网络多媒体教学的课程改革问题;

(3)解决网络多媒体教学中师资力量的培训问题;

(4)及时对网络多媒体教学进行评价。

因此,基于网络多媒体的大学英语教学评价有着重大意义,是当前网络多媒体教学的重要组成部分。

首先,基于网络多媒体的大学英语教学评价能够监控学生的学习、保证学生的学习质量、促进学生的发展。根据学生在学习活动中的各种表现,对其学习过程、态度、效果等进行评价,有助于为学生调节、计划、指引、改善学习模式提供支持。根据评价的结果,教师能够更有效地指导学生的英语学习,对自己学习中的不足进行弥补,最大限度地将学生的潜能挖掘出来。

其次,基于网络多媒体的大学英语教学评价还有助于促进教师的专业发展。因为,教师评价的目的主要是对教师工作现实和潜在价值做出判断。

四、基于网络多媒体的大学英语教学评价的前提

(一)教学系统应满足的基本要求

网络多媒体教学系统应具备如下基本功能:

(1)制作、收集、管理、存储各类多媒体素材和教材,这些信息可以随时提供给系统和多个终端;

(2)通过系统中的任意一个多媒体终端机,为教师备课和优化教学设计创造良好的教

学环境;

（3）设置网络多媒体终端机和显示设备,为开展网络多媒体课堂教学提供有利条件;

（4）学生利用交互式的网络多媒体教学终端机,不仅可以进行补课、查询、复习,还可以利用各个学科软件配合相应的设备开展小组教学,进行仿真练习;

（5）该系统可以为各科教师的教学、研究人员的科研提供各种类型的资料,为教学管理、科研工作提供有力的支持。

（二）教师应满足的基本要求

教师是教学的组织者,在教学中起着重要的指导作用。在网络多媒体环境下,知识的传递、信息源等都来自网络多媒体,教师需要运用计算机进行正确指导,让学生学会使用网络多媒体设备,以获取需要的信息。

（三）学生应满足的基本要求

在教学过程中,学生的身份首先是教学的对象,教学的效果和质量都可以从学生的学习效果上看出来。在教学活动中,学生是教学活动的出发点和落脚点。在网络多媒体环境下,学生在教师的指导下按照自己的学习进度来控制自己的学习进程。因此,教师应该让学生掌握计算机的操作和使用,并抓好计算机的阅读和写作方法,自觉按照自己的进度来解决学习中出现的问题。

（四）教材应满足的基本要求

在网络多媒体教学中,其不仅包含书本、音像教材,还包含多媒体教材。对于多媒体教材来说,需要满足如下几点要求:

（1）多媒体教材要满足教学性的要求,即选题要恰当、重难点要突出、要具有启发性和能够促进思维能力的发展等;

（2）多媒体教材还需要满足科学性的要求,即内容要正确、要符合逻辑、要层次清晰、要符合场景等;

（3）多媒体教材还需要满足技术性的要求,即声音、图像等设计要合理,画面要清晰,声音要清楚,声像要同步;

（4）多媒体教材要满足艺术性的要求,即要创意新颖、要节奏合理、媒体要选用恰当、要具有表现力和感染力;

（5）多媒体教材要满足使用性的要求,即界面要友好、容错能力要强。

（五）教学媒体应满足的基本要求

在选择和使用教学媒体时,需要满足如下要求:

（1）教学媒体要坚持最小代价原则,一是在内容上要满足教与学的需要,二是所花费的人力、物力、财力等要最少;

（2）教学媒体要坚持共同经验原则,即设计和选择的教学媒体应该与学生固有的经验有着某些共同的地方;

（3）教学媒体要坚持多重刺激原则,即从不同侧面、不同角度,使用不同方式将同一内容表达出来;

(4)教学媒体要坚持抽象层次原则,即教学媒体所提供内容的抽象和具体程度都有不同层次、不同等级。

(六)教学方法应满足的基本要求

由于网络多媒体教学的主要应用模式有小组教学、课堂教学、个体化教学等,因此教学方法设计时应该根据学生的具体特点而定,只有这样才能激发学生的兴趣,加强学生记忆与理解。

五、基于网络多媒体的大学英语教学评价的内容

(一)教学质量

教学质量,是指为了适应社会发展的需要,学生个体的素质需要,及学校需要采用多种教学活动以达到预期的程度和结果。教学质量是高是低,可以从学生所达到的教学目标中体现出来。因此,对基于网络多媒体的大学英语教学质量进行评价就是检测教师是否实现了教学目标、学生是否实现了学习目标。

(二)教学效率

教学效率,是指教师在一定时间内完成自己的教学任务,而学生在一定时间内学到自己想要学的知识。对基于网络多媒体的大学英语教学进行评价需要从两个方面着手:

(1)教师在一定时间内完成了多少教学任务,以及完成整个教学任务需要的具体时间;

(2)学生在一定时间内学到了多少知识,并掌握了多少知识,以及学到整个知识需要的具体时间。

(三)教学收益

教学效益,是指教学的投入与产出的比例。教学的投入主要涉及教师的人数、用于购买教学设备所需要的资金、教学场所的占地;教学产出涉及学生的质量与数量。为了方便进行定量分析,学校可以设定一定的教学目标作为参照,以评价教学效益,即可以使用教师与学生的比例、资金与学生的比例、场地与学生的比例等参照指标进行综合收效的评估。

六、基于网络多媒体的大学英语教学评价的原则

(一)发展性原则

发展性教学评价原则是根据发展性理念,提出一定的发展性目标和发展性的评价方法和技术,对教学过程中的教与学的状态进行价值评判。与传统教学评价指标不同,发展性教学评价不仅注重教师的主导地位,还注重学生的主体地位,对学生进行学习评价是发展性教学评价的核心。

在基于网络多媒体的大学英语教学中,教师应该构建创造性、教育性、操作性、实践性的以学生为主体的教学形式,让学生主动参与思考,且主动实践,以实现学生的综合能力发展。过程与方式、知识与技能、情感与价值观是发展性教学评价原则的重要内容。

（二）差异性原则

由于受生活环境、家庭背景的影响，每一位学生都会有着自身的个体特征，即每一位学生都存在着自身的差异。另外，在教学过程中，教师对不同的学生也会有不同的指导，这也导致学生的发展存在很大差异的原因之一。因此，针对这一情况，在进行教学评价时，需要遵循差异性原则。

在基于网络多媒体的大学英语教学评价中，教师首先对不同学生存在的不同差异性有一个基本的认可，并根据不同学生的水平和要求来制定不同的学习要求，在这一基础上建立一种和谐、平等、尊重、理解的师生关系，也有利于构建良好的课堂教学氛围。在这样的教学氛围中，学生才能积极地发表自己的观点和见解，在教师的鼓励下充分地发挥自己的个性。

对于中等以上水平的学生而言，教师给予适当的指导即可，从而更好地促进学生的长远发展。

对于中等水平及以下的学生来说，教师需要不断地激发学生的学习潜能，灵活地运用各种教学手段调动学生的主动性与积极性，最终不断地提高学生的学习能力。

（三）导向性原则

教学评价是根据一定的教学目标制定的，通过对比现状与目标间的距离，能够促进被评对象不断与既定的目标相接近。因此，教学评价具有导向的功能。

基于网络多媒体的大学英语教学评价并不是单一的评价问题，其评价目标也不仅仅是评优与鉴定，而是在此基础上引导教师更新观念，将新的观念在具体的教学过程中展现出来，也激励教师在内心深处产生一种研究欲望。在对教学活动的评价上，教师需要充分调动教师和学生双方的积极性和主动性，力求为教学双方在教学活动中展现自身的潜质，构建出恰当的评价方法与体系。但是，在构建评价体系标准的过程中，发挥评价的导向原则是必然的，并将这一原则贯穿于始终。

（四）开放性原则

在网络多媒体的大学英语教学中，开放性是最重要的特征。在基于网络多媒体的大学英语课堂，学生的心态、思维等处于开放状态，教师也需要将学生的思考、体验、领悟、探索等能力激发出来，因此对其评价也必然是开放的。

开放性教学评价虽然遵循了教学评价的基本标准，但是并不是统一不变的。例如，开放式的课堂导入强调开放的发散性、合理性与深刻性。在这样的教学中，教师要注重学生的个性化，鼓励学生展开发散性思维，主动展开探究性学习和合作学习；对于教学中的提问，学生也愿意主动回答，内容也强调延伸性和推进性；在作业的布置上，教师要保证内容的拓展性和实践性。从这些层面来看，英语教学都坚持了开放性的原则，符合开放性的标准，有助于教师和学生形成符合自己的教学和学习风格。

（五）客观性原则

基于网络多媒体的大学英语教学评价需要坚持客观性原则。教学评价的客观性原则是指评价中不能主观臆断，而应该实事求是，不能掺杂个人的感情。

在基于网络多媒体的大学英语教学工作中,教学评价具有很强的科学性。一般来说,评价是否具有客观性往往对教学效果产生直接的影响。如果评价是客观的,那么就有助于促进教学目标的实现;如果评价是不客观的,那么教学就会远离预定的目标。因此,教学评价中必须坚持客观性原则,即要求教学评价要根据一定的教学目标来确定评价的标准,并结合多重因素,考虑该标准是否能够得到人们的认可。评价的标准确定之后,任何人不得更改,这就能较好地体现客观性原则。

(六)针对性原则

教学评价具有明确的针对性,其往往是针对教学中的具体问题进行的,这在基于网络多媒体的大学英语教学评价中也是非常明显的。对于教师和学生而言,如果教学进行得非常顺利,师生之间也配合得更为默契,那么就需要进行教学评价,以帮助教师和学生总结经验,便于推广;如果教学进行得不顺利,师生之间出现了较多的问题,那么也需要进行教学评价,从而帮助教师和学生解决教与学的问题,便于以后克服这些问题。

此外,如果教师改变了教学方法与手段,也需要进行教学评价,以确定该教学方法是否发挥了效果;如果学生积极性不高,也需要进行评价,以增添学生学习的自信心,活跃课堂气氛,扭转这一教学局面。

总之,基于网络多媒体的大学英语教学评价具有极强的针对性,但是它针对的不是积累层面,而是过程层面;不是结论层面,而是诊断层面;不是总体层面,而是具体层面。

第二节 大学英语教学的评价标准

对基于网络多媒体的大学英语教学进行评价,必然会关注评价的质量,即是否真正地改进了教学状况,是否反映了学生的进步情况,是否为教学提供了可靠、有效的信息等。这些就需要基于网络的大学英语教学评价遵循一定的标准。

一、一般评价标准

(一)信度标准

1.稳定性信度
稳定性信度,是指测验结果的跨时间的一致性程度,即使测验进行的时间、场合不同,其结果应该大体上是一致的。为了考查在不同时间评价结果的稳定性程度,往往需要间隔一周到两周的时间,然后再进行重复的测验。因此,稳定性信度又可以被称为"重测信度"。
一般来说,计算稳定性信度的方法有两种:
(1)计算前次测验与第二次测验之间的相关系数;
(2)求两次测验间分数所处类别没有变动的人数比重(按百分比计算)。
这种确定信度的方法被称为"类别一致法",用以确定哪些学生可以不用再学习某些知识点的情况。
2.复本信度
复本信度,是指等值的测验复本间的一致性,该信度主要解决两个等值复本或多个等值复本间是否是真正等值的。但是,对同一测验进行重复使用是不公平、不合理的,因为后一批接受测验的学生有更多练习的机会,他们的测验结果也会明显高于先前接受测验的同学。基于这一问题,教育者往往会选用复本。

一般来说,对复本信度进行确定的步骤与上面的计算稳定性信度的方法有些相似之处:

(1)给同一组被测试者两个测试复本,但两次测验间最好间隔较短,或者没有时间间隔;

(2)得到被测试者的两次测验的分数,计算两个复本间的相关系数。

3.内部一致性信度

内部一致性信度与稳定性信度、复本信度不同,其关注点并不在于被测试者在测验分数上的一致,而是着重于测验题目之间在功能上的一致,即测验题目的同质性。并且,在测试次数上,稳定性信度和复本信度需要测试两次,而内部一致性信度只需要测试一次即可。

在教学评价中,信度是核心概念之一。如果一个测验的信度较低,那么根据测验的分数是得不到准确答案的。因此,务必要注意:评价所连带的利害关系越大,就越需要对信度予以更高的关注。

(二)效度标准

1.内容关联效度

内容关联效度,是指测验内容对所要推论的评价范围的代表程度。其中评价范围主要包含知识、态度、技能等。因此,在确定测验内容的代表性、抽取样本进行检测时,评价范围中的所有内容都具有应用性。一般来说,对内容关联效度进行证据收集的办法有两种:一是通过外部评价;二是通过测验编制,从而确定内容关联效度。

2.效标关联效度

效标关联效度,是指评价成绩对学生在外部校标成绩上的预测程度。这与前面所述的内容关联效度类似,其能够指导测试者决定他们可以从多少程度上相信以成绩作为基点地对学生的推论情况。但是,在证据收集上,效标关联效度与内容关联效度还是存在明显区别的。效标关联效度只应用于需要根据评价结果来预测学生在之后的效标变量中的表现,因此是具有明确的使用范围的。一般来说,效标关联效度最普遍的应用形式就是对学生能力倾向测验的情况进行计算,进而与后来的学业成绩进行对比。

3.结构效度

结构效度,是指经验性证据对某种结构的存在性进行确定的程度以及运用评价工具对这一结构进行测量的程度。一般来说,结构效度的证据收集往往是非常直接的,主要包含如下两个步骤:

(1)根据已经理解的被测试结构的运行机制,对被测试者在这一测验上的表现程度进行一个或者两个假设;

(2)对经验性证据进行收集,并检验上述假设能否证实。

在方法上,搜集结构效度的证据往往会采用不同群组法、干预法、相关测验法:

(1)不同群组法,是由于不同的人群其结构概念的表现不同,因此其测验的结果也应该不同;

(2)干预法,是在接受某种干预后,被测试者在评价中的表现会呈现不同的变化;

(3)相关测验法,是指由于两个测验测的是同一结构,因此其测验的结果应该存在着某些相关性。

总之,从测验的发展历史上说,人们习惯将信度与效度作为测验的标准,其实他们还是评价标准。从微观层面上来说,信度和效度是保证评价质量和方法的需要;从宏观层面上来说,信度和效度是评价学科发展的历史必然。

二、特殊评价标准

(一)可用性标准

可用性标准涉及 8 个子项目,即导航、反馈提示、帮助、定位、链接效率、链接外观、文本作品的质量、易读性。

(二)技术性标准

技术性标准涉及 6 个子项目,即技术要求、安装、卸载、响应、可靠性、从 CD-ROM 或 DVD 中退出。

(三)教学性标准

教学性标准涉及 18 个子项目,即学习目标、维持动机、阐明学习内容、引起兴趣和注意、应用要求、引出相关知识、提供练习、演示范例或例子、促进无关知识的迁移、促进相邻知识的迁移、提供综合训练的机会、无关知识迁移的反馈、相邻知识迁移的反馈、提供反馈、对学习的评价、消除认知负载、提供教学帮助、媒体的运用。前文已经提到过,教学性标准是使用最多、最重要的标准。

第三节 大学英语教学的评价方法

在网络多媒体环境下,对大学英语教学实行多元化评价方式是大势所趋。就目前来说,基于网络多媒体的大学英语评价方法有很多,下面就对这些方法展开论述。

一、学生自评

在基于网络多媒体的大学英语教学评价中,学生自我评价是一个重要的方法,体现了以学生为中心的教学理念。通过自评,学生不仅能够发现自己学习中的问题,寻找改进措施,教师还可以了解他们的学习态度和成果。

自我评价的内容包含学习过程、学习态度、学习手段、努力程度、学习优缺点、学习结果等。在自我评价中,教师需要做到两点:一是根据评价目的制定自我评价表,引导学生进行自我评价;二是通过与学生讨论自我评价的结果和过程,了解学生的学习态度。

一般情况下,自我评价法往往采用电子自评表和自我学习监控表两种工具。

(一)电子自评表

电子自评表对于教学评价的效率来说至关重要,而且操作起来也非常省时、方便。一般来说,教师可以选择在网络多媒体课程结束之后发送给学生,让学生对自己的学习进行自评。

(二)自我学习监控表

自我学习监控表是对学生学习过程进行监控的表格,在大学英语教学评价中有着十分重要的作用。其具体分为如下步骤和注意事项。

(1)使用该表前,教师需要向学生介绍该表的用途和操作方式,便于学生认识和使用。

(2)在学习新单元之前,教师可以让学生从自己的实际情况出发,提前制订一个理想的目标,然后在活动栏中写上自己的预期任务。在之后的学习过程中,学生可以根据这些任务和目标监控自己的学习进度。

(3)尽管在使用学习监控表时,完成预期目标和任务是学生的事情,但是教师也需要参与其中,需要时刻提醒学生对自己的目标和任务进行检查,为他们调整下一次的目标和任务给予指导意见。

二、同学互评

网络多媒体辅助下的大学英语教学注重同学之间的协作。因此,通过其他同学对其进行评价也是最重要的一种评价方法。

同学互评这一评价方式主要是通过学生之间的了解、合作和沟通来实现的。因此,在同学互评中,沟通和合作技能是非常重要的两个因素。这是因为,不同学生的沟通能力与合作态度存在差异,再加上同学之间的信任程度也不同,因此进行同学互评是需要一些时间培养的。在首次同学互评时,教师可以采取方法辅助执行。

需要注意的是,同学互评需要遵循一定的原则。例如,在谈论自己的观点和发表评论时,学生不能进行主观臆断,应该有理有据。因此,教师可以同时让几个学生来评价一个学生,每个评价者都需要根据客观事实来写评语,并且评语的重点应放在被评价者的优点和改进意见上。

三、作品集学习评价法

任何评价都需要遵循真实性与可靠性的原则。

真实性主要是要求评价内容与评价形式应体现和反映教学目的,如果评价的真实性高,那么其不仅包含了所有该评价的内容,而且其采用的形式和方法也能够对这些评价的内容做到真正的评价,并且将被评价者所掌握的知识与技能也真正地反映出来。因此,真实性是评价需要达到的基本要求。可靠性是针对评价结果的一致性和连续性来判断的,它要求某一评价工具在不同地点、不同时间使用时应达到一致的结果,并能够通过具体的数据体现出来。

真实性与可靠性的原则为基于网络多媒体的大学英语评价手段的设计与运用提供了重要依据,其中作品集文化学习评价法就是真实性与可靠性的最好体现,是一种综合性的评价方法。

在一些西方国家,作品集评价法已经有很长的历史了。1972年,美国最早使用这一方法是为录取美术专业学生而设计和实施的。并且,这一方法已经得到了很多高等院校的认可。当前,作品集评价法已经拓展到多个领域,如阅读、写作、教师培训等。对于中国的教育领域来说,教育者及研究者也认识到这种评价方法的优势。例如,在大学录取时,除了要考虑学生高考成绩外,还要考虑学生曾经取得的荣誉以及自身的特长。虽然就目前来说,考试成绩仍旧起决定和主要作用,作品集评价法往往只是作为一种参考,但是这一方法已经成了一种新趋势、新动向,相信在不久的将来些方法也会在中国兴起。

作品集评价法实际属于一种形成性评价,即教师与学生以学生一段时间内按照教师和自己的要求,完成一系列有序、系统的工作、学习日记、研究报告、测试等为基础,对学生这一段时间所付出的努力、学习的态度、学习的方法、收获的成果进行评价。从评价的依据、目的来说,这一评价方法是一个可靠的、真实的、全面的方法。

作品集评价法有如下几个特点:

(1)以目标为基础;

(2)是学生学习愿望与学习进展情况的反映;

(3)是学生学习项目、代表作品、学习情况、测试记录的汇集;

(4)是学生进步的证明;

(5)跨越一个教学时段;

(6)便于反思与反馈,有利于提升与改善学生的学习水平;

(7)用途广泛,且灵活多变。

作品集评价法的这些优点对于教师和学生而言有着重大意义。

首先,使用作品集评价法,学生的学习态度、学习过程、进步程度、学习深度与广度都能够体现出来,这在标准化笔试中是很难体现出来的。并且,通过对参与评价内容、评价目标的确定,学生对自己的学习任务有一个清晰的把握,更能督促自己全心全意地完成学习任务,为自己的学习目标努力。可见,作品集评价法有助于调动学生的积极性和主动性,督促自己对自己的学习负责,更好地实现自主学习。

其次,作品集评价法有利于教师对教学任务有一个更好的设计和控制,从而创造出更好的学习气氛。这是因为,教师扫除了自身标准化评价的压力,将更多的注意力集中于教学活动的设计和教学气氛的营造上,有助于构建生动形象的、学生喜欢的课堂环境。

对于网络多媒体环境下的大学英语教学而言,作品集评价法可谓是雪中送炭,因为它帮助当前的大学英语教学评价走出了困境,与其称之为一种方法,不如称之为一种新思路、新观念。那么,在基于网络多媒体的大学英语教学中,如何实施作品集文化学习评价法呢?可以从学期开始、学期中间、学期结束三个角度来考虑,其中包含以下三个步骤。

(1)学期开始,确定作品集内容;确定作品形式;确定评价的标准;确定时间计划。

(2)学期中间,学生按照计划完成学习任务;教师对学生予以指导;教师与学生进行面谈。

(3)学期结束,教师将电子评价表发给学生,让学生进行自评;交换作品集,学生间进行互评;教师对作品集进行终评。

下面是对以上步骤的逐一说明。

(一)确定作品集的内容

作品集的内容就是基于网络多媒体的大学英语教学的内容,是英语教学目的的反映。在网络多媒体环境下的大学英语教学中,教学目的包括语言知识、语言技能、文化知识等层面,因此评价所用的作品集应该能够反映出学生为了实现这些目的而付出的努力、增长的知识、增长的能力、完成的任务情况等内容。因此,作品集的内容主要取决于教学目的、教师、学生等因素。

(二)确定作品的形式

证明学生学习过程、学习效果的形式有很多,除了传统的标准化测试之外,调研报告、学习日记、学习档案袋、学习成果展示、团队合作项目等也是比较好的形式。这些形式可以是口头的,也可以是书面的;可以是实物的,也可以是声像的;可以是历时的,也可以是现时的;可以是探索性的、实验性的,也可以是描述性的等。评价内容不同,其采用的评价形式也不一样。例如,要想评价学生的跨文化交际能力,观察描写法、角色扮演法都是最好的方法。

另外,作品的形式还取决于教师与学生对不同评价形式的熟悉程度。当然,教师应该对学生进行指导和培训,尽可能地使用更多不同的形式。

(三)确定评价的标准

传统的标准化测试的最大优点在于:有明确的标准,易于评价,而其他非定量的测试往往具有较强的主观性,很难保证可靠性。虽然有这些问题,但近年来随着口语测试、写作测试研究的深入,针对非标准化测试、非客观测试的可靠性已经开发出了一些好的评价标准。这些评价标准往往是针对知识、态度、能力等评价项目来说的,根据不同学生不同等级的表现来进行描述,可能是优秀,可能是很好,可能是一般,也可能是差。

(四)确定时间计划

与传统大学英语评价方式不同,作品集学习评价法是从学期开始延续到学期结束,其主要包括很多内容与形式,因此在学期开始之前,教师应该让学生确定整个计划。学生在与教师确定各个项目的标准、形式、时间的过程中,自然而然地就成了学习评价的参与者,他们不仅清楚自己的学习任务,而且由于自己之前已经参与到制订标准与计划中,因此在执行的时候也比较轻松和主动,积极性较高。

(五)学生按照计划完成学习任务

评价活动不仅仅是在课内进行的,也有很多是在课外进行的。诸如介绍、演讲等往往是在课堂上进行,而课外阅读、课外听力、学习日记和写作练习等是在课外进行的。但是,无论是在课内进行的评价,还是在课外进行的评价,学生都需要按照一定的时间计划来逐一进行。

(六)教师对学生予以指导

虽然评价内容、评价形式、评价标准、时间计划等都已经得到了确定,但是需要教师的帮助,不能任由学生独立完成。由于每一个评价项目都包含英语知识与技能的评价要点,因此教师需要教授和引导学生理解每项学习任务的目的与意义,并且对评价标准予以重申。只有在这样的指导下,学生才能把握基于网络多媒体的大学英语学习的要点,掌握英语学习的技巧和方法,按时完成学习任务,更好地实现英语教学的目标。

(七)教师与学生进行面谈

当学生在完成任务的过程中,教师还可以和学生进行面谈,了解学生任务的进展情况,并解答学生在执行任务时所遇到的问题,做到因材施教。当学生与教师进行单独交谈时,往往可以畅所欲言,向教师真心地表达自己的学习困难和学习体会。同时,通过这样的交流,教师也可以了解学生的学习境况,指出学生学习中的缺点和不足,并帮助学生解决学习任务中的问题。

另外,这样的交流也可以拉近教师与学生间的距离,使学生不再惧怕教师,而是愿意与教师亲近。在基于网络多媒体的大学英语教学中使用作品集学习评价法,学生的最终成绩是根据整个学期学生完成的各项学习任务来评定的,如果在这个过程中教师能够与学生多进行几次面谈,并给予学生足够的鼓励和建议,那么总会比任何不做的好,而且能够体现出这是教师与学生共同的成果。

(八)根据评价表,学生进行自评

当学期结束之后,所有学习任务的作品集已经完成,这时候教师需要将评价表发给学生,让学生根据自己的学习情况、任务完成情况及任务过程中的表现进行评价。

通过学生的自评,不仅有利于让学生回顾自己的学习过程和所取得的成绩,并进行反思,还有利于学生发现自身的不足,明确以后努力的方向。

(九)交换作品集,学生间互评

网络多媒体环境下的大学英语教学更加推崇学生与学生间的相互学习。通过阅读和学习其他同学的作品集,学生不仅可以了解他人的学习情况以及取得的成就,还可以反思自己的不足,从而做到取长补短。

另外,在对他人的作品集进行评价时,学生会对评价标准进行斟酌,力求给出一个公正、客观的成绩,这也就构成了学生再学习的机会。

(十)教师对作品集进行终评

事实上,在整个学期中,教师都在对学生的英语学习进行评价,因为每次作品、学习活动,教师都需要进行批阅和评价。而学期结束之后的评价,是教师对学生之前的情况的综合评价,是在参考学生自评、同学评价的基础上进行的最终评价。

综上所述,作品集学习评价法是一个人性化、用途广泛的评价方法,符合以学生为中心的理念,适用于学生英语学习的各个阶段。

四、专门调查法

专门调查法也是形成性评价的一种手段,它比观察法更为直接。其主要是为了调查学生的学习行为、学习活动、学习兴趣等,也是一种有效地收集数据的方法。但是,专门调查法一般具有针对性,主要采取的评价工具有调查问卷和访谈或座谈。

当学生根据网络多媒体课件学习之后,教师可以采用调查问卷的形式进行评价。调查问卷是向学生提出一系列的问题或情境,要求学生回答问题,从而获取信息的评价手段。访谈或座谈是教师通过与学生进行面对面交谈来获取信息的评价手段。

五、学习日志

学习日志和众所周知的学习日记不同,它是指学生学习过程的档案记录,主要是对学生学习行为的记录。学习日志可以根据教师的模板制定,也可以学生自己制定,但是其记录的过程都是需要学生自己来完成。

通过采用多元化的评价手段,课程设计者认识到多种评价方式对大学英语课程改革的重大意义,在课程设置、教学安排和教材选择等方面有较大的改变。现阶段,大学英语教学正处于改革的新阶段,公共外语向专业外语靠拢,开设英语技能实训课,开展一些实践性较强的英语技能训练。多样化的评价手段使得教师的教学有所提升,并且提高了网络多媒体辅助教学的质量;教师鼓励学生积极参与课堂和课外活动,进行网络多媒体教学实践;促进教师参与课堂教学和教学评价的相关研究。

多种评价手段同样增强了学生学习英语的兴趣和动机;学生开始有意识地自主安排学习,探索有效的学习策略;提高学生合作学习意识。大学英语网络多媒体教学评价手段的运用,是对学生网络多媒体学习过程的一种支持,为网络多媒体学习提供了有效的评价工具,有利于协调学校、教师和学生之间的关系,建立三者之间的相互联系,从而促进大学英语教学改革的有效实施。

第八章　大学英语教师专业素质的发展

第一节　大学英语教师的基本角色

一、语言知识的引导者

英语教师是英语语言知识的重要诠释者,所以必须有扎实的英语语言知识储备。换句话说,英语教师要对英语专业知识有一个系统地掌握,能够系统地分析出各种英语语言现象。从教师教育的研究中可以发现,英语教师需要掌握的专业知识主要包括理论知识、形式知识、语境知识、实践知识等。这些知识不但包含语言形式结构的知识,而且包含语音知识、词汇知识、语法知识、语篇知识、社会文化知识等具体的语言使用的知识。英语教师只有掌握了这些知识,才能对语言材料、语言现象有清晰地剖析和阐述,才能解答学生在学习中所遇到的问题,从而使学生可以正确地理解并实现语言输出。

另外,语言知识的积累是掌握和使用语言技能的基础。不同的语言形式可以实现不同的语言功能。不管教师运用哪种教学策略,其所教授的教学内容都是英语语言系统知识及对这些知识的分析和输出。可见,教师是学生学习英语语言知识的重要引导者和协助者。

二、语言技能的培训者

英语教师还应该是英语语言技能的培训者。学生在学习英语语言的过程中,必须先掌握一定的语言知识,逐渐过渡到掌握一定的语言技能,从而提高和发展自己的语言运用能力。

通常,语言技能包含听、说、读、写、译五项。从英语语言发展的规律看,听说位于第一,而读写译次之。但是,从外语教育角度说,读写译是居于第一,听说则居于第二。也就是说,英语教育的目标是让学生具备一定的读写译能力,而听说能力是提升学生读写译能力的前提和基础。因此,在大学英语教学中,教师也要培养学生的语言技能。

另外,教师还担任着英语语言训练合作者的身份。也就是说,英语教学中并不是教师将任务布置给学生就可以了,还要适时引导学生,参与到学生的活动中,让学生在教师的帮助下学习得更得心应手,使他们既学到了知识,也完成了任务,从而也提升了教师的教学效果。

三、课堂活动的组织者

对于任何教学活动来说,课堂活动都是必不可少的,这在大学英语课堂中也不例外。英语课堂活动是课堂教学的载体,设计合理的英语教学活动有助于提升教学的质量。如前文所述,英语是一门特殊的学科,有着特殊和明显的特征,因此在课堂上教师需要对学生的英语技能进行培养和训练。而英语课堂活动恰好是训练技能的一种有效方式。

但是,就普通大学英语课堂来说,教师可用的教具只有粉笔、黑板、幻灯片、投影仪、录音机等设备,这些设备携带并不方便。借助于这些教具,学生可以了解很多基础性的知识,对基本原理有了更直观的了解和接触,但学生却没有太多的机会参与到课堂中,仍旧扮演着被动者的角色。同时,英语训练需要语言环境的参与,但是在普通的大学英语课堂中只能提供有限的教学环境,如辩论、对话、话剧表演等,学生缺乏真实的语言训练的机会,如远程对话交流、电影配音等。虽然教师发挥了活动组织者的身份,并且活动也大都比较直观,但是这是远远不够的,很难加深学生对英语语言知识和技能的印象,也很难巩固自己的语言知识体系。

四、教学方法的探求者

在英语教学中,教师不仅是固有教学方法的使用者,还是承担着新型教学方法的探求者和开发者。语言教学具有很强的实践性,因此与教学方法关系密切。英语语言知识的分析、语言技能的掌握、课堂活动的组织等都离不开科学的教学方法。

英语语言教学的方法有很多种,如语法-翻译法、听说法、交际法、情境法、任务法、自主学习法等。这些方法都存在某些优点,也存在着某些缺点,因此,任何一种教学方法都不是万能的,英语教师需要将各种教学方法综合起来组织和实施教学,以便获得更好的教学效果。就当前的大学英语教学来说,已经从传统的以教师为中心转向以学生为中心,强调学生的主体地位,这也有助于实现教师和学生的双向互动。

五、文化差异的解释者

英语教师还充当着中西方语言文化差异的解释者角色。文化背景与文化传统不同,其价值观念和思维方式也存在明显差异。文化差异逐渐成了中西方跨文化交际的障碍。

从社会文化角度来说,语言是一种应用系统,具备独特的规范和规则,是文化要素中不可或缺的一部分。在英语教学与学习中,教师除了要教授英语语言知识和技能外,还需要教授文化背景知识,三者是相互促进、相互弥补的关系。

著名学者胡文仲曾指出,只学习语言材料,不了解文化背景,犹如只抓住了外壳而不领悟其精神。文化背景知识是理解过程中意义赖以产生的主要因素之一。因此,学习语言就是学习文化。在英语语言文化知识的内容上,除了要讲解本土文化知识,还需要讲解民族文化知识。中西方语言文化的差异性主要体现在社会制度、风俗习惯、思维方式以及道德价值上,其在语言的词汇、篇章、结构、言语行为中都能够体现出来。作为中西方语言文化差异的解释者,英语教师要熟知和了解中西方的语言文化及差异性,因此他们需要大量阅读中英文资料、观看中英文电影,积累足够的能够表现中西文化差异的一手素材。

另外需要指出的是,在充当中西方语言文化差异的解释者的过程中,教师需要保持一种中立的态度,文化没有好与坏,在选取素材上也尽量选取那些不会伤害任何文化的素材,这样有助于更好地引导学生对中西方语言文化有一个清晰的认知。

六、语言环境的创设者

根据二语习得理论,语言环境对于语言学习有着至关重要的作用,尤其是在缺乏真实语言环境的教学中更是如此。通过创设真实的语言环境,教师可以将新旧知识联系起来,了解中西方的文化传统习俗,接受原汁原味的中西方文化的感染和熏陶。这比学生单独学习词汇、单独学习句子等成效显著得多。

英语语言环境的创设不仅在课堂教学中展开,在课外也应积极创设。在课堂上,教师可以利用网络多媒体技术呈现与文化背景有关的资料和信息,让学生了解与西方社会文化资源接近的各类文化资源和语言环境,在课外教师可充分利用网络教学平台、英语学习语料库开列书目、布置任务,引导学生大量阅读英语报刊、书籍,使学生能始终置身于英语学习的环境中,不断提高英语水平。

七、教学测试的评价者

根据《大学英语教学指南》,教学评价是大学英语教学的一个重要环节。对大学英语教学进行科学、全面、客观、准确的评估对于教学目标的实现是非常重要的。在还未利用网络技术、网络资源之前,教学质量的评价往往只是通过作业本、试卷完成。教师通过批阅学生的作业就可以了解学生对知识点的掌握情况,这对普通的大学英语教学是必不可少的。但是需要注意的是,任何事情都具有两面性,抛开批改作业的质量来说,就是当批改完成后教师也没有多余的精力去总结学生的完成情况,或者去分析其中存在的问题。

八、语言教学的研究者

英语教师除了担任语言教学任务外,还承担着研究者的任务。他们在掌握语言教学理论与性质规律的基础上,逐渐构建自己的教学理念,并运用这一理念去指导实践活动,达到良好的教学效果。因此,英语教师在英语语言教学实践中,必须进行英语语言教学的理论研究,将教学研究与课堂教学实践相结合,从而实现理论到实践的转变,再到理论的升华。

第二节　大学英语教师专业素质结构

一、教师在传统英语教学中存在的问题

(一)教师的职业满意度较低

随着我国院校招生规模和学校规模的不断扩大,出现了公共教学资源和师资力量不足的情况,这无形中给高校的英语教师增加了工作量,甚至导致很多英语教师由于课程负担重,没有额外的时间和精力继续进修和自我充电,这造成了以下两方面的不良后果:

(1)教师在教学方法和手段上得不到适时更新,习惯于传统的教学模式而不愿做出改变,导致教学内容枯燥、教学方法老套,课堂氛围沉闷无成效;

(2)教师汲取新知识的速度跟不上时代发展的步伐,进而导致一直"吃老本",这对大学英语教学质量的提升非常不利,教师在其所从事的职业中也很难有较高的满意度。

(二)教师的科研意识较薄弱

前文提及,英语教师不仅是教育研究者,同时还应具备科研创新素质,并且积极地参加教育教学类的科研活动,这是高校英语教师专业发展的重要目标和根本要求。通过科研不

仅能很好地提升教师的科学素养,而且有利于教师对其教学进行审视并实现自我提升。然而,很长时间以来,我国的高校英语教师所普遍关注的是学生的考试成绩和四、六级通过率,并将此作为评判其教学效果和成绩的重要依据。可见,在高校的英语教学中,应试教育的意识起着决定和主导作用。相应地,英语教师将过多的精力放在应试教育上,分配到科研活动方面的精力就相对较少,甚至一些教师还认为教科研与一线的英语教学实践并无太大的关系,并且很多从事多年教学实践的英语教师依然凭借其自身所积累的经验来从事英语教学,忽视了将自身的教育教学实践中的抽象经验归纳为相关科学理论的能力。这种缺乏明确教科研导向的能力使高校的英语教师很难抓住教育教学活动的主线、要领等,进而导致教育教学活动缺乏明确的计划性。

(三)教师的教学方法亟须创新

现代英语教学不仅强调学生语言能力的培养,更如关注培养学生对知识的创新能力和应用能力。所以要求英语教师能够创新教学理念,并在教学过程中深入贯彻和实施"以学生为主体、以引导为主线、兼顾知识传授和能力培养"这一教学观。然而,在目前的大学英语教学过程中,教师采取的还是一本书、一支粉笔、一言堂的教学方法,这种方式不仅落后、单一、实用性不强,而且很容易使学生处于被动学习、被动接受知识的状态。同时,这种机械、单一的被动学习方式还会扼杀学生的积极性,使学生产生厌学情绪,因而教师的教学效果和学生独立思考的能力以及语言应用能力的提高更无从谈起。为此,对教学手段进行改革和创新势在必行。教师在英语教学中必须结合学生的个性化需求并迎合现代教育教学技术的发展趋势,在教学的方式和手段方面尝试使用图表、动作以及多媒体教学软件等辅助教材,这样不仅能调动学生英语学习的积极性,还能活跃课堂气氛,优化教学效果并提高教学效率。

二、新时期大学英语教师的素质

(一)语言素质

语言素质是指教师应该具备的英语语言综合水平。较高的语言素质是一名英语教师的基础,英语教师的语言素质主要包括扎实的语言专业知识和较高的语言技能。在英语教学中,教师不仅要具备系统的英语语音、语法知识,还要具备较大的词汇量,同时要具有良好的听、说、读、写能力。教师要具备良好的口语基础,能够流利、地道地用英语教授英语。在中国,学生学习英语缺乏足够的语言环境,因此学生接触英语的机会大多是在课堂上,此时教师的英语口语水平就显得尤为重要。良好的英语口语可以保证教师为学生提供高质量的语言输入。教师优秀的英语口语水平可以为学生的英语学习树立榜样,可以很好地激励学生。

在英语教学中,教师想要教授给学生足够的知识,首先自己必须具备足够的知识。教师的语言素质是开展英语教学活动的基本保障,只有教师的语言素质过硬,才能更加有效、全面地掌握教材,解决学生们在课堂内外提出的常见问题。

（二）理论素质

1. 现代语言学理论知识

教师首先要掌握系统的现代语言学理论知识，只有具备这些知识，才有可能成为一名优秀的英语教师，并取得较好的英语语言教学效果。英语教师不仅要了解语言和语言的本质特征、交流能力的本质、语言理论的发展趋势，而且要自觉地利用语言学方面的知识来指导英语教学。尽管不要求英语教师都成为语音、语法、词汇、语义和语用方面的专家，但应该熟悉这些领域的最新研究成果，并在英语教学实践过程中适当运用，以提高英语语言教学效果。

2. 教育学和心理学理论知识

如果教师只有语言学知识，没有教育教学理论指导，并且缺乏心理学的知识，那么在英语教学中就容易忽视学生。因此，教育学和心理学的知识对外语教师来说也十分重要。语言教学包括在普通教育的范围之内，研究和掌握教学的一般规律和基本教学原则，熟悉教学组织的步骤，有助于教师提高外语教学组织能力和教学实施能力。英语语言教学的对象是学生，教学的过程是师生交流的过程，并且学生有着自己的心理特点，因此教师了解相关的心理学知识，有助于教学过程的顺利进行。

3. 外语教学理论知识

教师还要掌握外语教学理论知识，这主要包括外语习得理论知识、外语教学法知识等，尤其是英语语言教学法。现代英语语言教学法有很多，但无论是什么样的教学方法，都有各自适用的教学环境、教学目标和教学内容。英语教师应了解各种教学法的来龙去脉和优劣之处，在英语教学过程中，不仅要注意整体教学方法的多样化，还应根据每个学生的不同个性，随时调整教学方法，切忌一种教学方法用到底。这是一个比较苛刻的要求，如果教师能够做到这一点，那么英语语言教学就能取得更好的效果。

（三）师德

师德是教师最重要的素养，也是教师从事教育教学活动的动力源泉。师德决定着教师对学生的热爱、对事业的忠诚、对教学执着的追求和人格的高尚。同时，师德还直接影响着学生的成长。因此，英语教师必须具有坚定的理想信念，科学的世界观、人生观、价值观，忠于人民的教育事业，具有爱岗敬业的奉献精神，热爱学生。教师只有自身真正懂得奉献、体现公正、具有责任感，才能言传身教。

（四）文化素质

语言与文化具有密切的关系。语言是文化的载体，同时也是文化的一个重要组成部分。学生在学习英语时不仅仅是学习语言知识，同时也在学习英语国家的文化。因此，在英语教学中，教师作为英语教学的主导者，除了必须掌握英语语音知识、词汇知识、语法知识，具备很好的听、说、读、写能力以外，还要具有较高的文化素质，尤其是在英语教学中，文化素质对英语教师更加重要。因此，英语教师应该掌握关于英语国家的文化背景知识。具体而言，教师应尽可能全面地了解西方国家的地理、历史、文学、风土人情、风俗习惯、人物典故等。英语教师除了要比较全面地了解英语国家的文化知识之外，还要全面了解中国文化，这既有利于培养学生的民族自豪感，又有利于培养学生的跨文化意识。较高的文化素养对教师的知识面还做出了要求,作为英语教师其知识面必须要广。英语的教授不仅包括语言知识还包括语言背后的百科知识,英语课文有时会涉及很多方面的内容,学生在语言学习的同时还应该提高自己其他方面的知识。语言是信息的载体,因此英语语言教学不能仅停留在语言知识的教授上,还应将语言背后丰富的知识纳入教学内容中来。这些人文知识的教授不仅可以缓解课堂沉闷的学习气氛,还可以促进学生对英语的理解,从而提高英语学习的效果。

(五)心理素质

1. 性格方面

教师的性格在一定程度上对课堂氛围、班级气氛和学生的热情会产生影响。一个性格外向、充满教学激情的教师其课堂也会充满向上的张力,学生在这样的氛围下学习热情就会十分高涨,学习效果自然事半功倍。相反如果教师性格内向、保守,在教学和学生教育上就会停滞不前,课堂气氛也会相对沉闷,从而影响学生的学习兴趣。作为一名英语教师,其性格应该比较外向,活泼热情、风趣幽默,能够很好地调动课堂气氛,同时英语教师还要沉着冷静,有序组织教学的能力。这样的教师会把英文教学课堂变得生动活泼、井然有序。

2. 情感方面

教师是一种神圣的职业,教师不仅热爱教育事业,愿意为学生付出自己的心血,还肩负着学生正确成长的重要职责,因此需要教师具有强烈的责任感和责任心。英语是一种优美、丰富的语言,同时英语还是中西方文化交流的重要桥梁。因此英语教师有责任将英语知识和英语国家文化向学生灌输。在情感上,教师要真诚地对待每一个学生,学生的进步要予以鼓励和支持,学生学习上的问题要给予指导和分析。教师要热爱自己的学生,对学生一视同仁,不能因为成绩的高低而判断学生的好坏。在平时的生活中,教师要悉心关注学生的个性特点,对学生充满爱心,从而和学生建立一种和谐友爱的师生关系。

3. 意志方面

由于英语教学过程中会遇到不同的困难,学生的英语学习也会出现不同程度的阻碍,因此英语教学在意志上需要教师具有克服困难的勇气和决心。英语学习是一项需要长期坚持和努力的过程,因此教师需要具有持之以恒的精神和意志。同时,面对教学中出现的问题,教师还需要具有不断发现问题和解决问题的能力,这也是对教师意志的一种要求。教师在平时的生活中会遇到不同的困扰和烦恼,但是教师应该注意不要将这种情绪带到课堂中来。

(六)人格素质

1. 思想观念

观念是学习活动的先导,是学习文化、自身经验和他人影响的产物。在教学改革中,英语教师的思想观念要做相应的转换,除了具备高尚的品德及充足的专业知识之外,还要应用高效率的教学手段对自身角色进行重新审视和定位,以便在英语教学中更好地发挥自己的职能。

2. 动机态度

爱岗敬业、无私奉献是对教师职责的赞美。从事教育工作,要求教师既有职业素质,也有道德素养。道德素养是一种态度,也是从事教学工作的动力。英语教师的态度包括对工作的态度、对学生的态度以及对生活的态度。具体表述如下：

（1）在工作中，教师应将自己的所学所用传授给学生，做到帮助和引导；

（2）对于学生来说，教师要对其做到关爱和尊重；

（3）对待生活，教师应该充满热情和活力。

处理好教学关系、师生关系以及个人问题，使教师更好地实现自己的人生价值。

3. 价值取向

教师自身的价值取向是学校建设高素质队伍的必然要求。价值取向是一个哲学的概念，是主体从自己的价值观出发，正视矛盾并解决矛盾、冲突或者关系时坚持的基本立场和态度。价值取向的涵盖面很广泛，但是针对教师而言，一个教师的价值取向主要表现在人格素养上，包括个人的认知、丰富的语言知识、良好的心理素质、和谐的人际关系、端正的仪表以及积极的工作态度。在英语教学中，英语教师不仅应该以宽容、谦逊的态度引导学生，还应该以高尚的道德品行感染学生。

（七）教学实践素质

1. 教学组织能力

外语教学的组织能力主要指教师动员和组织学生进行集体学习的能力。这一能力主要表现在教师有效地掌握课堂，有效地动员学生积极参加学习等活动。

（1）有效掌握课堂

在有效掌握课堂方面，教师要做到以下几点。

①能够把握教学大纲和教材主旨。

②掌握心理学、教育学和教学法方面的知识，熟悉教学组织的步骤和基本的教学原则。

③选择运用适当的教学参考书。

④根据教育教学理论的指导和大纲的要求，设计出符合学生特点的教学活动。

⑤课堂讲授科学准确，简洁易懂，逻辑严密；适当运用非语言表达手段，如手势、动作和表情辅助教学。

⑥善于调控课堂教学气氛，协调教学中的突发事件。

⑦善于指导学生评价教学。

⑧具有决策能力和信息管理能力。

⑨能运用各种教学辅助工具和手段进行教学，善于使用多媒体技术、网络技术进行教学。

（2）有效动员学生积极参与学习

实现有效动员学生积极参与学习，教师需要具有一定的创造性。教师一进课堂就会进入一种创造性的境界，思维活跃，能够自由灵活地运用知识技能，感染学生，使他们积极主动地投入教师引导的学习活动之中。教师自己的英语语言水平在此过程中十分重要，教师讲一口流利的英语，利于动员学生。因此，教师发音必须清晰、准确、流利，表达内容易懂、明确，并能根据学生的语言水平来组织自己的语言，使用学生学习过的词汇和语法结构。

2. 传授和培养英语知识技能的能力

（1）善于讲解

讲解是所有英语教师所必须具备的最主要、最基本的工作能力。一名合格的英语教师要善于将复杂的教学内容变得通俗易懂，并能深入浅出地进行讲解。为此，教师不仅要充分了解学生的心理、生理特点以及学生的英语水平,还要认真细致地做好备课,在讲解的过程中应做到重点突出,同时根据不同的内容选择适当的讲解方法。

(2)善于提问

向学生提问是英语教学的重要手段,英语教师要善于使用这一手段。例如,在讲授新知识之前通过提问来复习旧知识;用提问检查与复习讲授的内容。使用提问手段时,英语教师要注意两点:一是调动全班学生的积极性;二是提出的问题要符合学生的实际水平。

(3)善于示范

英语教学既要传授知识,又要培养技能。学生语言技能的训练包括发音、书写、朗读、说话,这些都需要教师进行示范,然后学生对教师的示范进行模仿。教师要将示范和讲解相结合,用示范配合讲解,或者用讲解来突出示范中的重点,做到示范正确、标准。由于示范是为了让学生进行模仿,因此示范还应注意与学生的实践有机结合起来。

(4)善于纠正学生言语中的错误

学生学习英语是一个逐渐进步的学习过程,在这个过程中难免会出现错误。有些错误是学生自己可以改正的,教师对此类错误不必纠正。而对于有些必须纠正的错误,教师也应该有策略、有技巧地进行纠正。

(5)善于引导学生进行练习

语言技能的培养需要大量的语言实践,如语音练习、语法练习、口语表达练习、听力培养练习、阅读练习、写作练习等。因此,英语教师应熟悉各种练习形式的作用,并在英语课堂教学中引导学生进行各种练习活动,有效培养学生的语言技能。

3. 较高的文化素养

如今,语言教学工作者在外语教学上达成了一个共识,即英语教学除了要有听、说、读、写四项基本技能的训练外,还应有文化导入。语言是文化的载体,语言与文化相互影响、互为补充,因此语言教学离不开文化的教授。文化导入应该贯穿于英语教学的始终。由于学习英语的主要目的是交际,英语学习也就自然要涉及不同文化之间的交际。美国语言学家海姆斯提出了交际能力的四个要素:语法性、可行性、得体性、现实性,后两者直接和文化有关。得体性是指在讲话的对象、话题、场合、身份等不同的情况下,要能够使用不同的得体的语言。现实性就是使用真实、地道的英语。总之,英语教学离不开文化知识的传授,教师要帮助学生了解世界和中西方文化的差异,拓宽视野,培养爱国主义精神,形成健康的人生观。

4. 综合教学技能

在英语语言教学中,除了讲授语言知识之外,教师还应具备包括书写、绘画、唱歌、表演、制作等教学能力,即综合教学技能。在英语教学中,对教师的综合教学技能提出了更高的要求,具体体现在以下五个方面:

(1)能写,即书写字迹工整规范;

(2)会画,即会画简笔画,并能在教学中灵活运用;

(3)能唱,即能够根据学生学习的进程编写、教唱学生感兴趣的英文歌曲;

(4)善表演,即在表达意义或情感时,能充分利用体态语;

(5)会制作,即能够设计制作适用于教学的各种教具,如幻灯片、录像、电脑软件等。

（八）驾驭教材的素质

1. 对教材的使用能力

（1）补充或删减教材内容

教师在使用教材的过程中,可以根据实际教学情况,适当补充或删减教材的内容,以更加贴近学生的实际生活,更加符合学生的需要。但这并不意味着可以随意调整教学内容,教师对教材内容进行适当补充或删减时,不应该影响教材的完整性、系统性。如有可能,教师在调整教学内容时应与学生进行协商。

（2）扩展教学内容或者活动步骤

在实际的英语教学中,教材设计的教学活动会出现难度过低或者过高的情况,如果教师总是按照教材设计的活动组织教学活动,就可能导致教学活动的效果不佳。因此,教师可以按照教学实际情况的需要,对教学活动的难度做适当调整。当教师认为教学活动难度较低时,就可以对原有的活动进行延伸,例如,在阅读理解的基础上,增加词汇训练、展开讨论或辩论,甚至可以进行写作训练等;而当教师认为教学活动难度过高时,就可以适当扩展活动的步骤,增加一些有提示性的步骤,降低教学活动的难度。

（3）替换教学内容和活动

在教学过程中,难免会出现教学内容、教学活动不适合教学实际情况的现象,因此教师可对不太适合教学需要的内容、活动进行替换。例如,如果教师认为教材中所设计的作文题不适合学生,则可以用自己设计的作文题来代替教材中的作文题。

（4）调整教学方法

教无定法,贵在得法。每一种教学方法都有其优缺点,适用于不同的教学内容。由于客观条件的不同,学生英语水平的差异,以及具体教学实际情况的不同,教材中所推荐的教学方法不一定适用于实际教学情况。这时教师就可以根据具体的教学情况,对教学方法做出相应的调整,以便获得更好的教学效果。

（5）调整教学顺序

教材对教学内容所设计的教学顺序不一定适合教学实际情况,教师可以根据教学需要进行适当调整。为了提高学生的学习动机,教师在调整教学顺序的时候应将教学内容和社会现实生活联系起来。此外,在调整教学顺序时,必须考虑到教学内容的关系,遵循由浅入深的教学原则,切不可随意调整。

（6）对教材使用情况进行总结

教师在使用教材一段时间后,应该对教材的使用情况进行总结,以便及时发现教材的效果。总结教材的使用情况时,教师主要应关注以下五点:

①教师和学生对教材是否满意;

②教材的使用是否达到了教学目的;

③教材的使用是否有利于提高教学效果;

④教材在使用过程中存在哪些优缺点;

⑤可以在哪些方面对这个教材进行进一步调整。

2. 对教材的评价能力

（1）教学的指导思想

教学思想能够从宏观上指导教材的编写。评价教材的优劣性,首先要评价教材所体现的教学指导思想,看教材的教学指导思想是否与有关学科的最新研究成果相吻合。教学指导思想包括对语言的认识、对语言学习的认识以及对语言教学的认识。

（2）教学方法

教学方法决定了怎么教和怎么学,可以为教材内容的选择、安排以及教学活动的设计提供具体依据和参照。所以,教师评价教材,应该看教材是否体现了先进有效的教学方法。当然,教材编写应该主要以某种教学方法为基础,同时吸收其他方法的长处。

（3）教材内容的选择和安排

教学内容决定了教什么和学什么。教材内容的选择和安排应以英语语言教学的目标以培养学生综合运用语言的能力为基准。而语言能力的形成是以基础语言知识、基本语言技能、学习策略、情感态度、跨文化意识以及英语能力为基础。因此,教材中必须包括以上几个方面内容。教师评价教材的内容要看它是否符合语言学习过程的规律。

（4）教材的组成部分

一套完整的教材应该由教师用书、学生用书、练习册、多媒体光盘、录像带、录音带、卡片以及挂图等组成的立体化教材,这些组成部分各有侧重、各有特色,构成了教材这一有机整体。

（5）教材语言素材的真实性、地道性

英语语言教学的目的是培养学生使用英语进行交际的能力。因此,英语语言教学应该向学生教授实际交际中所使用的语言。也就是说,教材中所选择的语言应该是和现实中所使用的语言基本一致的,必须具有真实性、地道性。

（6）教材的设计

教材的设计主要包括教材的篇幅长度、版面安排、开本大小、图文形式、色彩以及媒介形式等。

第三节　大学英语教师专业素质发展的路径

一、更新教学观念

（一）建立新型的师生关系

所谓新型师生关系,就是师生之间要相互尊重、平等相待。随着时代的发展及英语教学改革的不断深入,传统的师生关系基本上是教育者与受教育者的关系或者是领导者与被领导者的关系,而今天这种关系已经无法适应新时期的英语教学。新型的师生关系更强调平等。具体来说,在今天的英语教学中,师生均要有主人翁的地位和意识,平等相处。学生既是"教育的主体",更是权利的主体,教师不仅要使学生学到更多的知识,而且要充分挖掘学生的潜在能力,以培养学生的创新能力为己任。

（二）坚持以学生为中心

英语教师应树立以培养学生的能力为目标,以学生为中心的教育观念,尽量避免使用传统的"翻译式""灌输式"的教学方式,运用新型的"启发式""诱导式""研究式"的教学手段。教师要为学生提供更多的使用语言的机会,鼓励他们发散思维、创新思维,进而超越具体的结构和功能,创造并丰富英语语言的内涵。英语教师还要指导学生成为语言学习的主体,不断启发和引导学生用英语进行交流、思维。在设计英语教学时,教师既要考虑到教学目标又要考虑到学生的兴趣,且应为学生提供参与教学设计的空间和机会,使学生的英语学习由被动变为主动,形成以学生为中心的民主性的学习局面。在整个教学活动中,教师要做好顾问角色。教学内容应该是教师"带着学生走向知识",而不是"带着知识走向学生"。这样,学生的学习才会更加有趣,才能为学生的创造性思维提供机会。教师不要始终扮演"裁判"的角色,而要试着做活动的组织者、合作者和调控者。

(三)由"应试教育"变为"应用教育"

自从加入 WTO 以后,我国与其他国家的经济合作与贸易往来越来越多,这就使高校英语教学培养出来的"应试型"人才与当前社会急需的人才不符。因此,为了适应我国经济发展的需求,高校英语教学应将"应试教育"模式转变为"应用教育"模式。英语教师要用开放的思维和眼光看待并迎接教学变革,树立科学的教学思想,摒弃传统的以考试为目的的教学模式。教师要注重向学生灌输国际竞争意识,培养学生参与国际竞争的能力;注重培养学生的自主创新精神,培养出全面发展、自主创新的综合型人才;重视学生的非语言思维和形象思维,培养学生的发散思维和非逻辑思维。同时,人才的培养还应立足于全球化市场,英语教师在树立创新的教学观念过程中,要更新传统的教学模式,重新调整知识结构,把英语教学的重点放到培养学生英语语言运用能力上。

二、更新教学方法

(一)营造良好的课堂氛围

教师除了要用短剧表演、分组讨论、背景简介等活动为学生提供说英语的机会外,还应该定期为学生创设一些课外活动,使英语教学从课堂走向室外,走向校园,走向社会,进而形成一种浓厚的、范围广大的、参与者多样化的英语氛围。教师可以鼓励学生在课下充分利用网络或图书等媒介进行学习,使学生养成独立学习知识、分析问题、解决问题的能力。

(二)合理利用多媒体技术

传统的"一支粉笔+一本书+一本教案"的英语教学模式远远满足不了现今英语教学需求。教师应该充分利用录音机、实物投影机、电脑、语音实验室等现代化电教设备,编制计算机辅助教学课件,创造出图文并茂、生动、真实的教学环境,创造出超越时空的课堂。教师可参与网上课程讨论区的讨论、辅导、答疑甚至批阅作业。利用多媒体进行教学有利于培养学生主动获取知识和运用知识的能力,激发学生的学习兴趣。

三、加强教学反思

(一)教学反思的内容

1.反思教学理念
理论是行为的先导,成熟理论指导下的教学活动有助于促进预期效果的实现。在反思性教学中,英语教师应反思自己的教学理念,用先进的理论武装自己,根据多元社会的要求转变教育理念,为自己的角色转变扫清思想上的障碍。

2. 反思教学角色

英语教师作为英语教学活动的主导者,应做好课前、课中以及课后的教学管理工作。英语教师应该突出学生的主体地位,培养学生的英语综合运用能力,同时注意培养学生养成自主学习的习惯,引导学生树立合理的目标,激发学生学习的积极性,提高学生的自主学习能力。

3. 反思教学方法

先进的教学理念如何在英语教学中体现出来,需要教师对教学方法进行反思。作为课程的设计者、课堂的管理者以及学习的评估者,教师应对教学方式进行反思,在以后的教学中进行改进。

4. 反思教学效果

由教学评估可以发现,教师的教学效果有好坏之分。如果教学效果好,教师应对教学效果进行反思,总结成功的教学经验,并与其他人共同分享;如果教学效果不好,则更需要反思,找出问题所在,进一步改善教学。对教学效果进行反思,英语教师需要注意以下几个方面的内容:

(1)积累丰富的经验,善于发现问题;

(2)对问题进行观察和分析,找出问题存在的根源;

(3)对自己的教学方法和教学策略进行重新审视;

(4)用实践进行检验,用实践来证明反思的效果。

(二)反思性教学的实施

反思性教学一般可根据以下步骤来实施。

1. 教学前反思

教学前反思是反思性教学的基础。英语教师应具有教学模式、教学方法等方面的知识;还要改变教学理念,努力提高教学效果;制订合理的教学计划,注意考虑一切有可能的项目。

2. 教学中反思

教学中反思就是反思教学的具体实施。教师既要展开具体的教学活动,同时要注意监控、调查自己的教学,获取反思与提高教学效果所必备的资料与相关信息。教学反思可以通过问卷调查、行动研究、案例分析等来进行。

3. 教学后反思

在教学后反思阶段,教师应根据教学中所有条件的变化对自己的教学行为加以调整,通过监控教学效果与个人反思,使教学过程更清晰。因此,在该阶段,要确保目标明确,使英语教师的教学技能真正得以提升。

4. 建构教学行为反思的连续体

英语教师与英语教学的发展都是持续进行的,反思性教学不仅是一两次的课堂行为,还是从教学前的准备到最后的补偿与提高,这几个阶段紧密相连,相互促进,共同构成反思性教学系统。

四、建立科研小组

前面提到了大学英语教师应具备科研素养,所以发展大学英语教师素养也就必须要成立科研小组。

科研小组可以由同一个学校的同一个年级的教师组织,进行教学研究,大家可以定期对某些教学问题进行探讨,根据探讨的问题,共同拟订一个研究题目,制订研究方案,分配任务,各自展开研究,在合作中寻求发展和提高。

需要指出的是,这种科研工作必须是与英语教学联系起来的。当教师得到了某些创造性的成果后,就可以以知识的形式传授给学生。同样,在教学实践中教师可以发现一些值得探究的课题,进而展开研究。

五、教学日志

(一)教学日志的基本内容

1. 教学理论与教学方法

教学理论指的是"力求合理地设计教学情景,以期达成学校教学目的所建立的一套具有处方功能的系统理论"。教学理论主要包括某些教学思想方法的渗透与应用过程,教育学、心理学中一些基本原理使用的经验等。

英语教师使用新的教学观念、思想与自己的教学实践结合在一起,从中发现问题。例如,研究素质教育、创新教育、主体教育、研究性学习等新的教育思想,将自己教学中的问题查找出来。

教学方法包括英语教师对自己教学方法所进行的反思,同时包括对学生学习方法所做出的指导。例如,目前流行的教学方法是否对所有课型都适用;自己在教法上有什么样的创新,促进学生掌握教学内容的教学方法有哪些等。

2. 教学内容

教学内容是教学日志的另一项重要内容。不同的英语教师在备课时,对所教的课程内容的认识也不同,主要涉及教师教什么、如何教、教学计划执行情况等问题。英语教师应详细地记录课堂内容的设计、组织安排,教学中临时应变得当的措施,层次清楚、条理分明的板书,以及教学活动中的不足之处,供以后的教学参考,不断地改进、完善教学。

(二)教学日志的意义

1. 促进英语教师专业成长

教学日志可以帮助英语教师养成主动思考的习惯,通过思考,形成自我评价,借助自己与自己的对话对教学特点有一个更清晰的认识,了解最适合自己的教学方式,促进自身成长。

写教学日志的过程实际上也是自我反思的过程。通过教学日志,英语教师可以发现教学的盲点在哪里,哪些耗费精力的无效教学需要改进,哪些方面的教学技能需要增强。在此基础上,英语教师对教学活动中有益的经验进行归纳,并将其系统化、理论化,对自己的教学活动进行客观的评价,从而促进自身的专业成长。

2. 促进英语教师之间的交流与学习

"资源共享是各方利益最大化的有效途径,教师的知识也只有在分享中才能够得到进一步条理化和显性化。"与个人日记不同,教学日志可以有广泛的读者,可以拿来和同事、专家分享。

教师通过经常性的、众多的信息交流,尤其是与具有同一专业背景的教师进行讨论、交流,得到启发,进而激发新的理念或思想的形成。此外,还可以探讨教学活动中存在的问题或疑问,就教学经验展开交流,避免局限发展。这种方式体现了共享、交流、协作和发展的优势,既有利于教师个人成长,也有利于提高教师整体的专业水平。

3. 撰写教学日志是提高英语教师教学研究水平的有效途径

撰写教学日志也是每一个基层教育工作者可以发挥的优势。英语教师们工作在教学第一线,拥有丰富的教学实践经验,为科研论文的创作提供了直接的素材。教师作为教育研究者,应注意总结反思中的重要观念和教学策略,长期积累,有利于催生科研成果。

六、参加校本培训

(一)校本培训概述

1989 年,欧洲教师教育协会提出,校本培训是源于学校课程和整体规划的需要,由学校发起组织,旨在满足个体教师的工作需求的校内培训活动。校本培训具体包括以下四个要素:

(1)校本培训的出发点即达到组织的某种要求;

(2)校本培训以学校为实施的主体,学校有充分的自主权;

(3)校本培训的目标既要满足教师的需要,又要满足学校发展的需要;

(4)校本培训的地点宜在校内进行。

校本研究是以教师在教育教学中遇到的实际问题为研究的起点,换言之,校本研究中的"问题启动"指向教师所研究的"课题"来自学校教师自己的教育教学实践。就校本研究来说,其研究的问题不但直接来自广大教师的教育教学实践,而且还贯穿于他们的教育教学全过程,研究的出发点和落脚点都是为了解决教学的问题。

(二)校本培训的具体策略

1. 校企合作

对于校企合作途径的分析,首先需要弄清楚"校"与"企"。"校"就是学校,而"企"就是企业或"行业界""工业界",因此校企合作就是学校与企业的合作。

在教育领域,校企合作途径是对教育活动、改革发展情况等规律的整合和揭示。在著名学者杜威看来,学校就是社会,而教育就是生活经历,学校是社会生活的一个重要形式。因此,从杜威的观点中可以看出校企合作的途径是学校与企业为了实现各自的目的,而建立的一种合作共同体。其构建的目的是实现产品研究、技术开发、教育培训、学习者培训、社会服务等。在英语教师的发展层面,校企合作途径有两个基本观念:

(1)英语教师的发展需要从系统的观念和全局来进行设计,从而实现整体化的改革,这不是在学校内部就可以自己解决的;

(2)要想保证英语教师能够真正实现专业化发展,首先需要提供一个开放、自然的生态环境。

在具体的实践中,校企合作途径要求高校和企业构建符合要求的高素质的专业教师队伍,这需要从以下两点着手:

(1)英语教师深入企业,进行亲身体验与实践。在企业中,英语教师可以深层次感受企业文化,从而树立企业观、市场观,也明确自己的教学目标,提高自己的教学技能;

(2)企业的高级员工去高校讲学,使教师队伍进一步强化,解决当前高校师资力量短缺的问题,最终实现师资共建。

2.校本督导

(1)英语教师的个人发展

英语教师的个人发展主要强调学校应该关注教师的满足与稳定。同时,学校也不能忽视教师的身体情况、家庭状况、感情情况等。也就是说,英语教师的个人发展涉及职业操守、兴趣爱好、家庭生活、社会活动等方面。

(2)英语教师的专业发展

英语教师的专业发展是校本督导途径的最基础内容,其强调教师教学技能的发展和提高。具体来说,英语教师的专业发展主要涉及教学方法、专业知识、课程与教学、实践能力、教育研究、教学目标等方面。

(3)学校的组织发展

学校的组织发展主要强调的是教师生活质量的提高、学习组织氛围的改进、学习发展目标的达成。具体来说,学校的组织发展涉及人际关系、人事制度、学校规章制度、学校管理计划、学校组织、学校财政、校园氛围等。

需要指出的是,英语教师的个人发展、专业发展、学校组织发展这三大层面是紧密联系的,三者相互作用、相互重叠。教师专业发展是以个人发展与学校组织发展作为保障和支撑点的。

校本督导有三种形式:常规督导形式、自我督导形式以及教学督导形式。

(1)常规督导形式

常规督导形式是一种必不可少的督导形式,其意义与行政监督有着相似的地方。常规督导形式往往是由学校主管部门或者院系领导定期组织听课,观察任课教师的课堂行为与教学活动,从而对任课教师提出意见,给予任课教师一定的指导。

(2)自我督导形式

自我督导形式是由教师自己制订专业发展规划,然后独自实施,最后完成自己的专业发展规划,实现自己的专业发展。自我督导可以采取多种形式,如参加相关研讨会与座谈会、组织学习者评价自己的教学行为、对研究报告和专业杂志进行分析、通过录像等设备来分析自己的教学活动等。

(3)教学督导形式

教学督导形式主要是由督导教师对任课教师进行有针对性的帮助活动,从而进一步提升任课教师的专业技能。这一督导形式是面对面的督导,通常采用的方式有诊断性督导、微格教学技术等。其中,诊断性督导形式是最常用的教学督导形式,其帮助的对象往往是新教师或者缺乏教学经验的教师,有助于帮助这些教师解决问题,促进新教师向着成熟教师的方向发展。

3. 校本专业培训

（1）培训内容

教师在培训中要系统了解语言教学的基础理论知识和国内外英语教学的发展趋势，把握英语这门学科最新的教学理论和动态发展。

教师通过培训要能够将新的教育观念和思想内容融入英语课程的设计、教材的分析以及课堂教学模式的运用过程中。

教师通过培训要熟练运用和掌握现代教育技术，如独立制作多媒体课件，在计算机和网络的应用中做到技术娴熟。

通过培训，教师要掌握系统的英语测试及评估理论，能够运用科学的评价方式来评价自己与同事的教学，以及学习者在学习过程中的具体表现。

培训教师具有一定的科研能力，从而使教师可以在总结中反思自己的教学得失。

总之，教师的专业培训需要在终身教育思想的指导下做到贯穿整个职业生涯的始终。

（2）培训措施

英语教师专业培训的顺利进行离不开教育相关部门的大力支持和帮助。

学校管理者要更新观念，将学习者培养与教师培训放在同等重要的位置，在生活上多多关怀教师，减轻教师的低效劳动负担，让教师有充分的时间、精力来提高自己的教学水平和研究学习。学校管理部门要为教师提供一种宽松的民主环境，让教师可以自由地发挥和施展自己的个性和才华。完善培训的管理措施，有效解决教师学习和正常工作中的矛盾，大力鼓励教师积极参加在职教育的培训。

学校为教师制订新的考评内容和标准。对于教师教学水平和技术能力的考评，一定要避免盲目追求形式和恶性竞争的不良循环，如此才能促进教师专业的成长。考评的作用之一就是引导教师学会自我总结和反思，以便改善自己的教学方式。因此，考评制度和标准的制订一定要从教师专业成长的角度出发，最好能够为教师建立成长档案，帮助教师全面了解自己，进而准确把握自己的成长阶段和发展方向。

需要提及的一点是，很多在职教师对于继续教育都持有一种"无所谓"的态度，他们认为培训的内容大多"学非所需"，并不能让自己提高教学技术水平，故不想浪费时间和精力在专业培训上。其实，教师可以选择一些"订单式"培训，这种培训的宗旨就是让教师有自己选择学习内容的自由，使教师成为专业培训的主人，培训中的内容可真正实现"学有所用"。订单式培训以教师的个性特点为依据，强调理论与实践相结合，以形成教师个性化的教学风格为最终目标，并且这种培训还有后续、长期的指导和实践。

在对教师进行专业培训时还需要关注一个客观情况，即教师作为个体具有鲜明的个体差异性。现代英语教学要求教师要形成自己的个性化教学，具有特色意识，避免使用单一、模式、公式化的教学方法，这要求学校在对教师进行专业培训时不能搞"一刀切"。

教师专业培训需要针对不同年龄、水平、特长的教师制订不同的培训项目、标准和进度。现代教师发展的核心不是对教师优劣情况的筛选，而是在承认个体差异性的基础上帮助教师全面认识自己，扬长避短，最大限度地发挥自身的优势，从而在实现自己人生价值方面达到最优化。

七、建立完善的教师激励机制

(一)常用教师激励措施

1.奖励

奖励包括物质和精神奖励。物质奖励是最古老和传统的激励方式之一,也是现代社会中最常用的激励方式之一,主要是增加工资或奖金。精神奖励主要通过各种形式的表扬、给予一定的荣誉等来调动人的积极性。

2.思想工作

思想工作主要是通过宣传教育、举行座谈会、个别交流思想等方式,来激发教师的事业心、责任感。

3.适当的工作安排

适当的工作安排包括职位的提升、权限和工作范围的扩大等,不仅是人力资源管理的重要工具,也是一种有效的激励方式。

4.培训

给个人提供各种学习、锻炼的机会是一种有效的激励方式。

5.民主管理

民主管理主要表现在教师参加学校的管理决策工作,以及有关管理工作的研究和讨论之中。

(二)构建综合激励机制

综合激励机制,就是在遵循教育管理规律和激励理论的基础上,运用一定的激励原则、规则和方法、手段,动态而持久地激发教师工作积极性和主体意识的过程。

综合激励机制有以下几层含义:

(1)指针对个体的整个发展阶段,根据其需要的变化而采用不同的激励手段和机制;

(2)在不同的时期根据教师的需要变化采用不同的激励手段和机制;

(3)在一定的时期内根据教师的个性差异和社会背景,采用不同而有效的激励策略;

(4)根据教师成长发展的实际水平和学校发展需要,采用不同的激励方式;

(5)激励制度应从整体性和系统性考虑,使激励机制真正发挥实效。

学校管理措施的实效性也取决于多种因素,学校整个政策对教师发展的支持,学校各种制度间的相互配套程度,学校的组织、文化的支持,学校教师在专业发展中的积极性、主动性、创造性的激发与调动,各项具体活动的针对性,包括时机、方式方法、途径的选择,在执行过程中组织者的素质、工作风格,都会对学校管理措施的实效性产生影响。因此,管理措施的实效性是一个不断实践的问题,也是一个不断深化的命题。

八、科技赋能视阈下大学英语教师职业发展策略

科技赋能教育是指以大数据、人工智能等前沿技术为支撑,信息技术与教育深度融合的新型教育,具有网络化、数字化、个性化、终身化的特点。教师的教学水平与综合素养直接影响科技赋能教育的实施与推进。现代信息技术与英语教育教学紧密结合形成新型英

语教育生态。科技赋能教育视阈下的大学英语教师,要有明确的角色意识,要探索、施行科技赋能教育视阈下的新型英语教学模式,持续提升专业素养。科技赋能视阈下大学英语教师职业发展的策略是:教师要做好教育信息化背景下的自身发展规划,要不断提升信息素养和教学的行动力、反思力;社会相关部门要通力合作共同促进教师的专业发展。

(一)科技赋能视阈下大学英语教师需具备的素养

1. 要有明确的角色意识

(1)做终身教育理念的学习者和践行者

大学英语教师要树立终身教育理念,做学习型教师,既学习教育教学理论和学科专业知识,也学习信息技术,成为终身学习的践行者。

(2)做智慧课堂的设计者和学生学习的助力者

大学英语教师要借助智慧教学平台科学设计教学内容和教学活动,将多模态信息技术与英语教学内容及实践深度融合;能够面对浩瀚的数据海洋,帮助学生发掘、甄别、获取、利用优质的学习资源;能够采用灵活多样的方式,帮助学生开展多样化、个性化的学习;能够对学生做出合理、客观的评价。

(3)成为掌握信息技术、施行科技赋能教育的合格教师

中国大学慕课平台引领着中国高校在线课程建设的步伐,科大讯飞为教学活动和日常中外交流活动提供了便利的翻译功能。基于云计算的批改网(i-write)的批阅功能可以提升大学生英语写作能力。测评创新 TEST 结合智能新常态,支持全国"线上学期"考试。类似的英语教学服务平台和教辅软件层出不穷,大学英语教师要熟练有效地运用这些资源和手段,不断优化教学方式和教学内容,降低教师教和学生学的强度,提升教与学的效果。

(4)成为致力于英语教育公平的教育工作者

优质教育资源不再仅限于少数人,而是变成服务于大众的共享资源,教学对象从单一学生群体变成全民。接受教育的权利和机会犹如阳光雨露一般能被大众享用,这是"学习型"社会的体现,是教育强国的诉求。对于英语教学,大量涌现的智能化教学工具大大缩短了社会大众与英语学习之间的距离,扩大了优质教育资源的覆盖面,提高了英语教育的效率和质量,真正实现因材施教。

2. 要探索、实施科技赋能教育视阈下的新型英语教学模式

目前,大量涌现的信息化教学平台的应用日渐成为互联网背景下的英语教学新常态,比如翻转课堂、基于微慕课的在线课程、线上线下混合式教学等。这些新的教学模式不受时空限制,颠覆了传统的课堂教学流程,充分体现了"以学习者为中心"的教学理念,使外语教育教学的内涵、外延得以拓展,实现了教学的个性化和人性化,促使教学、学习环境多维立体化。

3. 要持续提升专业素养

教师的专业素养是教师职业发展的重要表征。信息化技术为英语教师的专业发展提供了多元的、个性化的服务,英语教师可以借助大数据技术参加多种形式的专业培训。教师要根据自己在某一阶段的专业发展情况来设定专业发展目标,围绕发展目标选择适合的学习内容、方法、路径和策略,自觉学习,不断提升自身的专业素养。

(二)科技赋能教育视阈下大学英语教师职业发展策略

1. 教师要做好教育信息化背景下的自我发展规划

提升大学英语教师的教学能力、专业素养等综合能力,需要教师不断努力。大学英语教师面对信息技术带来的新挑战,应主动求变,客观分析自身情况及未来发展方向,自觉培养职业发展意识,树立终身学习理念,以教育信息化需求为导向,对职业生涯进行自我谋划。

大学英语教师要有自我发展的意识和动力,有意识地进行自我改变,主动适应外部环境的变化。在科技和教育发展的推动下,不仅掌握英语学科的专业理论知识,还要具备娴熟运用现代教育技术的能力,成为自我职业发展的掌舵人。

大学英语教师要根据自身的专业能力和综合素养,挖掘潜能,对职业生涯进行总体规划,设定不同阶段的发展目标并有计划地执行。职业发展是长期的、渐进的,是探究性的学习过程,其间孕育着质变和顿悟。日常工作中主动参与的课程建设及教学研究是促进质变和顿悟的催化剂,比如积极参与以慕课为代表的线上开放课程、英语"金课"等课程建设。

大学英语教师要积极开展教学研究,掌握特色鲜明的大学英语教学理论、方法,将大数据背景下创新英语教学理念和模式作为职业发展的研究起点和突破点。在参与的过程中,通过主动建构知识,丰富知识体系,使英语学科知识与现代化教育知识相融合,不断提升自身的职业发展水平。

2. 教师要不断提升信息素养和教学的行动力、反思力

信息素养是大学英语教师发展必备的条件,是适应信息社会的基本能力。它包括意识、知识、技能、伦理、技术与课程整合五个方面的信息能力。大学英语教师要主动了解并运用信息技术,获取、了解、检索、评估和利用有效信息,将其有效地运用于英语教学中;要学会借助信息化资源和技术帮助自己探索科研新方法,找到专业发展的新方向。

教学反思是教师能力提升的重要环节。首先,大学英语教师要不断审视英语教学的实践过程,反思自己在多模态课堂、混合式教学、翻转课堂等不同形式课程的教学实践,如是否借助技术优势为学生提供学习外语的条件,加强语言教学,是否将信息技术、创新教学理念与教学实践合理结合,高效达成教学目标,达到教学效果等。其次,通过整理相关学术论文、文献进行学术思考,对自身科研进行反思,是否将研究成果融入语言教学当中,是否积极推进了信息化背景下英语教学模式的创新与改革。最后,要把反思内容与行动研究相结合,采用反思日志、教师访谈、课堂观察、教学研讨等多种行动来发现问题、解决问题,再深入实践,不断循环,形成过程性的经验资料。通过现代信息技术手段,将原本传统、纸质的反思行动记录转变成电子文本、音频、视频资料,最后存档,以便教师记忆、回顾、建构教学。依托信息技术的记录及其快捷、形象、生动的特点,更加客观地展现教师整个发展过程,从而提升信息素养,达到自身职业发展的目的。

3. 社会相关部门要通力合作共同促进教师的专业发展

(1)建立基于网络实践的大学英语教师学习共同体

构建专业学习共同体,不仅能够推动教学质量的提升,还能促进学校、教师和学生的共同发展。基于网络实践的大学英语教师学习共同体是借助高效信息传递,将具有共同发展愿望的英语教师汇集起来,进行英语教学资源及知识的共享与合作,教师间相互学习,交流协作,共谋发展,推动英语教师职业发展及大学英语教学质量提升。

首先,基于网络实践的英语教师共同体以在线沟通为主,不受时空限制,实现信息的高效传播,来自多方的教师通过共同体平台获取更多资源。

其次,每个院校都有其不同的优势和特色,因此,英语教师共同体应尽可能汇集跨城、跨校的成员,尽量吸收与大学英语教学相关的不同学科的教师。让来自不同院校或不同教学环境的教师,各显其教学风采,相互借鉴,汇合不同的教学风格与教学智慧,共同营造教师合作文化。

再次,丰富的内部机构层次使其有序且高效运转。大学英语教师学习共同体在内部结构上可按照不同学科分类,比如专业学科和跨专业学科,专业学科包括多语种或英语学科不同研究方向;跨专业学科是辅助学科,比如教育心理学、网络信息工程、计算机科学与技术、统计学等。这样能更好地实现高效协作,成员间得到优势互补。另外,在此基础上的专业资源平台建设也是保持其持续发展的重要环节。专业资源的内容可围绕外语教学理论与实践知识、语言文化知识、翻译理论与实践或学术科研知识等方面展开,整合文本、图片、音视频等不同形式,使其成为一个丰富的体系。共同体成员分工合作,根据自身的专业特长负责平台不同领域的建设。在虚拟的社区当中,借助网络的媒介,教师们观看英语课堂教学录像,分享英语教学资源,撰写英语教学反思,讨论英语研究课题,利用碎片化时间获取更多的优质资源,获得自身的发展机会。

(2)完善大学英语教师信息化技能培训机制

地方教育主管部门应制定政策、方案来强化英语教师个性化专业发展,制定形式多样、内容丰富的教育培训活动来唤起外语教师的专业发展意识,实现主动学习和终身学习。英语教师除了接受本专业教学技能培训外,还要接收信息技术理论知识和技能培训。有关部门应通过集体培训、专家指导和硬件支持等,不断完善教师培养机制,为英语教师清除信息技术障碍。

结合信息化背景下英语教学改革与创新需求,制定具体的研修要求,为英语教师们提供定时与定量培训活动。首先,将线上自主学习和线下集中面授有效结合,比如在了解英语教师们的发展需求的基础上,为他们推送适用的信息化资源,建构基于慕课的线上个性化培训机制等。线下则可邀请数字化教学管理平台教师、教学软件开发人员等专业技术型人员来进行定期培训,不断提高英语教师对信息化软件或设备的运用能力。其次,鼓励英语教师们积极参加促进其职业发展的系列论坛,积极参加有关我国英语教学改革与发展的重要学术活动,不断提升专业水平和信息素养。英语教师们可以与参会代表们交流借助技术优势进行教学的经验和智慧,解决英语教学过程中面临的问题、困惑,共谋英语教师职业发展的新路径与方向。此外,自修也是英语教师提升信息能力的一种重要方式。当前,线上有许多免费课程,其中有许多围绕提升信息技术应用能力而展开的直播课程,这为教师们的自学提供了便利的条件。教师们可根据个人实际需求选择研修内容,结合自身诉求与培训教师进行研讨,针对不同问题进行重点突破,切实达到培训的目的。通过上述多元化、系统化的培训,一线英语教师们会不断获得外语教育的创新理念,日渐提高教学设计、基础文字处理以及软件、图片、音频或视频处理的能力,进而综合提升教学能力、理论水平和信息素养。

(3)加强信息化时代的大学外语教师团队建设

科技赋能教育更强调聚合力量进行教育变革。团队建设是实施科技赋能教育、提高教学效能的有效途径。信息化技术为教师们进行团队合作、进行教研提供了灵活、创新的形式,如虚拟共同体、虚拟教研等。团队合作要有明确的目标,要在团队共同目标的指引下,齐心协力做好教学与科研工作;要构建多元、合理的教师梯队,建设有效工作机制,既要重视有经验教师的传帮带作用,传承优秀教学文化和实践,又要激活广大青年教师的积极性和创造性。当前,在线教学是大势所趋,英语教师们要聚合力量,充分借用现代化信息技术和手段,打造英语线上"金课",创新混合式英语教学模式设计,制作有英语学科优势和中国特色的线上精品课程。

总之,科技赋能视阈下英语教师的职业发展要全局谋划,有关部门要结合该职业的现状及特点给予必要的指导和保障;英语教师要抓住智能化时代所带来的前所未有的机遇,掌握并运用现代化网络教学工具,不断增强教学能力、学术素养、信息素养,营造英语教师个人特质,加强核心竞争力,不断提升职业能力,优化英语教学方法,创新人才培养模式,努力成为具有创新能力的复合型英语人才,在立德树人、全方位育人、培养英语人才方面做出应有的贡献。

结　束　语

　　作为世界通用语,英语一直以来都在国际交流的世界舞台上扮演着举足轻重的角色。虽然当下依旧存在颇多的困难和挑战,但新的时代也为大学英语教学提供了发展的新契机,围绕国家人才培养目标,整合各方技术和资源,革新教学体系,开发、完善新的课程,建立、建构合理的评价体系,大学英语教学终将焕发出新生机,展现出新面貌。

参 考 文 献

[1] 李红霞.大学英语教学研究[M].天津:天津科学技术出版社,2017.

[2] 冯改.大学英语教学模式问题与对策研究[M].北京:中国商务出版社,2017.

[3] 田会轻.当前大学英语教学模式反思[M].青岛:中国海洋大学出版社,2017.

[4] 崇斌,田忠山.新时期大学英语教学研究[M].成都:电子科技大学出版社,2017.

[5] 钱满秋.现阶段大学英语教学改革研究[M].北京:北京理工大学出版社,2017.

[6] 任文林,张雪娜,郑伟红.新时期高校大学英语教学研究[M].成都:电子科技大学出版社,2017.

[7] 闫洪勇.大学英语教学与教师专业发展研究[M].西安:西安交通大学出版社,2017.

[8] 余晋.母语迁移与大学英语教学实践[M].北京:光明日报出版社,2017.

[9] 林玲,王小格,耿春玲.大学英语教学与课程体系研究[M].西安:世界图书出版西安有限公司,2017.

[10] 黄儒.大学英语教学模式研究[M].哈尔滨:黑龙江教育出版社,2018.

[11] 朱金燕.大学英语教学改革探索[M].武汉:中国地质大学出版社,2018.

[12] 杜璇.文学素养与大学英语教学[M].长春:吉林美术出版社,2018.

[13] 柯宁立.大学英语教学分析研究[M].天津:天津科技翻译出版公司,2018.

[14] 薛燕.基于教学改革的大学英语教学实践[M].延吉:延边大学出版社,2018.

[15] 王淑花,李海英,孙静波,等.大学英语教学模式改革与发展研究[M].北京:知识产权出版社,2018.

[16] 宫玉娟.大学英语教学模式改革创新研究[M].长春:吉林出版集团股份有限公司,2018.

[17] 霍芳.大学英语教学理论与实践研究[M].长春:吉林人民出版社,2018.

[18] 李国金.大学英语教学基础理论及改革探索[M].北京:北京理工大学出版社,2018.

[19] 丁丽红,韩强.当代大学英语教学的认知研究[M].北京:中国书籍出版社,2018.

[20] 刘燕.文化与大学英语教学[M].北京:科学技术文献出版社,2020.

[21] 周建萍.大学英语教学行动研究[M].北京:旅游教育出版社,2019.

[22] 张茂君.当代大学英语教学与文学的融入探究[M].长春:吉林大学出版社,2019.

[23] 杨照.基于教学改革的大学英语教学实践[M].长春:吉林出版集团股份有限公司,2019.

[24] 包虹明,廖丹璐.基于教学改革的大学英语教学实践[M].北京:北京工业大学出版社,2021.

[25] 刘蕊.大学英语教学的发展:思考与创新[M].北京:九州出版社,2019.

[26] 朱飞.大学英语教学中的翻转课堂[M].长春:吉林大学出版社,2020.

[27] 王萍,曲元芬.现代多元化大学英语教学[M].哈尔滨:黑龙江教育出版社,2020.

[28] 魏薇.大学英语教学基础理论与实践研究[M].长春:吉林人民出版社,2020.

[29] 陈细竹,苏远芸.大学英语教学模式的革新与发展研究[M].长春:吉林人民出版

社,2021.

[30] 蒋春丽."互联网+"视域下大学英语教学新模式的研究[M].北京:中国书籍出版社,2020.

[31] 王凤玲.信息化背景下大学英语教学的变革与探索[M].长春:吉林出版集团股份有限公司,2021.

[32] 张墨.信息时代背景下大学英语教学方法整合新探[M].长春:吉林出版集团股份有限公司,2021.